Proceedings of the First Inter-American Conference on Bilingual Education

Edited by

Rudolph C. Troike
and **Nancy Modiano**

CENTER FOR APPLIED LINGUISTICS

October 1975

Library of Congress Catalog Card No.: 75-33487
ISBN: 87281-041-0

Printed in the U.S.A.

ii

Introduction

Bilingual education, or vernacular education as it is known in many countries, is one of the major educational movements in the world today. Not since the Renaissance has there been such a general growth of awareness that the educational process might best be served by offering it in the native language of the learner.

In country after country, governments and educators are recognizing the right of linguistic minorities to equal education. While the goals of bilingual instruction may vary from one country to another, the problems encountered in establishing criteria, developing materials, training teachers, and evaluating programs have much in common. There is a great need to share experience and knowledge among countries to avoid needless duplication of efforts, and an equally urgent need for well-planned research as a basis upon which to build bilingual education programs.

Recognizing these needs, the Center for Applied Linguistics and the Council on Anthropology and Education organized the First Inter-American Conference on Bilingual Education, which was held in conjunction with the annual meetings of the American Anthropological Association, November 20-22, 1974, in Mexico City. The conference was sponsored jointly by the Secretaría de Educación Pública of Mexico, the Instituto Nacional Indigenista of Mexico, the Programa Interamericano de Lingüística y Enseñanza de Idiomas, the Council on Anthropology and Education and the Center for Applied Linguistics.

Over 300 persons from Mexico, Guatemala, Bolivia, Ecuador, Paraguay, Perú, Canada, and the United States attended the Conference. The educators, linguists, and government officials who presented papers are leading figures in bilingual education in their countries and represented a broad range of professional concerns, viewpoints, experiences, and academic training.

iii

The Conference provided participants with the opportunity to learn about bilingual education programs, plans, and objectives in countries throughout the Western Hemisphere, to exchange ideas, and to establish personal contacts which will lead to increased communication in the future. Participants were struck by the close similarity in problems, models, and goals in different countries, and the need for greater international communication and dissemination of information in this field.

The Conference was organized around six topic areas: program goals and models for bilingual education, teaching the second language, teaching in the mother tongue, development of materials, personnel matters, and research needs and findings. Discussions emphasized the world-wide, as well as hemispheric, nature of the bilingual education movement, and the need for sound linguistic, anthropological, psychological, and pedagogical research as a basis for the development of programs and materials.

Papers reviewed current trends in second language teaching, which are moving toward a communicative base, and discussed different goals and models for programs, both transitional-national integration models and native literacy-maintenance models. The lack of unequivocal research evidence for the educational value of bilingual education was recognized and the need for careful evaluation was noted. The Conference languages were Spanish and English and simultaneous interpretation was provided.

The Conference was supported in part by a grant from the Ford Foundation, and travel support for several participants was provided by the Agency for International Development.

It is our hope that this first inter-American conference helped provide impetus, direction, and coherence to efforts in this vital new development in education in the Americas, and that it will contribute to closer international cooperation and communication in this rapidly growing field.

We would like to express our appreciation to Diana Riehl of the Center for Applied Linguistics who served as conference coordinator. Also many thanks to Sonia Kundert who typed the manuscript.

Rudolph C. Troike
Nancy Modiano

Table of Contents

PROGRAM GOALS AND MODELS FOR BILINGUAL EDUCATION   1

Worldwide Perspective on the Sociology of Bilingual
Education   2
    Joshua Fishman, Yeshiva University

La Política Educativa en Regiones Interculturales de
México   15
    Salomon Nahmad, Instituto Nacional Indigenista, México

Bilingual Education in the U.S.A.   25
    John C. Molina, U.S. Office of Education

La Educación Bilingüe en el Perú   32
    Alberto Escobar, Instituto de Estudios Peruanos

Bilingual Education for Indians and Inuit: The Canadian
Experience   43
    *G. Kent Gooderham, Canadian Department of Indian
    Affairs and Northern Development*

Bilingual Education in the Navajo Nation   54
    *Dillon Platero, Navajo Division of Education,
    The Navajo Nation, Arizona*

TEACHING THE SECOND LANGUAGE   62

New Directions in Second Language Teaching   63
    *G. Richard Tucker, McGill University, Canada
    Alison d'Anglejan, Université de Montréal, Canada*

Disyuntivas en la Enseñanza del Español a Niños Hablantes
de Lenguas Indígenas   73
    Gloria Ruiz de Bravo Ahuja, El Colegio de México

Teaching the Second Language: TESOL in Bilingual Programs   83
    Carmen Ana Pérez, SUNY-Albany

La Enseñanza del Quechua como Segunda Lengua   96
   Bernardo Vallejo, University of Texas-Austin

Motivation in Bilingual Programs   112
   Wilga M. Rivers, Harvard University

TEACHING IN THE MOTHER TONGUE   123

Metodología de la Alfabetización   124
   *Teodoro Canul Cimé, Dirección General de Educación
Extraescolar en el Medio Indígena, México*

Designing a Bilingual Curriculum   130
   Anita Bradley Pfeiffer, University of New Mexico

Contribuciones a la Investigación para la Educación
Bilingüe   140
   *José Aliaga, Instituto Nacional de Investigación y
Desarrollo de la Educación, Perú*

When Spanish is the Native Language   151
   Gloria Zamora, University of Texas-San Antonio

Enseñanza del Lenguaje   165
   *Javier E. Galicia Gómez, Dirección General de Educación
Extraescolar en el Medio Indígena, México*

DEVELOPMENT OF MATERIALS FOR BILINGUAL EDUCATION   182

The Development of Reading Materials: The Rock Point
(Navajo) Experience   183
   Wayne Holm, Rock Point School, Arizona

Adaptación de los Libros de Texto al Medio Indígena   193
   *Luis Modesto Hernández, Dirección General de Educación
Extraescolar en el Medio Indígena, México*

Preparación de Materiales para la Educación Bilingüe
en el Perú   207
   *Inés Pozzi-Escot, Universidad Nacional Mayor de San
Marcos, Perú*

Consideraciones Sociolingüísticas en Materiales
para la Educación Bilingüe   228
   Eduardo Hernández-Chavez, Stanford University

La Radio como Expresión Libre del Aymara   239
    Xavier Albó y Nestor Hugo Quiroga, Instituto
    Nacional de Estudios Lingüísticos, Bolivia

PERSONNEL PROBLEMS IN BILINGUAL PROGRAMS   264

Panorama Histórico de la Situación de Bilingüismo y de
la Educación Nacional   265
    Ruth Moya, Universidad Central, Ecuador

La Preparación de Profesores Bilingües   283
    George M. Blanco, University of Texas-Austin

A Community-oriented Approach to Technical Training   298
    Jon P. Dayley and Jo Froman, Proyecto Lingüístico
    Francisco Marroquín, Guatemala

La Relación Entre Maestros y Alumnos como Factor de la
Educación Bilingüe   309
    Luz Valentínez Bernabé, Centro de Integración
    Social, México

RESEARCH IN BILINGUAL EDUCATION: RECENT FINDINGS AND FUTURE DIRECTIONS   326

Dialect Differences and Orthography Development   327
    Gary Parker, Centro de Investigación de Lingüística
    Aplicada, Perú

La Lingüística Contrastiva en los Proyectos de Educación
Bilingüe   336
    Jorge A. Suárez, Universidad Nacional Autónoma
    de México

Using Native Instructional Patterns for Teacher Training:
A Chiapas Experiment   347
    Nancy Modiano, Instituto Nacional Indigenista, México

La Educación Bilingüe y la Investigación de la Lengua
Infantil   356
    Gustavo González, University of California,
    Santa Barbara

Ethnic Relations and Bilingual Education: Accounting for
Contradictory Data   366
    Christina Bratt Paulston, University of Pittsburgh

Program goals and models for bilingual education

Prespectiva Mundail de la Sociología de la Educación Bilingüe

joshua fishman

El autor da a conocer las conclusiones de su estudio internacional sobre la educación bilingüe al nivel secundario. La
educación bilingüe es un fenómeno mundial cuyas variaciones son
muchas veces desconocidas por los educadores circunscritos a una
determinada área geográfica. El carácter de la educación secundaria bilingüe varía con respecto a la intensidad, las metas, el
status de la lengua materna utilizada para la instrucción, y las
relaciones entre las lenguas de la comunidad.

Las variables sociológicas pueden pronosticar la forma y el
éxito de un programa de educación bilingüe. De especial importancia son las variables de la comunidad y del idioma y factores del
idioma "no marcado" (aquel idioma en el cual normal y exclusivamente se conduciría la educación si no se hicieran esfuerzos

especiales por implantar una educación bilingüe). También predic-
tivas son las variables del estudiante, de los programas, y del
idioma "marcado" (el que es vehículo educativo en virtud de los
esfuerzos por implantar una educación bilingüe). El análisis de
estos factores constituye una contribución especial de la sociología del lenguaje a la teoría y la práctica de la educación
bilingüe. Este énfasis puede ser especialmente útil y revelador
en casos cuando los programas bilingües todavía carecen del apoyo
de la comunidad y de un consenso sobre las funciones sociales de
los idiomas envueltos.

Worldwide Perspective on the Sociology
of Bilingual Education

joshua fishman

In my recently completed (1) International Study of Bilingual
Secondary Education (ISBSE), I have found the "use of two or
more languages of instruction, with the same students and for
subjects other than language learning per se" to be far more
widespread and far more varied than either I or most others had
hitherto expected. Indeed, I found slightly over 1200 bilingual
secondary education units (including entire schools or special
programs within schools), either already established or about
to come into being, in 103 countries throughout the world. Since
I was unable to identify individual units offering bilingual
secondary education in most Communist countries I suspect that
there really must be many hundred more such units in all, as
well as roughly 10 times as many at the elementary level of
instruction.

Bilingual Education is Highly Variegated

Bilingual education is not only an extremely widespread and
numerically substantial phenomenon, but it is also a highly
variegated one, with a large number of interesting and important
internal differences. For example, bilingual secondary education
varies with respect to such factors as intensity, goals, and
mother tongue status of the languages utilized for instructional
purposes.

Considered from the point of view of "intensity variation" bilingual secondary education manifests itself either as (a) <u>Transitional</u> (where one language is merely employed temporarily until another language can be sufficiently mastered so that the latter alone can become the sole vehicle of instruction); (b) <u>uniliterate</u> (where only one language is utilized for textual studies, although both languages are recognized on a curricularly stable footing); (c) <u>biliterate</u> (where both languages are utilized for textual studies, although on a functionally differentiated basis, whereby one is focused primarily upon ethnically encumbered subjects-- history, literature, etc.--and the other on ethnically unencumbered subjects--science, mathematics, etc.); or (d) <u>full</u> (where no functional specificity is associated with the languages of instruction and, therefore, where school subjects are taught in either language on purely pragmatic grounds such as availability of texts, personnel, etc.).

From the point of view of "goal variation," bilingual secondary education (and, I would suspect, bilingual elementary education, too) is either (a) <u>compensatory</u> (in that it is viewed as an aid to "disadvantaged" student populations enabling them to overcome past deficiencies in their education and to catch up with their age/grade counterparts who are receiving monolingual education); (b) <u>enrichment oriented</u> (in that it is provided for students who are neither disadvantaged educationally nor socially, as a means of broadening their total educational experience, and with some notions of the cultural and/or economic advantages of bilingualism in mind); or (c) <u>group maintenance oriented</u> (in that it is provided explicitly within a context of strengthening the internal cultural and linguistic functioning of a <u>community</u> with the compensatory or enrichment needs of students being only a secondary consideration).

As might be expected, the two types of variation--goal and intensity--are not unrelated to each other. Compensatory bilingual secondary education programs are primarily transitional or uniliterate in nature. Enrichment bilingual secondary education programs are usually uniliterate, biliterate, or full in nature. Group maintenance bilingual secondary education programs are largely biliterate or full in nature. All in all, it is only natural that intensity and goal considerations should tend to go hand-in-hand.

Finally, as mentioned before, bilingual secondary education is also variegated with respect to the mother tongue status of the languages of instruction employed. In this connection the distinction must not only be made between "mother tongue" and "other tongue" but between whether one population or two (with respect to ethnic origins) are involved. Thus, where bilingual secondary education programs serve essentially <u>one ethnic population</u> there are programs in which (a) <u>both languages are viewed by the students as their "own</u>," and rightfully so on both personal and culture-historical grounds (e.g. Irish and English in bilingual secondary schools in Dublin, Welsh and English in parts of Wales, and Yiddish and Hebrew in various Jewish Orthodox schools in Israel and elsewhere.); (b) <u>one language is viewed as "mother tongue" and another as "other tongue"</u> (e.g. the many foreign-colony schools throughout the world in which the local language is also instructionally utilized although few local children attend--the majority of Chinese schools in Singapore, in which both English and a variety of Chinese are used instructionally, the special bilingual secondary schools in Germany and France, a large number of bilingual programs in the USA serving overwhelmingly, or even exclusively, Chicano or Indian student bodies, etc.); or (c) <u>neither language of instruction is the mother tongue of the students</u> (a common phenomenon in bilingual secondary education in Africa and Asia, where English and French, or either one of these plus a religiously sanctified classical tongue are utilized in instruction).

Where bilingual secondary education programs serve <u>two or more ethnic populations</u> there is also variegation with respect to mother tongue status. In some cases we find two populations, each with a different mother tongue, such that what is "mother tongue" for the one is "other tongue" for the other and vice versa. On the other hand, we also find programs serving two or more populations in which neither of the languages of instruction are mother tongues for the students participating. The former circumstance is characteristic of many urban programs involving Anglos and Hispanos in the USA; the latter is quite common in ethnically diversified parts of Africa and Asia.

Can the Diversity of Bilingual Education be Systematized?

The diversity of bilingual education is a challenge to the social researcher in two ways: (a) to see whether it can be systematized and (b) to see whether any systemization that is suggested has any predictive or explanatory power with respect to criteria of concern. The International Study of Bilingual

Secondary Education permitted me to try my hand at both of these
tasks. On the basis of the foregoing as well as other interre-
lated dimensions for classifying bilingual secondary schools or
programs, I selected 100 (out of 1200) for further intensive
questionnaire follow-up. On the basis of the replies received
(each providing 400 bits of descriptive data dealing with the
students, staff, programs, and communities involved) I attempted
to obtain a basically sociological prediction/explanation of the
following three rough criteria of success of bilingual secondary
education: Criterion I: Absolute Academic Success--i.e., what
are the average grades awarded across all subjects and all years
of study? Criterion II: Relative Academic Success--i.e., how
do bilingual secondary schools compare to monolingual secondary
schools in their immediate areas serving comparable populations?
Criterion III: Student Satisfaction--i.e., how pleased are
students with respect to their bilingual secondary schooling in
terms of its impact on their academic personality and social
development?

     All of my data were provided by the principals or directors
of bilingual education of the 100 selected units scattered over
the world. They (the principals or directors) were not aware of
the type of analysis I was contemplating nor of the distinction
between explanatory and criterion variables that I had in mind.
They were aware that I intended to personally visit 10 percent
of these schools. When I did so, subsequent to receiving their
replies, I was delighted to note an extremely high correspondence
between these replies and my on-the-spot observations.

marked and unmarked languages

     This is not the place to enter into the many delicate and
complicated methodological issues and procedures involved in com-
positing and analyzing 400 bits of self-reported descriptive data
from 100 schools in order to attempt a sociologically-oriented
prediction of three criteria on the basis of student, staff,
community, and program information. Suffice it to say that this
not only turned out to be "do-able," and efficiently so,* but

---

* One indication of the effectiveness of the approach employed
(as well as of the reliability and the variability of the data
obtained) is the fact that the cumulative multiple correlations
obtained were .89, .91, and .80, respectively.

that a large number of interesting and potentially useful findings
resulted therefrom. Not the least among these was the distinction
between the marked and the unmarked language involved in bilingual
education and the crucial nature of attending to the latter no
less than to the former. Such being the case, a word or two about
this distinction would seem to be in order.

That language is <u>marked</u> in a bilingual education setting
which would be most likely not to be used <u>instructionally</u> were it
not for bilingual education. Conversely, that language is
<u>unmarked</u> in a bilingual education setting which would be most
likely to be continued to be used instructionally, even in the
absence of bilingual education. Many advocates (as well as
critics) of bilingual education have focused their attention upon
the marked language (as well as upon the marked speech community
whose mother tongue it is). One of the most surprising findings
of the ISBSE study is that the data obtained from directors of a
highly variegated sample of bilingual education programs throughout the world reveal that unmarked language and unmarked speech
community considerations are probably equally important, if not
more so, with respect to the criteria here studied.

factorial findings

Of the 10 second-order varimax factors derived from the
ISBSE data, four dealt with <u>marked</u> language considerations alone,
four dealt with <u>unmarked</u> language considerations alone, and two
dealt with both sets of considerations (see Table 1/6.1). In
predicting Criterion I (Absolute Academic Success), two of the
three most powerful predictive factors (Factors VII and V; see
Table 2/6.8) dealt with the unmarked language. In predicting
Criterion II (Relative Academic Success), one of the three most
powerfully predictive factors dealt with the unmarked language
(Factor III) and another deals with both the <u>marked</u> and the
<u>unmarked</u> language (Factor IV). This is also true with respect to
predicting Criterion III (Student Satisfaction), where the same
two factors are again among the three most powerful predictors.

All in all, it is possible to say that administrator-reported
success of bilingual secondary education proves to be dependent
upon both marked and unmarked language considerations, but even
more frequently upon the latter than upon the former. From a
sociolinguistic point of view, it is particularly instructive to

underscore that whereas the marked language is uniquely predictively powerful if related to <u>language maintenance</u> and other
ethnic considerations, the unmarked language is uniquely predictively powerful if related to <u>economic and international functions</u>,
elitist domination, and ethnically neutral considerations. Thus,
all in all, it would seem highly advisable for schools and societies concerned with bilingual education to ponder, arrive at,
and maintain a differentiated and complimentary societal allocation of functions with respect to the languages of instruction
utilized, and to do so in such a manner as to be able to capital-
ize on the considerable assets of the unmarked language rather
than upon the often more beleaguered and limited ones of the
marked language alone.

<u>the primacy of community support in general and of unmarked community support in particular</u>

Unknowingly, the bilingual education administrations (many,
if not most, of whom derived from marked language communities
themselves) have also provided data that indicate the major
importance of community considerations in predicting at least two
of the three criteria studied. For both of the criteria concerned
with academic success (Criteria I and II), the most powerful predictors dealt (at least at a surface level) with language-and-
community concerns (see Table 3/6.7). Student and program
considerations are also of some importance, particularly in conjunction with Criterion III (Student Satisfaction), whereas staff
consideration never proved to be predictively powerful, regardless
of which criterion was under consideration.

Language-and-community dimensions are not only of overriding
importance in predicting the success of bilingual secondary education, but these dimensions, as well as the student and program
dimensions that are also more intermittently important, are
primarily related to the <u>unmarked</u> (rather than to <u>marked</u>) aspects
of the parameters <u>involved</u> (2).

Conclusions

The ISBSE helps us to see many matters which were either not
known before or were not put as clearly as it is now possible to
put them:

1. Bilingual education is a numerically significant undertaking and is a worldwide phenomenon. This is often unknown to educators working in a particular setting.

2. Bilingual education is highly variegated in its intensity, goals, and mother tongue--other tongue--relationships. This is often unknown to American teachers, administrators, and parents involved in bilingual education who tend to view bilingual education exclusively in transitional and compensatory terms.

3. Sociological variables can be highly predictive of important criteria of success of bilingual education. Although this has only been shown for data reported by program administrators, there is sufficient evidence of the reliability and of the validity of data obtained in this fashion to encourage attempts to corroborate it via other methods.

4. In predicting the success of bilingual education, both community-and-language variables and unmarked language factors prove to be particularly powerful, although student and program variables, and marked language factors also make substantial predictive contributions.

5. The emphases on community-and-language variables, and on societally-based differential allocation of functions between marked and unmarked languages, are particular contributions of the sociology of language to the theory and practice of bilingual education. These emphases deserve to be particularly underscored in the American setting of bilingual education where we are dealing with the beginning phases of this phenomenon and, therefore, with programs that often lack community consensus as well as agreement concerning the societal functions of the languages involved.

References

1. For the final report of this project, see: "A Sociology of Bilingual Education," November 1974. Completed under contract AECO-73--588 for the Division of Foreign Studies, Department of Health, Education, and Welfare, U. S. Office of Education.

2. The following examples of highly predictive items should serve to clarify this claim.

   a. Predicting Criterion I: Absolute Academic Success.

   (1) Estimated proportion of population of country that speaks unmarked language as mother tongue (-.17).

   (2) Unmarked language is of importance for international communication (-.06).

   (3) Estimated proportion of students of unmarked mother tongue whose parents are professionals or semi-professionals (-.22).

   b. Predicting Criterion II: Relative Academic Success.

   (1) One of the goals of the bilingual education program is to enable students to read newspapers and magazines in the unmarked language (+.26).

   (2) One of the goals of the bilingual education program is to strengthen the unmarked language and its culture (-.04).

   c. Predicting Criterion III: Student Satisfaction.

   (1) Percent of entering students who must use unmarked language as an aid in learning subjects ultimately to be taught in marked language (-.26).

(Note: There is more of a balance between highly predictive marked and unmarked considerations at the factorial level of analysis than at the a priori level at which individual items are merely categorized in terms of their surface characteristics.)

TABLE 6.1

Review of (Second-Order) Factors

Factor I: Two different mother tongue populations, neither in
                  the immediate vicinity of the school, both appreci-
                  ably represented in student body.

Factor II: Stress on total ethno-cultural value of marked
                  language and commitment thereto.

Factor III: Stress on total ethno-cultural value of unmarked
                  language and commitment thereto.

Factor IV: Marked language represents literary ethnic emphasis
                  while unmarked language represents ethnically
                  neutral activity.

Factor V: Language of a comfortable minority dominates educa-
                  tion and is therefore unmarked.

Factor VI: Bilingual education starts at secondary level and
                  therefore unmarked language must initially be used
                  even for marked group-related courses.

Factor VII: Stress on technological value of marked language.

Factor VIII: Stress on economic and international functions of
                  unmarked language.

Factor IX: Numerically significant and modernized language
                  already known by many students is instructionally
                  marked.

Factor X: Language maintenance stress on marked language.

TABLE 6.8

Pattern of Most Productive Predictor
Items: Factorial Classification

Average Order of Entry	Criterion I	Criterion II	Criterion III
First Most Powerful	Factor VIII	Factor X	Factor IV
Second Most Powerful	Factor II	Factor IV	Factor III
Third Most Powerful	Factor V	Factor III	Factor II
Entirely Absent	Factor I Factor VI	Factor I	Factor I Factor X

TABLE 6.7

Pattern of Most Productive Predictor
Items: A Priori Classifications

Criterion	Most Powerful Category	Next Most Powerful Category
Absolute Academic Achievement	Comm/Lang Items	Student Items
Relative Academic Items	Comm/Lang Items	Program Items
Student Satisfaction	Program Items	Student Items

Educational Policy in the Intercultural Regions of Mexico

salomon nahmad

Mexico is a multicultural society. Besides its large majority of Spanish-speakers, it has approximately five million Indians who speak more than 50 languages.

As a result of the economic, social, and political changes of the 1910 Revolution, national interest was taken in the linguistic unification of the country. Two main theories were proposed to accomplish the task: (1) forced assimilation into Spanish through education conducted solely in that language and (2) a bilingual system in which indigenous populations were instructed in their own languages, with the subsequent teaching of Spanish. Education policies adhered mostly to the first theory, with bilingual programs being only intermittently and unsuccessfully attempted.

This paper discusses the regional bilingual programs now in

operation in Mexico. Presently, the government has two institutions which administer programs for indigenous populations: (1)
the Instituto Nacional Indigenista which coordinates the various
activities of the different state organizations that work with
indigenous populations and (2) the Public Education Office, which
--through the General Direction of Extra-School Education for
Indigenous Groups--is in charge of bilingual and bicultural education.

The Mexican bilingual education system proposes the use of
both mother-tongue and Spanish as medium of instruction. The
bilingual personnel in charge of the programs relate the learners'
native culture to the national culture so that the student is able
to exercise his rights and obligations as an active member of the
national society. Didactic materials have been specially prepared
for purposes of teaching and consultation.

La Política Educativa en Regiones Interculturales de México

salomon nahmad

México es un país pluricultural desde su ya lejana historia pre-
hispánica hasta nuestros días; este pluralismo ha planteado a
pensadores sociales, pedagogos y maestros, el problema de formar
una nación que tenga un idioma en común, por medio de métodos
apropiados para hacer llegar a cerca de cinco millones de
indígenas (1) divididos en más de cincuenta idiomas (Véa Anexo
Núm. 1), la utilización del idioma oficial con el fin de lograr
una de las metas más ansiadas de la Nación, que es lograr la
unidad nacional a través del idioma, y al mismo tiempo la perma-
nencia de este pluralismo, a través de sus propias lenguas.

Al coexistir la población mayoritaria con los distintos
grupos étnicos dispersos por todo el país, quienes no participan
de un mismo patrón de cultura, se mantienen marginados y sujetos
a un sistema de explotación cada vez más integrado al sistema
dominante. Debido a estas condiciones en que se encuentran los
grupos étnicos, se ha permitido que la población no indígena
aproveche la situación en su propio beneficio. Uno de los factores que están determinando esta subordinación es el desconoci-
miento de la lengua nacional y por ello, a partir de los años de
1920 en que se inicia en México el cambio de las estructuras de
poder económico, social y político, a raíz de la Revolución de
1910, se perfilan básicamente dos corrientes en política educativa
en relación con los grupos indígenas de México: la primera, que

procede del positivismo, evolucionista, que considera todas las
formas de cultura no occidental, como primitivas y sin ningún
valor intrínsico, deduciéndose por ello, la necesidad de asimilar
e incorporar a estos grupos por métodos coercitivos y directos
para que al desaparecer estos grupos, la sociedad logre su unifor-
midad y homogenización. Esta corriente postula la tesis de una
educación directa de la población indígena, utilizando el castellano únicamente y negando a los habitantes de otro idioma que
utilicen sus lenguas vernáculas.

La segunda corriente postula la necesidad de utilizar en la
educación de los grupos étnicos sus propias lenguas, con el objeto
de alcanzar a través de un sistema bilingüe, el aprendizaje del
idioma nacional (el castellano) y que el contenido de esta educación sea bicultural, esto es, que incluya los elementos de la
cultura propia del educando y los de la cultura nacional.

De estas dos tesis, la primera dominó durante un largo
período la política educativa para los grupos indígenas, sin
haber conseguido la meta propuesta. En cambio, la segunda que
se manejó en plan experimental en algunas regiones interculturales de México, demostró su efectividad al lograr penetrar a las
regiones indígenas y conseguir con ello la castellanización de
estos grupos. El Instituto Nacional Indigenista, primero (a
partir de 1948) y más tarde el Instituto de Investigación e
Integración Social del Estado de Oaxaca (a partir de 1969) lograron mostrar a la Secretaría de Educación Pública la bondad de la
utilización de un sistema bilingüe que adiestrara y capacitara
a miembros de los propios grupos étnicos para llevar adelante la
tarea educativa y de integración social.

Ya en la Sexta Asamblea Nacional de Educación, celebrada en
1963, se aprobó como base de la política educativa nacional para
las regiones interculturales, la utilización de metodos bilingües
con maestros y promotores bilingües.

La educación bilingüe significa el aprovechamiento de las dos
lenguas: la propia y la nacional, como medios de enseñanza. Al
utilizar la lengua materna en los primeros años de la enseñanza de
la educación formal, consolida y da forma al dominio del idioma
nacional como segunda lengua y esto último aumentará en la medida
en que esta segunda lengua se vaya dominando. Utilizando la educación bilingüe, se ha logrado una mayor eficacia en la enseñanza

primaria, debido a que se crea un ambiente de mayor y mejor
comunicación; y por último, contribuye al desarrollo psicológico
equilibrado del educando, permitiéndole adquirir confianza y
seguridad en los nuevos conocimientos.

Si además de ser bilingüe es bicultural, esto implica tomar
en cuenta la cultura materna de los educandos en la planeación
educativa tanto en el contenido como en los métodos pedagógicos.
Esto permite también la mayor participación del magisterio del
grupo étnico, en que este trabaja y al cual pertenece, para tomar
de su medio ambiente cultural los elementos necesarios que coad-
yuven en la educación y, finalmente, le permite al grupo adquirir
conciencia de sus propios valores culturales y participar en la
articulación de estos valores con los de la sociedad nacional,
con el objeto de que se sienta copartícipe de sus derechos y
obligaciones como miembro de una sociedad más amplia.

Región Intercultural

Desde el principio del contacto con la cultura occidental,
las poblaciones indígenas de México buscaron refugio en zonas
geográficas inaccesibles e inhóspitas, con el fin de mantener su
propia cultura. No obstante este aislamiento, la población
colonizadora penetró hasta estas regiones y fundó ciudades recto-
ras que ejercían el dominio económico, político, religioso y
social sobre todas las comunidades y aldeas indígenas. De esta
manera, se estructuran en la actualidad las regiones interculturales, donde viven en relación permanente la población indígena y la
población mestiza en dichas regiones.

No obstante los cambios ocurridos desde la independencia y
la Revolución, muchas de las formas y de las estructuras sociales
que se daban en la época colonial, persisten aún hoy en día y por
ello, la política educativa en estas regiones no sólo cubre el
aspecto formal de la educación, a través de un sistema escolari-
zado, sino que prevee una acción de tipo integral e interdisci-
plinario que actúa para fracturar estas relaciones caducas de
tipo colonial. Por ello, el promotor o maestro bilingüe no sólo
tendrá como tarea la función formativa de la población infantil,
sino que ejercerá una influencia en la comunidad para darle a la
relación social asimétrica que se tiene con la población no indígena, una relación de simetría.

Operación y Organización

Con el objeto de actuar en cada una de las regiones interculturales, el Gobierno de la República cuenta con dos instituciones dedicadas a atender el problema de los grupos étnicos:
el Instituto Nacional Indigenista, que a través de sus Centros
Coordinadores (Véa Anexo Núm. 2) establece los nexos para lograr
una coordinación funcional con todos los organismos del Estado,
para coadyuvar en la tarea indigenista. La otra es la Secretaría
de Educación Pública, a través de la Dirección General de Educación Extraescolar en el Medio Indígena, que tiene a su cargo
básicamente la tarea educativa basada en la tesis del bilingüismo,
como el método más apropiado para trabajar con las comunidades
indígenas. Estas dos instituciones trabajan apoyándose mutuamente
en las tareas educativas y actuando para lograr el desarrollo
regional y de esta manera conseguir las metas propuestas de un
cambio social dirigido.

A nivel estatal existe solamente una institución en el
Estado de Oaxaca (Instituto de Investigación e Integración Social
del Estado de Oaxaca) que se ha dedicado a la investigación
de los métodos y sistemas para la castellanización y a la preparación de jóvenes bilingües, quienes actuarán como promotores y
maestros, así como un grupo de técnicos en integración social.

De las investigaciones en técnicas pedagógicas ha resultado
un método para la enseñanza del español a hablantes de lenguas
indígenas, que se viene aplicando no sólo en el Estado de
Oaxaca, sino a nivel nacional entre la población infantil pre-
escolar indígena, con instructores bilingües.

Estas instituciones en materia educativa operan para cada
región, con un Director de Educación Indígena Regional, varios
supervisores de zona y un número variante para cada región
(en función del monolingüismo y el bilingüismo que se da en
cada una de éstas), de maestros que se desempeñan como Directores de escuela o encargados de grupos en cada una de las comunidades. Al finalizar el período escolar de este año, estas
instituciones operaban con 4,045 promotores culturales bilingües
y con 4,134 maestros bilingües que hacían un total de 8,179,
atendiendo a 2,221 escuelas primarias con diferentes grados de
instrucción, desde la unitaria hasta la de organización completa.
Este mismo cuerpo docente atendió también 240 escuelas-albergue,

cuya finalidad era de dar alojamiento y de alimentar a los niños
que vivían a distancias considerables de las escuelas. Estos
maestros y promotores procedían de 38 grupos indígenas y atendie-
ron un total de 182,023 niños en los diversos grados de la
instrucción Primaria.

En el programa de Castellanización para niños pre-escolares
operan 1,081 promotores, atendiendo a un total de 25,683 niños.
El total del número de alumnos atendidos entre los dos programas
es de 211,621 educandos.

Materiales Didácticos

Para el funcionamiento de todo este sistema educativo, se
cuenta con materiales didácticos bilingües, elaborados unos por
técnicos en pedagogía y lingüística y otros realizados local-
mente por los propios técnicos en educación indígena. Entre el
material didáctico se cuentan: cartillas bilingües (2), el ya
mencionado método para la enseñanza del español y los libros de
texto utilizados a nivel nacional. Asímismo se han editado
algunos libros sobre el tema, para orientar al personal bilingüe
(3).

Con el objeto de superar cuantitativa y cualitativamente los
rendimientos que vienen prestando los promotores culturales bilingües, se está implementando un sistema de escuelas radiofónicas
en ocho regiones indígenas.

Referencias

1. El IX censo de población de 1970 señala que el país contaba
    con 3,111,415 habitantes (7.7% de la población total) consi-
    derados como indígenas, en función de su lengua; sin consi-
    derar a los menores de cinco años. De la cifra antes seña-
    lada 1,544,904 son monolingües (3.5% de la población total).

2. Algunas de las cartillas bilingües publicadas: Mixteca,
    Tarahumara, Maya, Tzotzil, Tzeltal, Purépecha, Amuzga,
    Náhuatl de la Sierra, Náhuatl de la Huasteca, Totonaca,
    Huichola y Otomí.

3. Beltran, Aguirre. Teoría y Práctica de la Educación Indígena;
    Brice, Shirley. La Política del Lenguaje en México;

Modiano, Nancy. La Educación Indígena en los Altos de Chiapas;
Gudschinsky, Sarah. Manual de Alfabetización para Pueblos
Prealfabetas; etc.

ANEXO Núm. 1

Relación de Lenguas Indígenas de México

1.	Cumiai	31.	Tepehuano
2.	Cucapá	32.	Yaqui
3.	Cochimí	33.	Mayo
4.	Paipai (akwa'ala)	34.	Tarahumara
5.	Was-?la	35.	Guarijío
6.	Kiliwa	36.	Cora
7.	Seri	37.	Huichol
8.	Tequistlateco	38.	Nahua
9.	Tlapaneco	39.	Huasteco
10.	Pame	40.	Maya Peninsular
11.	Chichimeco Jonaz	41.	Lacandón
12.	Otomí	42.	Chontal (de Tabasco)
13.	Mazahua	43.	Chol
14.	Matlatzinca	44.	Tzeltal
15.	Ocuilteco	45.	Tzotzil
16.	Mazateco	46.	Tojolabal
17.	Popoloca	47.	Chuj
18.	Ixcateco	48.	Jacalteco
19.	Chocho-Popoloca	49.	Mame
20.	Mixteco	50.	Motozintleco
21.	Cuicateco	51.	Ixil
22.	Trique	52.	Quiché
23.	Amuzgo	53.	Kekchi
24.	Chatino	54.	Mixe
25.	Zapoteco	55.	Popoluca
26.	Chinanteco	56.	Zoque
27.	Huave	57.	Totonaco
28.	Pápago	58.	Tepehua
29.	Pima Alto	59.	Purépecha
30.	Pima Bajo	60.	Kikapú

ANEXO Núm. 2

Centros Coordinadores Indigenistas

Centros Coordinadores	Grupos Etnicos
1. San Cristóbal Las Casas, Chis.	Tzeltal, Tzotzil
2. Guachochi, Chih.	Tarahumara
3. Papaloapan, Oax.	Mazateco
4. Tlaxiaco, Oax.	Mixteco, Trique
5. Jamiltepec, Oax.	Mixteco
6. Peto, Yuc.	Maya
7. Huautla de Jiménez, Oax.	Mazateco
8. Tepic, Nay.	Huichol, Cora, Tepehuano
9. Tlapa, Gro.	Nahua, Tlapaneco
10. Cherán, Mich.	Tarasco o Purépecha
11. Zacapoaxtla, Pue.	Nahua, Totonaco
12. San Luis de la Paz, Gto.	Chichimeca
13. Ayutla, Oax.	Mixe
14. Valladolid, Yuc.	Maya
15. Bochil, Chis.	Tzeltal
16. Ocosingo, Chis.	Tzeltal, Lacandón
17. Atlacomulco, Edo. de México	Mazahua
18. Huejutla, Hgo.	Nahua, Huasteco
19. Guelatao, Oax.	Zapoteco
20. Tuxtepec, Oax.	Chinanteco
21. Tehuacán, Pue.	Nahua, Popoloca
22. Amealco, Qro.	Otomí
23. Zongolica, Ver.	Nahua
24. Papantla, Ver.	Totonaco
25. Huajuapan de León, Oax.	Mixteco
26. Salto de Agua, Chis.	Chol
27. Chilapa, Gro.	Nahua
28. Felipe Carrillo Puerto Q. Roo	Maya
29. Coahuayan, Mich.	Nahua
30. Huauchinango, Pue.	Nahua, Otomí
31. Nacajuca, Tab.	Chontal
32. Copainalá, Chis.	Zoque
33. Miahuatlán, Oax.	Zapoteco del Sur
34. Juquila, Oax.	Chatino
35. Huamuxtitlán, Gro.	Nahua
36. Etchojoa, Son.	Mayo

37. Vicam, Son.   Yaqui
38. Matlapa, S.L.P.   Nahua
39. Chicontepec, Ver.   Nahua, Tepehua, Otomí
40. Tenanco de Doria, Hgo.   Otomí
41. El Fuerte, Sin.   Mayo
42. Acayucan, Ver.   Popoluca, Mixe
43. Teziutlán, Pue.   Nahua
44. Acatlán, Pue.   Mixteco
45. Las Margaritas, Chis.   Tojolabal
46. Calkiní, Camp.   Maya
47. Hopelchen, Camp.   Maya
48. Ometepec, Gro.   Amuzgo
49. Ensenada, B.C.   Cucapá, Kiliwa, Paipai,
                                    Cochimí, Was-?la
50. Témoris, Chih.   Pima, Tarahumara
51. Bahía Kino, Son.   Seri
52. Caborca, Son.   Pápago

La Educación Bilingüe en los E.E.U.U.

john c. molina

En 1965 el gobierno de los Estados Unidos otorgó grandes sumas de dinero para sustentar las necesidades educativas de los niños privados de ventajas escolares. Entonces se pensaba sólo en desventajas económicas, al idioma no se incluía ya que el inglés es el idioma nacional y, por lo tanto, sería el único a usarse en la instrucción en las escuelas públicas. No se realizaban esfuerzos en pro de los alumnos lingüísticamente diferentes. En 1967 surgieron clases de inglés como segunda lengua, pero éstas tampoco estaban diseñadas para enseñar otras materias en el primer idioma de los estudiantes.

Los defensores de la educación bilingüe lograron convencer al Congreso para que insertara en la legislación compensatoria, una sección dirigida a las necesidades de los jóvenes que no hablan el inglés.

Hoy día un número creciente de los gobiernos de los estados está promulgando legislación autorizando educación bilingüe y destinando fondos para el desarrollo e implementación de tales programas. Se nota un movimiento hacia una política educativa integral en la educación bilingüe/bicultural.

Las metas y puntos debatibles en el futuro son: (1) Erradicación del concepto de que los no-hablantes de inglés están deprivados de ventajas. Ellos pueden hacer contribuciones significativas a todo el ambiente cultural de una escuela, (2) Aprendizaje en dos idiomas en las etapas escolares iniciales y que el colegial pueda desempeñarse académicamente en ambos idiomas, (3) Estímulo a la comunidad educativa comercial para que juegue un rol más vital en la educación bilingüe/bicultural, especialmente en relación con el currículo y los materiales de instrucción, (4) Inicio de un programa significativo para el entrenamiento de maestros. El maestro necesita destreza y conocimientos en la enseñanza de materias académicas en dos idiomas.

El autor considera que las resoluciones de estos puntos son indispensables para que la educación bilingüe/bicultural sea una parte integral del proceso total de la educación en las escuelas públicas.

Bilingual Education in the U.S.A.

john c. molina

This past year marked the completion of five years of federal
government support of bilingual education in the United States.
I would like to review with you what has happened and to make
some observations on where I think we in the United States will
be moving during the next few years.

In 1965, the U.S. Government took a gigantic step in remold-
ing national education policy by enacting legislation which provided massive amounts of money to state and local school districts
to assist them in meeting the educational needs of disadvantaged
school children--disadvantaged being defined in an economic sense.
However, even then, many educators, sociologists, and others
familiar with both the educational scene and the social scene were
convinced that many "disadvantaged" children were not necessarily
from economically deprived environments but that their "disadvantage" might well be physical, mental, health, or language, to
name a few. Recognition and special efforts for the physically
handicapped came very quickly, but not for the linguistically
different. The philosophical base which had set our national
policy in education for those of limited English-speaking proficiency was deeply embedded in the concept that English, and
English alone, was the national language and therefore the only
language to be used in instruction in our public schools. The
only remote exception to this was in secondary foreign language
classes for the college bound student. Even English as a second

language classes which emerged in 1967 were not designed to teach
subject matter in the student's primary language. The use of a
student's mother tongue to teach him learning concepts--to take
him from the known to the unknown--until he learned English was
utterly unacceptable in the minds of most national education
leaders.

However, the legislation for disadvantaged children based on
a "compensating" proposition gave proponents of bilingual education a vehicle to promote an idea. It took some time, but bilingual education advocates succeeded in convincing Congress to
broaden the compensatory legislation by inserting a section
addressing the needs of the non-English-speaking youngster. A
small amount of money was authorized and even a smaller amount
appropriated to put the legislation into action. But a step was
begun and a seed was planted to set up national research and
demonstration projects in bilingual education.

Nevertheless the legislation was specific in saying that this
program must have as its fundamental goal the learning of English
by the non-English-speaking child, and it stressed a quick transition to total instruction in the English language. This may not
have been the most desirable means of introducing bilingual education into our education system, but it is my opinion that if the
advocates of bilingual education had not used the "disadvantaged"
route, the role of our national government in supporting bilin-
gual/bicultural education would still be in question. In a sense,
this was the most expedient way to move around our long-standing
"melting pot" concept which had dominated our national education
policy for more than 194 years.

In the United States today, we have a national policy which
encourages bilingual--and its partner bicultural--education in
our public schools. In increasing numbers, state governments are
enacting legislation mandating bilingual education and appropria-
ting monies for development and implementation of such programs.
This parallel action is most important since under our Constitu-
tion, education is the responsibility of state governments. I
believe that now we are moving toward an integrated educational
policy for bilingual/bicultural education. The federal government
is now providing money for research, development, and teacher
training and state governments are providing statutory mandates
for the program. An emerging social/philosophical stance is

enabling both our state and federal judicial systems to render
decisions requiring our public schools to provide for our non-
English-speaking schoolchildren and adults. I know we are far
behind many of our brother countries, but I propose that within
a decade we shall have caught up with many.

What about the future? The major policy issues we face in
the next five years are basically four-fold. One, to eradicate
the existing concept that non-English-speaking youngsters are
"disadvantaged" in the same sense as those coming from low income
environments. This is not to say that many non-English-speaking
youngsters do not come from low income homes, it is to say that
those coming to school able to speak a language other than English
can make significant contributions linguistically and culturally
to the mono-English-speaking student and to the total cultural
environment of the school. Secondly, we must engender within our
national education policy a philosophy that children, in the early
stages of schooling, should learn in two languages and be able to
perform academically in both. I do not propose, as many critics
may charge, a program to make the United States bilingual in <u>all</u>
its public schools, but simply a recognition that in environments
--communities and schools--where there are significant numbers of
non-English-speaking youngsters, fellow mono-English-speaking
classmates should share both languages and cultures in the classroom and community.

The third issue involves curriculum and instructional materials. While our present program is serving some 42 languages,
we predominantly serve six languages: English, Spanish, French,
Portuguese, Cantonese, and Native American languages. Through
federal support, we have made great strides in developing classroom instructional materials and curriculum materials in Spanish,
Portuguese, and French. We are developing considerable amounts
of materials in classrooms throughout our country. Since it is
not our intention to develop and distribute a curriculum for
national use, we are disturbed that commercial publishers and pro-
ducers have not made substantial efforts in the area of bilingual/
bicultural materials. We know the market is thin and fragmented,
but it is my belief that with proper attention to the rising market, and with increasing federal and state funds for such materials, the commercial education community should and <u>must</u> become a
more viable part of bilingual/bicultural education.

Our fourth issue and goal is teacher training. As we start our sixth year we now have revised legislation that not only supports our previous program directions, but gives us an additional charge to initiate a significant program for teacher training. We started our bilingual program in 1969 with a product, albeit loosely developed, but with no or very few teaching technicians to service the product. I guess the best analogy would be putting a large number of television sets in homes without sufficient technicians to service them. The past five years have made it abundantly clear that being bilingual doesn't make a bilingual teacher--teaching bilingually is an art and a skill not easily acquired. We know that relying on bilingual teacher aides is not enough. The teacher needs skills and knowledge in teaching academic subjects in two languages. We need to move in this direction.

I regard the resolution of these issues as paramount if we are to move forward in making bilingual/bicultural education closer to the ultimate that I expect it to be within a decade-- an integral part of the total education process in our public schools.

To briefly review our program scope for the next year: we expect a budget of $70 million. We expect to reach approximately 200,000 children in 375 school districts. This will take about $46 million of our total allocation. You will note that we are nowhere near reaching the more than five million youngsters that could benefit from bilingual/bicultural education in the United States. We expect to spend more than $16 million on teacher training involving parents, teachers, counselors, administrators, aides and paraprofessionals. We expect to spend more than $7 million on materials development and dissemination. While the statistics are not complete, I would estimate that in addition to the federal contribution of $70 million that well over another $100 million is being spent in allied federal programs with bilingual components and that the state governments are certainly adding another $50 million. Practically all the education legislation coming out of our Congress this year has a commitment for attention to the bilingual citizen.

I am firmly convinced that our national policy in the United States is moving us toward our goals for bilingual/bicultural education. Although this is not to say that we are not still

struggling with philosophical directions, goals, and objectives.
My concern is shared by inspired policy makers and sensitive
bureaucrats. And here I paraphrase our Secretary of State,
Henry Kissinger, in his book, A World Restored, "...The spirit
of policy and that of bureaucracy are diametrically opposed. The
success of policy depends on the correctness of an estimate.
The essence of bureaucracy is its quest for safety....Policy
justifies itself by the relationship of its measures and its
sense of proportion, administered by the rationality of each
action in terms of a given goal. The attempt to conduct policy
bureaucratically may cause us to become prisoners of events. The
effort to administer politically leads to total irresponsibility,
because bureaucracies are designed to execute, not to conceive."

Bilingual Education in Peru

alberto escobar

The Peruvian government issued the General Law of Education
and the National Policy for Bilingual Education in 1972 to establish guidelines on the use and status of vernacular languages in
education and other areas. These guidelines were based on a
national census conducted that same year to collect data pertinent
to bilingual education efforts. These national statistics, however, did not reflect the levels of literacy, bilingualism, school
attendance, and economy of the rural regions which fall far below
the national averages. From this perspective, the problem of
bilingual education entails the social, economic, and linguistic
realities of the country as well as the existing political and
ideological concepts of the meaning of education and the role of
language teaching.

The 1972 guidelines reflect, both in text and spirit, a
pluricultural and multilingual view of the nation. The implementation of these ideas, however, was not without serious difficulties. Escobar enumerates the technical and formative factors
which have contributed to these difficulties. He believes the
major problem lies in the asymmetrical and discriminatory relationship of the urban and rural sectors of Peruvian society.
Bilingual education is a method of changing that relationship.
He feels, however, its goals will not be achieved until the present political, economic, and social imbalance is corrected.

La Educación Bilingüe en el Perú

alberto escobar

En la reflexión que iniciamos con estas páginas, el año 1972 es una fecha de especial importancia. Bastan para solventar la elección de este hito o punto de deslinde, dos sucesos dignos de relieve: a) el levantamiento del censo de población en junio de dicho año; y b) la expedición de las pautas legales que definen en el ámbito normativo, el marco asumido por el Estado peruano respecto a las lenguas usadas en el país y el estatus de las culturas vernaculares, tanto en el nivel educacional como de la política entera del gobierno.

El cotejo de los elementos de juicio que se infieren de la revisión de los datos del censo (y, en particular, de los indicadores demográficos y sociales), con los dispositivos que traducen la voluntad estatal de encarar la función de las lenguas en el proceso escolar, deja en claro que ha sido una percepción adecuada, acerca de la magnitud y complejidad de la situación idiomática del país, la que influyó en el ánimo de los redactores de la Ley General de Educación y de la Política Nacional de Educación Bilingüe.

De acuerdo con las cifras del censo penúltimo (1961), 1,608,183 personas no hablaban castellano sino una lengua amerindia, y 3,189,193 sujetos habían aprendido una lengua aborigen en

su niñez, de un monto de 8,235,000, computado para la población de
5 y más años de edad (Censo Nacional de Población, T. III).

En base a estos datos y su conversión porcentual, Pozzi-Escot
(2) comentaba el cuadro que sigue en los siguientes términos: "O
sea que el número de monolingües hispanohablantes ha aumentado a
expensas del número de monolingües de lenguas indígenas. Si la
tendencia indicada por este cuadro sigue--y no hay nada que nos
haga prever un cambio--el país se orienta hacia una homogeneidad
lingüística en la cual el castellano campea triunfante."

Lenguas Habladas	1940	1961
Monolingües-hispanohablantes	46.7%	62.5%
Bilingües (castellano y una lengua nativa)	16.6%	17.2%
Monolingüe de lenguas indígenas	35 %	19.5%

A pesar del vigor de la tendencia y de lo insinuado en las
cifras relativas, en 1972 encontramos que, de una población de
11,790,150 de 4 y más años de edad, 3,843,609 no saben leer ni
escribir, lo que equivale al 32.6% de esa población. Pero al
desagregar dicha cifra, se advierte que 2,451,569 hablan castellano (20.73% y 1,392,040 no lo hablan (11.8%). En otras
palabras, las cifras absolutas muestran la gravitación de la
diversidad lingüística en el quehacer escolar y su consecuente
impacto en la marginación de un sector de la sociedad peruana, no
empece los esfuerzos oficiales por reducir ese desbalance.

Si se sabe que la población general del Perú fue en 1940 de
7,023,111; en 1961 de 10,420,357 y en 1972 de 14,121,564 habitantes, ello significa que en el lapso de 30 años se ha duplicado el
total de pobladores y que, por tanto, el ritmo de dicho crecimiento excede a la capacidad nacional para generalizar la lengua
oficial y el aprendizaje de su lectura y escritura. Y que, el
incremento porcentual de monolingüismo no refleja exactamente el
estado de la cuestión. Tanto es así que en el cuadro 2/1 de Indicadores Sociales (3) figura que en 1972 existían 8,077,700 hablantes maternos de lenguas autóctonas, esto es 68.51% y 30.55%
respectivamente, para la población de 4 y más años de edad. De lo
que sigue que, salvo acciones oportunas, coherentes e innovadoras,
no se vislumbra una salida al problema por la extrapolación de
tendencias.

Los cuadros de este trabajo pretenden descubrir cuanto más
compleja y aguda de lo que se supone es la realidad en ciertas
zonas del Perú. En efecto, la gravedad del tema que nos ocupa
suele diluirse en la visión global del país, la que necesariamente
tiende a disolver en cifras-promedio los extremos que se dan en
las regiones que poseen mayor densidad campesina. Hemos escogido
cuatro departamentos: Ancash, Huánuco, Ayacucho y Apurimac para
esta muestra; los dos primeros corresponden a una variedad de
quechua y los dos últimos a la otra. Nuestro manejo de las cifras
está condicionado por la publicación todavía parcial de los resultados del censo de 1972, dado que el volumen II, de Indicadores
demográficos, sociales, económicos y geográficos del Perú se ha
publicado recientemente (agosto, 1974) y es hasta la fecha el
último volumen puesto en circulación. En base a dicha fuente, sin
embargo, es posible apreciar las diferencias que deseamos poner de
relieve:

POBLACION DE 4 AÑOS Y MAS QUE NO SABE LEER NI ESCRIBIR,
POR DEPARTAMENTOS, SEGUN IDIOMA MATERNO

LENGUA	Población total de 4 años y más	Total	Hablan Cas-tellano	No hablan Castellano
ANCASH	628,550	270,452	115,624	154,828
Castellano	282,173	71,198	71,198	
Lgs. Autóctonas	341,747	198,175	43,914	154,261
HUANUCO	355,184	174,446	99,007	75,439
Castellano	153,850	53,599	53,599	
Lgs. Autóctonas	198,084	119,764	44,819	79,945
AYACUCHO	395,165	237,234	34,576	202,658
Castellano	37,644	9,169	9,169	
Lgs. Autóctonas	355,156	227,297	25,230	202,067
APURIMAC	266,760	168,813	17,932	150,881
Castellano	20,728	4,533	4,533	
Lgs. Autóctonas	244,213	163,610	13,271	150,339

La simple ojeada a estos datos aporta revelaciones que no asombran a los especialistas, pero que no pueden dejar indiferente a nadie que se preocupe por los problemas educativos y sociales del país. En primer término, esos datos dramatizan la estructura dual de la composición demográfica, el contraste étnico y lingüístico, el mismo que se acentúa al pasar de la sierra central a la sureña. En Ayacucho y Apurimac, el grupo hispanohablante sigue siendo casi un segmento invasor, forastero. En los cuatro casos, el porcentaje de bilingües está muy por debajo del que sería el promedio nacional, fijado para 1972 en 20.73%, dado que en Ancash resulta 6.98%, en Huánuco 12.61%, en Ayacucho 6.38% y, finalmente en Apurimac 4.97%. Debemos suponer que una distancia tan apreciable de los promedios globales, debe significar un contexto extralingüístico igualmente crítico en otros aspectos, como en efecto se comprueba al indagar por la distribución entre poblaciones rurales y urbanas, entre hombres y mujeres, y al buscar los índices de asistencia a la escuela y los de actividad económica.

POBLACION DE 5 A 14 AÑOS QUE NO ASISTEN A INSTITUCIONES DE
ENSEÑANZA REGULAR, POR SEXO, SEGUN DEPARTAMENTOS,
EN AREAS URBANAS Y RURALES

LENGUA	POBL. TOTAL 5-14	Población que no asiste		
		TOTAL	H	M
ANCASH	212,021	58,668	26,652	33,016
Urbana	98,880	16,078	7,583	8,495
Rural	113,141	42,590	18,069	24,521
HUANUCO	121,010	51,041	23,238	27,803
Urbana	31,064	6,339	2,975	3,364
Rural	89,946	44,702	20,263	24,439
AYACUCHO	132,963	57,490	25,073	32,417
Urbana	43,290	9,936	4,353	5,583
Rural	89,673	47,554	20,720	26,834
APURIMAC	89,691	37,761	15,979	21,782
Urbana	22,447	4,566	2,016	2,550
Rural	67,244	33,195	13,913	19,232

Queda poca duda del carácter predominantemente rural de estos cuatro departamentos, así como de que la inasistencia a las instituciones de enseñanza regular es bastante más marcada en el medio rural que en las ciudades, y que ese fenómeno es más intenso en el grupo de las mujeres que entre los hombres.

Estos supuestos se refuerzan al percibir que la población económicamente _activa_ del Perú era en 1972 de sólo 3,871,613 personas, de las que 2,388,827 se hallan en las urbes y 1,482,786 en el campo, con una tasa de actividad de 29.70% y 27.12% respectivamente. Pero además, y esto también es significativo, la población económicamente _no activa_ se distribuye en 5,653,601 para las zonas urbanas y 3,985,529 para las rurales. Con lo que la imagen de la sujeción del mundo rural a los intereses urbanos ya no necesita prácticamente comentario adicional.

En esta perspectiva, la problemática de la educación bilingüe adquiere un sesgo singular que, a juicio nuestro, posterga los aspectos puramente técnicos y los subordina a una previa concepción política e ideológica, acerca del sentido de la educación y del rol de la enseñanza de las lenguas, en concierto con la realidad social e idiomática del país y el proyecto nacional hacia el que, se supone, se encamina y sirve al aparato del Estado. O vistas las cosas a la inversa, ello implica que todo modelo que se proponga para la llamada Educación Bilingüe, conlleva una toma de posición ideopolítica frente a la sociedad, su estado actual y el proyecto nacional que se pretende alcanzar.

En marzo de 1972 se promulgó la _Ley General de Educación_ (DL 19326), la misma que en sus artículos 12, 98, 246 y 301 fija los criterios con que la reforma educativa encara los problemas propios de un país multilingüe, pluricultural y expuesto a los mecanismos de la dominación tanto externa como interna. En el texto y espíritu de la ley y de la posterior _Política Nacional de Educación Bilingüe_ (junio de 1972), la educación bilingüe es simultáneamente bicultural y refleja una imagen pluralista y multilingüe del país. Por ello sus dispositivos no pregonizan ni amparan ninguna concepción lingüístico-pedagógica, teórica o metodológica exclusiva, sino que presuponen más bien la utilización y aprovechamiento de una gama de recursos didácticos y de una variedad de formas de acción para revaluar las culturas vernáculas y lograr, a la vez, la difusión del castellano como lengua común. Por ser bilingüe y bicultural y por el espíritu que la inspira, la

legislación vigente descarta todo tipo de enfoque funcional, que
es tenido como opuesto al objetivo liberador que se pretende. Lo
que quiere decir, que en este respecto, el componente lingüístico
sólo tiene validez, si está en estrecha correlación con el patrimonio cultural y los valores de los grupos minoritarios. Pero a
su turno, se concibe la interacción de éstos con el sector hispánico como una relación dialéctica que contribuirá a la formación
de una sociedad nueva, y de una lengua común que no debe confundirse con el dialecto de la clase media educada de la ciudad
capital. La difusión del castellano no es planteada como una
modalidad de absorción de una lengua por otra, ni como un mero
recurso didáctico, sino como la toma de conciencia de la identidad
étnica dentro del perfil nacional, y como expresión de un ejercicio antidiscriminatorio permanente. Por ende, si no cabe discutir
que la difusión del Español como lengua de la comunicación amplia,
nacional e internacional, es una de las metas a lograr; tampoco
cabe discutir el relieve que se confiere al uso de las vernáculas,
más allá de los menesteres didácticos, con niños y adultos. Es
decir, que la educación bilingüe y bicultural diseñada propende a
subrayar las virtualidades de empleo extenso y sostenido, creativo, que deberán reconocerse a las lenguas aborígenes, tanto en
el campo de la educación, regular y no regular, y tanto en el
trabajo en aula como en las actividades de la comunidad local,
regional y nacional.

Ahora bien, un proyecto tan ambicioso y rico en exigencias y
potencialidades como el que se desprende de los textos legales
que hemos mencionado, tenía que tropezar con serias dificultades
para una rápida implementación. La experiencia peruana en lo que
se refiere a la educación bilingüe hasta 1972, en sus dos casos
representativos (los empeños del Instituto Lingüístico de Verano
y de la Universidad de San Marcos) se proyectó dentro de un marco
conceptual, para el rol de la escuela y la educación respecto de
la sociedad entera, que resulta muy circunscrito a la vista de los
postulados de la ley. De otra parte, existe una suerte de dicoto-
mización entre ambos modelos, y, especialmente, en lo que atañe al
enfoque metodológico y el papel de la lengua materna, durante y
después del ciclo de instrucción. De tal forma que esta coyun-
tura, que proviene de los antecedentes, por extraña paradoja ha
inhibido la toma de decisiones más flexibles, aunque fueran provisionales. La comprensión fragmentaria del problema ha motivado
que se le piense parcialmente, en razón del sujeto aislado al que
se destina el acto educativo: si niño, si adulto, si costeño,

selvícola o andino, y a que no se perciba que las variantes son
sustancialmente eso: variaciones que provienen de un fenómeno
anterior y primario, que es el carácter multilingüe de la sociedad peruana como horizonte global. Y que, por tanto, para nosotros, toda educación de lengua tiene que ser--mutatis mutandis--
y en grado distinto, educación para una sociedad plurilingüe que
pretende articularse concertadamente en lo lingüístico y lo
social. Vistas las cosas así, la enseñanza de monolingües, bilingües incipientes o subordinados, y la enseñanza del español ya
como lengua materna ya como segunda lengua, debieran ser tenidas
por formas diversas de una misma intención educativa y de un
diseño unitario que las complementa.

        No ha ocurrido así hasta la fecha. Al analizar el por qué de
los tropiezos es posible que se enumeren factores de orden técnico
y formativo, como podrían ser el entrenamiento de maestros hablantes de dos lenguas; la falta de datos lingüísticos sobre los
idiomas hablados en el país; la carencia de impulso creador en los
educadores, lingüistas, psicólogos y científicos sociales involu-
crados en la tarea; la imposibilidad de producir materiales específicos para cada una de las áreas en que se descompone la progre-
sión que asciende de comunidad local a nivel regional y nivel
nacional; la escasez de informes acerca de los contextos sociales
o de criterios para determinar a corto plazo una tipología satisfactoria; la renuencia a esquemas convencionales y a poner a
prueba alternativas no experimentadas antes en el país (por ejemplo la clase abierta, el equipo docente, la utilización secuente o
alternada de las dos lenguas para el mismo currículo; la elaboración de materiales de aula, por el alumno y los maestros, etc.);
la escasez de recursos económicos; el subyacente conflicto político que acarrea una reforma; las resistencias psicológicas para
cancelar una modalidad educativa elitista y discriminatoria, etc.
Todo ello puede ser cierto en parte y haber jugado un rol más o
menos efectivo en el retraso de los planes; sin embargo, es nuestra impresión que un cambio tan repentino, en una sociedad tan
conservadora y jerarquizada como la peruana, ha motivado una ideo-
logización de las posiciones tenidas por doctrinarias, olvidando
que el sistema como totalidad ya está definido por la ley. Vale
decir, que ésta sustenta la educación bilingüe y bicultural como
un medio de propugnar el mantenimiento y respeto de las lenguas y
culturas vernaculares, en el concierto de una sociedad nacional y
pluralista. Que por tanto, dentro de ésta caben una serie de
regímenes que van desde el requerido por los monolingües hasta los

bilingües subordinados y los hablantes de dialectos regionales y
sociales del castellano, y de criollos, además del espectro de
variaciones determinadas por el grado de diferenciación en la
estructura social e institucional de cada zona de trabajo.

Hemos visto, de otro lado, hasta qué punto la situación
sociolingüística reflejada en los datos del censo del 72 concuerda
con los problemas típicos de la dicotomía ciudad versus campo en
los países del tercer mundo. Ello nos eleva al convencimiento de
que, al margen de querellas metodológicas, la educación bilingüe--
como quiera que se le entienda--implica una forma de concebir
las relaciones entre la sociedad urbana y la rural; y, por lo
mismo, cala directamente en un comportamiento político y en el
intercambio asimétrico y discriminatorio entre la urbe y el campo.
Lo que traducido en términos más gráficos para nuestra realidad,
equivale a decir entre la capital y el mundo andino, entre el
sector más cosmopolita y el más autóctono del país. En consecuencia, además de la ley hará falta que los cambios sociales modifiquen sustantivamente esa relación, para que los lingüistas,
educadores y funcionarios abandonen su imagen citadina del problema, y aborden con convicción la tarea, que propuesta como está,
no es sólo un aspecto de la reforma educativa sino un índice de la
quiebra del tradicional sojuzgamiento de la sociedad campesina por
el sector urbano. Cuando ocurra así, ya tendremos a la vista una
nueva sociedad nacional. Mientras tanto, nuestras reflexiones son
un ensayo teórico, y quizás estéril, por impedir que se desvirtúe
el sentido social de disciplinas tan ligadas a la unicidad del
hombre concreto y a su valor comunitario.

Referencias

1. Censo Nacional de Población (1961), T. III. Lima, República
   del Perú, 1966.

2. Pozzi-Escot, Inés. "El uso de la lengua vernácula en la
   educación," en Primer Seminario Nacional de Educación Bilingüe. Edc. Mimeo. Lima: Ministerio de Educación, 1972.

3. Presidencia de la República. Primer Ministro. Oficina
   Nacional de Estadística y Censos. Dirección de Estadísticas
   contínuas. Indicadores demográficos, sociales, económicos y
   geográficos del Perú. Vol. II. Lima, 1974.

4. Ley General de Educación. D.L. 19326. Lima, República del
    Perú, 1972.

5. Ministerio de Educación. Política Nacional de Educación
    Bilingüe. Lima, 1972.

Educación Bilingüe para Indios e Inuit:
La Experiencia Canadience

g. kent gooderham

Aunque el Acta Británico-Norteamericana de 1867 asignó la
responsabilidad de la educación de los indios canadienses y los
inuit al gobierno federal, las escuelas continuaron a cargo de la
iglesia hasta el período posterior a la segunda guerra mundial.
La política gubernamental desde 1948 hasta el año 1969 alentó la
integración de los niños nativos a los sistemas provinciales de
educación. En 1969, el gobierno propuso que todos los servicios
destinados a los nativos deberían ser provistos a través de las
mismas agencias que sirven a la mayoría de los ciudadanos. Los
nativos rechazaron esta propuesta y en 1972 demandaron tener el
control sobre su sistema educativo para así preservar su identidad
cultural.

El principio del control indígena de la educación india ha sido aceptado por el Gobierno Federal. La aceptación canadiense del pluralismo cultural se refleja en el apoyo oficial que han logrado los estudios de los idiomas indígenas. Se han desarrollado programas para facilitar el alfabetismo inicial en idiomas indígenas, con el cambio posterior a inglés o francés como idioma de instrucción a partir del cuarto grado. A partir de este año, y a solicitud de los padres, se continuará enseñando el idioma nativo. Problemas tales como el reducido número de personal cualificado están siendo encarados con varios programas novedosos de entrenamiento para maestros nativos y para-profesionales. Actualmente existen esfuerzos para estimular la inclusión de idiomas nativos en el currículo provincial y para desarrollar materiales de instrucción y técnicas de consulta con los padres y organizaciones nativas. Los Centros Culturales Educacionales Nativos que cuentan con fondos federales asumen cada vez más este rol. La participación de los padres ha ocasionado cambios en los programas escolares, cambios que reflejan mejor los valores y aspiraciones de la cultura nativa. Esta política se considera un factor esencial en al avance económico y social de los nativos dentro de la sociedad canadiense.

Bilingual Education for Indians and Inuit:
The Canadian Experience

g. kent gooderham

The original unification of some of the Canadian geographic units into a nucleus from which modern Canada later grew resulted from an Act passed by the British Parliament. Although the British North America Act of 1867 consigned responsibility for the Education of Canadian Indians and Inuit to the federal government, the latter provided very little education for these groups until the middle of the present century. This vacuum was entered by various denominations of the Christian church which designed programs to "give a plain English education adapted to the working farmer and mechanic." With the passage of the Indian Act in 1876 and the signing of treaties, the federal government provided greater financial assistance, but operation of the schools remained the responsibility of the churches. Much of the education took place in a rural setting. There was little public awareness of the impact on Indian youth of these forces of acculturation. In 1945, of a total enrollment of over 16,000 Indian children, over half were in rural schools while fewer than 100 were in public schools of the Provinces. In 1948, a National Superintendent of Indian Education was appointed to direct the system, but in that same year, a special Parliamentary Committee recommended that the education of native children be integrated with that of non-native children wherever possible. Consequently, by 1969 about 60 percent of Canadian Indian children were in Provincial schools which

received tuition fees on behalf of the native children from the
federal government.

Also in 1969, a proposed new government policy on Indian
affairs was published. It stated that services for all
Canadians should come through the same channels, with special
help being directed to groups in most need. Now feeling the
threatening winds of assimilation, the Indian people appraised
what had been happening to their children and viewed the results
with apprehension. They perceived government actions as being
actually and potentially destructive of their cultural integrity
and took political action to halt the slide toward assimilation.
From then on schools were "refederalized"; independent corpora-
tions were formed by bands to run schools and residences.
Eventually this "grass-roots" movement culminated in a position
paper entitled Indian Control of Indian Education presented to
the Government of Canada by the National Indian Brotherhood in
1972. The concept of this paper is that Indian parents must,
at the local level, assume responsibility for Indian education
and have full control of it. This right of the Indian people
has now been officially recognized and at the present time the
Department of Indian Affairs and Northern Development (DIAND)
is working cooperatively with the native peoples to translate
the idea into fact.

High on the list of the native peoples' priorities is the
question of Canada's indigenous languages and the need for
recognition of the contribution which the original inhabitants
have made to Canadian history and life. Indian critics cite
instances of active downgrading and outright suppression of
native languages, the alienation of children from their parents
because of language loss, and similar such affronts as have been
the lot of various minority groups throughout the world. Guidelines for this transfer of control are being worked out.

I am optimistic that our dialogue with the native peoples
has resulted in new language policies which are leading us in
the right direction. We must also see these developments in
the context of a society which has accepted multiculturalism as
a national goal. Most Provincial governments have passed permis-
sive legislation enabling local communities to include in their
school curriculum the arts, customs, music, language, and history
of the native people. Never before has the climate been so

promising for the expansion of bilingual/bicultural programs for
Canadian natives, and I believe that, at the present time, people
working in all sectors of native education are capitalizing on
current conditions and social attitudes to forge ahead with these
programs.

In Canada today, there are approximately 270,000 "registered"
Indians who belong to 10 major linguistic groups and who speak 54
languages or dialects. There are approximately 13,000 Inuit who
speak 20 different dialects. These are people for whom the
Minister of Indian and Northern Affairs has constitutional responsibility under the Indian Act. (There is, of course, an equally
large group of persons of native ancestry who are not registered
Indians and for whom educational services are provided by the
authorities of the Provinces or Territories in which they reside.)
Of the 283,000 registered native people, approximately 25 percent
or 70,000 are of school age. It is a generally accepted fact that
the future for most small language groups does not lie in their
mother tongue. These groups must, therefore, have the opportunity
to learn the language of the dominant society, and one of our aims
in education is to make the transition from the native language
to either French or English as painless as possible. To this end,
we have developed pilot language programs based on the premise
that the child's mother tongue should, wherever possible, be the
language in which the initial literacy is developed. Once the
literacy skills have been established in the child's first language, transfer of the skills to the reading and writing of a
second language is less difficult.

The broad aims of our native language programs are to: (1)
Encourage the development of the native language and to facilitate
the move from a native language to English or French; (2) Develop
a positive attitude toward the native language and either or both
of the two official languages; (3) Encourage the development of
basic education skills, concepts, and processes--first in the
native language and later in English or French; (4) Develop a
sequential program of teaching English or French as a second language; and (5) Stimulate interest in school and a desire for
further education.

The specific aims of the kindergarten phases of the project
are to: (1) Develop and increase the child's ability to communicate in his native language; (2) Enable the child to learn certain

basic concepts and processes in his own language; and (3) Foster
the initial and informal use of English or French to be followed
by the first stages of a planned program in which English or
French is taught as a second language.

Two types of language programs generally are being offered
in some schools: (1) The mother tongue of the majority of the
children entering the school is used as the medium of instruction
for all subjects. (2) The mother tongue is taught as a subject
of instruction from kindergarten through high school. When the
native language is the medium of instruction, English or French
is introduced as a second language, using a language shift pattern
to facilitate the change-over to the dominant language by the
grade four level. So we see a child in the first year of his
schooling being taught 90 percent in Cree or Dogrib or Eskimo
and 10 percent in English; the second year perhaps 80 to 60 percent in the native language and 20 to 40 percent in English; the
third year the percentages change to 40 to 20 percent native and
60 to 80 percent English and finally, in the fourth year, the
language of instruction becomes English or French, with the native
language continuing to be taught as a subject of instruction.

Regardless of the type of program chosen, the request for
native language instruction must come from the Indian or Inuit
community. A measure of the rate of expansion of the native language program in Canada is the fact that from a single Mohawk
course offered on the Caughnawaga Reserve (near Montreal) during
1969-70, we now have 174 federal schools and 34 provincial schools
offering programs in a total of 23 different native languages. A
major consideration in this regard is the question of staffing.
The majority of educators involved in the native language programs
are classified as Teacher Aides or Native Language Instructors,
who very rarely are trained teachers. These people are recruited
by the local community on the basis of their knowledge and standard of usage of the vernacular. At the present time we are
exploring ways whereby these employees may be afforded the opportunity to become certificated teachers--if they so desire. At
the same time we must anticipate how these people will fit into
diversified staffing plans should they choose to continue as para-
professionals. In any case there will continue to be a need for
the training and retraining of all teachers of native languages.

Currently, there is a major effort underway in the Provinces

and Territories to increase greatly the number of native administrators and classroom teachers. While the proportion of native
people working in all aspects of native education is 34 percent,
only 10 percent of the principals and teachers are native people.
This lack is being partially compensated for by the employment
of 543 native teacher aides who operate mainly in the early
grades. In addition, 19 Native Language Instructors are employed.
A current striking phenomenon is the latter group's drive for
higher status. This militant professionalism is yet another
facet of our native peoples' striving for greater recognition
within our society. Since 1972 the federal government has supported a Native Cultural Educational Centre Program. These
centres have been created by native groups to foster cultural and
educational activities among Indians and Inuit. We are confident
that these Indian cultural colleges will be playing a greater
role in the future, both in teacher education and in native linguistics.

A major challenge is the need to coordinate, to some degree,
the efforts of the various agencies engaged in work with native
languages. This is a formidable task when one considers the
cultural, linguistic, and geographical diversity involved.
These agencies include local school curriculum committees, native
cultural colleges, universities, native teachers' associations,
Provincial departments of education, and the education branch of
the DIAND. The future role of the DIAND will, of course, depend
on the rate at which the Indian and Inuit people assume direction
of the Native Language Programs. As presently envisaged we see
our future role as being one of making the resources of government available to attack problems which have been identified by
Indian people, who have suggested Indian solutions.

Many of our universities now offer Canadian native languages
as subjects of study. A more sensitive area is the introduction
of native languages as high school options. Where this has
already been done, the results have usually been gratifying and
the courses have truly served as bridges between cultures for the
young people involved. Indian people now serve on 57 Provincial
school boards and we assume that, as this number increases, so
will the native cultural content of Provincial school curricula.
I would be less than candid if I left the impression that there
is no resistance to such innovation among non-native individuals
and groups. We have found, however, that such backlash phenomena

are almost always rooted in a simple lack of communication.
Frankly, in the past we have lacked the social mechanisms which
would have encouraged natives and non-natives to develop a deeper
appreciation of the others' point of view. Today the renaissance
of our indigenous cultures and the efforts of a wide range of
government and nongovernment agencies have served to sensitize
the majority population, to a gratifying extent, to the native
fact.

Current needs have necessitated the devising of special
programs to increase the number of native teachers at a faster
rate. These programs have certain important common elements
which stress: (1) Standards of student performance equivalent to
regular programs; (2) Individualized programs to meet the student
needs; (3) Strongly supportive counseling services; (4) Heavy
reliance on nurturing professional relationships between the students and their practice teacher-mentors; and (5) Minimizing of
cultural alienation.

A boldly innovative scheme was launched in the summer of
1974 by the Province of Ontario. In August, 96 native student
teachers, who had been recommended by native associations, completed a seven-week summer school course and were granted Tempo-
rary Elementary School Teacher's Certificates valid for one year.
On completion of another summer program, these people will be
fully qualified probationary teachers. Innovative action always
invites repercussions. We have been placed in a position where
we must assure parents that these trainees are competent educators. We have also heard from teachers' associations who, in
this time of decreasing school populations, must be alert to
threats of possible loss of their members' jobs. Although we
take these approaches seriously, our thinking is more influenced
by the fact that, in most of our remote native communities,
teacher recruitment and turn-over problems are endemic. We are,
of course, hopeful that with a rise in the proportion of native
teachers in native education, we shall see a significant rise
in staff retention rates which will be reflected in the greater
progress of pupils.

One of our greatest concerns is the evaluation of our bilin-
gual/bicultural programs. As you know, evaluation of curriculum
and the curriculum development process is a complex problem,
since experts disagree on the validity of the various modes and

approaches. A great deal depends on the character of the project
which cannot really be understood outside of its situational
context and in many of our projects the situational context is,
at times, rather delicate. We have a three-way relationship
between Indian bands, the federal government, and Provincial
governments. As federal schools follow Provincial curricula, it
might appear advisable to request Provincial consultants to do
the evaluation. However, our bilingual/bicultural development
work has as an added major dimension: <u>An endeavour to sensitize
the native peoples to their own potential and capabilities.</u>
Unless those chosen to do the evaluation are sensitive to native
aspirations, attitudes, and educational problems (socially, politically, and economically), as well as to the curriculum development process itself, it may be extremely difficult for them to
know even what to look for, let alone judge the merit of what
they are observing.

Assuming, however, that we are able to locate people who can
conduct the evaluation with sensitivity, knowledge, and understanding, the evaluation problem is still complex. First of all,
stated objectives of a development project may need to be articulated into operative educational terms--and the Indian community
must agree with this articulation. An illustration of this
follows.

One of our most successful curriculum development projects in the last few years was located on the Hobbema Reserve
in Alberta. When the Hobbema people launched their project,
they stated:

> The fundamental objective of the Hobbema Curriculum
> Project is to create, to develop and to organize
> instructional materials and instructional strategies
> appropriate for the education of the children and
> youth of Hobbema....There is urgent need to involve
> the parents of the Hobbema School in discussing and
> determining what they want in their own schools....
> We believe that a clear statement of these wants is
> essential in determining the content of multimedia
> instructional material (books, films, filmstrips,
> slides, video-tapes, etc.) that will be developed.
> We further believe that the construction of good
> instructional material...requires constant partici-

pation and consultation with parents, teachers, and
students.

An interesting point to note here is that while the teaching
of the Cree language to the students in kindergarten, grades one,
two, and three was to be an integral part of the project, <u>at no
time did the Hobbema Curriculum Committee identify the development
of fluency in the Cree language as one of the objectives of their
project</u>. This fact suggests strongly that the Hobbema people were
taking a very broad view of the question of cultural identity.
They felt the need to bring about a radical change of emphasis in
the school program so that it might better reflect the community's
value system and aspirations. They intended to have an input
into the school program which would ensure recognition that the
school and the community share a common culture and that they, as
parents, had a valuable and tangible contribution to make to the
education of their children. Their decision as regards language
also revealed their perception of the role English would play in
their children's future. If we use the degree of people involvement and the quantity of materials produced as criteria, then
certainly, the Hobbema Curriculum Project has proved eminently
successful.

In summary, we in Canada are witnessing a dramatic expansion
of bilingual/bicultural education among the indigenous peoples.
In the light of what has already been accomplished, we are now
able to speak with less discomfort of the days when Canada's
native languages were devalued. We recognize the resurgence of
these languages as an integral part of the legitimate social
aspirations of the groups concerned. Above all we are committed
to consult and work with native peoples to ensure that their
assumption of jurisdiction over their education system will lead
to their having more effective control of their lives, their communities, their property, and their future.

References

1. <u>Bilingual Education in Schools in Aboriginal Communities</u>.
    Canberra, Australia: Department of Education, March 1973.

2. Chrétien, Jean. Letter to George Manuel, President of the
    National Indian Brotherhood. February 1973.

3. _____. Statement of the Government of Canada on Indian Policy, 1969. Ottawa: Queens Printer, 1969.

4. Department of Indian and Northern Affairs, The Native Cultural Educational Centres Program. Dialogue 1:7, August 1974.

5. Gudschinsky, Sarah C. A Manual of Literacy for Preliterate Peoples. Santa Ana, Calif.: Summer Institute of Linguistics, 1973.

6. Indian Control of Indian Education. A policy paper presented to the Minister of Indian Affairs and Northern Development, National Indian Brotherhood, December 1972.

7. Korchuk, Stan. "Cultural Differences: A Challenge for Education." Education Canada, June 1974.

8. Simpson, D.W. "Together or Apart--Today's Dilemma in Indian Education." Indian Education 3:2, 1972.

La Educación Bilingüe en la Nación Návaja

dillon platero

A pesar de 106 años de educación para la Nación Návaja por parte del gobierno federal de los Estados Unidos, existen en la actualidad muy pocos návajos capacitados para los trabajos disponibles, sobre todo para aquellos que requieren alta especialización. Por ejemplo, la tribu Návaja cuenta con un doctor en medicina nativo, menos de diez abogados, y de los 3,000 profesores que trabajan dentro de la Nación Návaja, menos de 200 son návajos. El término medio de návajos hoy en día cuenta con apenas 3.9 años de educación formal. El porcentaje del alumnado que abandona la escuela secundaria es del 25%. De cada cien niños que entran a la escuela secundaria, apenas 32 se gradúan.

Estas cifras dramáticas revelan el fracaso de una tradición educativa que trataba de asimilar al niño návajo por completo a los patrones anglos, negándole valor e ignorando su rica tradición

cultural. Hay tres áreas de interés inmediato para el návajo

respecto al problema educativo: la creación de un sistema educa-

tivo unificado bajo el control de la tribu návaja; la intervención

de los padres en la educación; y la incorporación de la educación

bilingüe dentro del sistema educativo. En este trabajo, se anali-

zan detenidamente estos tres aspectos señalándose el camino a

tomar si realmente se intenta superar el problema.

Bilingual Education in the Navajo Nation

dillon platero

The Navajo Nation is a sovereign nation recognized by the United
States government through the Treaty of 1868. Located on 14-1/2
million acres in the Four Corners area of Arizona, Utah, and New
Mexico, the semi-arid lands support a growing population of
140,000.

The Navajo people are fortunate that their natural resources
of coal and oil are in high demand as a result of the energy
crisis. Timber, a renewable resource of the Navajo Tribe, is
currently under development providing the Navajos with a much
needed source of income. But aside from coal, oil, and timber,
there is little income or jobs for members of the Navajo Tribe.

This is not to say that jobs are not available, or that the
prospects for the future are bleak. Rather, I should say that
after 106 years of federal education on the Navajo Nation, there
are few educated Navajos who can fill the jobs available today
and anticipated for the future.

As an example, the Navajo Nation is now talking about the
development of a coal gasification plant in the northeast section
of the Navajo Reservation. This plant will employ many thousand
people, and will create a town whose population will be nearly
50,000. This town, to be located in what is now a small pastoral
community of Burnham, could employ, house, and educate 36 percent

of all the Navajo people living today. But I said <u>could</u>, if there were sufficient numbers of Navajo people with the type of education this proposed coal gasification industry and community will need.

The Navajo Nation has clerk-typists, secretaries, auto mechanics and bookkeepers, and preference will be given to the hiring of these people in the new town of Burnham. The Navajo Nation lacks doctors, lawyers, businessmen, teachers, and technicians. These jobs, all highly skilled, will go to non-Navajos.

Let me give you an example of the number of qualified people the Navajo Tribe has in several areas: There is one licensed medical doctor, less than 10 Navajo lawyers, and out of 3,000 teachers on the Navajo Nation, less than 200 are Navajo.

The education which has been provided the Navajo people over the last 100 years has failed to keep up with the basic needs of the Navajo people. The average Navajo today has only had 3.9 years of formal education. Each year, over 25 percent of the Navajo students in high school drop out. For every 100 Navajo children entering high school, 32 will graduate. Let us not forget to take into account that the medium age of the Navajo people is 16. Thus we find that the Navajo people are young, attaining only 3.9 years of education, and that the potential manpower needs of the Navajo Nation are massive. The needs will go unmet because our people are undereducated in the ways and skills of the non-Navajo world.

This is so for many reasons. We have faced problems similar to other minority/ethnic groups in America, and we have faced many problems these groups have never faced with the dominant society. Let me illustrate.

For nearly 100 years, the policy of the United States government was to acculturate the Navajo so that the Navajo could be assimilated into the White society. To effect this assimilation, Navajo children were taken from the shelter of the family and sent to boarding school. Almost every child that entered the boarding school spoke only Navajo, and most of the people employed at the boarding school spoke only English. When a Navajo child spoke the language of his family at school, he was punished. The story of such a young man serves as an excellent example.

Kee was sent to boarding school as a child where--as was the practice--he was punished for speaking Navajo. Since he was only allowed to return home during Christmas and summer, he lost contact with his family. Kee withdrew from both the White and Navajo worlds as he grew older because he could not comfortably communicate in either language. He became one of the many thousand Navajos who were non-lingual--a man without a language. By the time he was 16, Kee was an alcoholic, uneducated, and despondent-- without identity.

Kee's story is more the rule than the exception. It will continue to be this way until massive changes are made.

There are three areas of immediate concern for the Navajo people in education. First is the problem of a unified education system for Navajos, second is the inclusion of parental participation in education, and the third is the incorporation of bilingual education into the education system.

To review these areas, we must go back to the Treaty of 1868 when the Navajo Tribe entered into agreement with the United States of America. The Navajo agreed to cease any warfare against the U. S., and in return the U. S. assumed certain responsibilities. One of these responsibilities--and a provision of the treaty--was that for every 30 children who could be compelled to attend school, the U. S. would provide one classroom and a teacher.

Over the next 100 years, about 100 schools were built and operated by the federal government; today there are 59 federal schools, serving 15,000 Navajo children. Not only are there federal schools, but as a result of their location, three states operate 16 public schools with a total enrollment of 25,000 Navajo children. In addition, there are four community controlled schools, 102 preschools, and three special education schools serving about 2,500 children. There are also over 50 agencies which operate or support 250 schools serving Navajo children. Because there are so many agencies dealing in the affairs of the Navajo people, a unified system must be created. And this unified system must be under the control of the Navajo Tribe.

The second area of concern, which relates to the first, is to bring about parental participation in the education program which affects their children. This participation should be brought

about by Navajos running their own schools. It was only within
the last six years that a truly Navajo, locally controlled school
was launched. The Rough Rock Demonstration School, opened in 1967,
was followed by the Ramah Navajo High School, the Rock Point
Community School, and the Borrego Pass Day School. The Navajo
Community College was the first institution of higher education
which the Navajo Tribe supported.

The four locally controlled schools at Rough Rock, Ramah,
Rock Point, and Borrego Pass, along with the Navajo Community
College, form the backbone of a unified Navajo education system
which will be directly responsible to the Navajo people and not
the federal or state governments.

The third area of concern is the need for bilingual education.
Bilingual education might not sound like a radically new or innovative concept to those of you here. But on the Navajo Nation it
prompts a great deal of controversy.

The Bureau of Indian Affairs (BIA), which operates the
federal schools serving the Navajo Nation, has shown relatively
little interest in bilingual education. To demonstrate the lack
of concern on the part of BIA for bilingual education, it is estimated that less than five percent of all Navajo children in BIA
schools are involved in a full scale Navajo bilingual program.

The state public schools, until recently, felt their job was
to teach the children English. But the public schools are
increasing their emphasis on bilingual programs, and many are
doing an excellent job of educating our children.

The only places where bilingual education is completely
accepted are at the schools run by Navajo people themselves.
Rough Rock, Ramah, Borrego Pass, and Rock Point all have full-
time bilingual programs, and each of the schools are educating
Navajo children to their full potential. Each of the bilingual
programs at these schools was started as a result of the desires
of the children's parents--a desire for their children to learn
the best of the Navajo and non-Navajo worlds.

Before, I mentioned that the average Navajo has only 3.9
years of formal education and that 25 percent of the Navajos in
school drop out. It is felt that the reason for this low level of

formal education and the high dropout rate is a result of a difference in opinion between the Navajo people and the federal
government as to what should be taught in school and how it should
be taught.

In the example of my friend Kee, how much greater would have
been his chance of success if, instead of being punished for
speaking Navajo, he was encouraged to speak his native language?
And what if he was introduced to English in a gradual learning
environment rather than the abrupt method which was used when he
was then a five-year-old on his first day at boarding school?

I feel that Kee, and thousands more Navajos could be in a
position to complete high school, college or vocational school,
and become doctors, lawyers, accountants, anthropologists, or
technicians. I feel that with a curriculum based on the positive
aspects of both the Navajo and non-Navajo worlds, a curriculum
written and taught by qualified bilingual Navajos, we would have
the manpower to fill the jobs for today and tomorrow. Jobs which,
I might add, will raise the Navajo per capita earnings above the
paltry $750 per person.

But acceptance of Navajo bilingual education is not widespread, and the federal and public schools which serve over 90
percent of our children must follow the example of the locally
controlled Navajo schools.

Those who are supportive of bilingual education must let
their voices be heard on the national and local levels. The
Portuguese, Chinese, Chicano, and Indian populations must join
together in making their wishes known.

For the Navajo, with your help, we must encourage the states
to continue to develop the bilingual programs in their public
schools. And we must all urge the Bureau of Indian Affairs to
incorporate into their education programs the wishes of the
Indian people for local involvement and bilingual education.

Having just attended the National Indian Education Association convention in Phoenix, Arizona, I can tell you that the
participants at that convention constantly affirmed bilingual
education as a goal, and local community involvement as a corner-
stone for a successful education program for Indian children.

What we are talking about will cost money. It will require the financial support of the United States government. But we are talking about more than money, we are talking about the future survival of the U. S., the Navajo nation, and all peoples around the world.

It will mean a massive change in policy and more than a token demonstration of support. For the U. S. government, it will require implementing a policy which, to this day, has only been verbalized.

Let me close with two points:

Our strength as a Nation, the United States, will not come through the acculturation and assimilation of Navajos, Chicanos, Indians, or Chinese into the mainstream of society. Our strength will come from our cultural and linguistic differences, and our ability to respect the ideas of each other. We use language to share ideas, let us join together to help our ideas work.

Teaching
the second language

Nuevas Normas en la Enseñanza del Segundo Idioma

g. richard tucker and alison d'anglejan

Este trabajo describe dos enfoques diferentes con respecto a
la enseñanza de la segunda lengua: el programa "tradicional" del
segundo idioma, destinado a desarrollar en el alumno la habilidad
para comprender, hablar, leer y escribir el segundo idioma en un
nivel específico; y el programa de instrucción a través del
segundo idioma. Estos dos enfoques son tratados a la luz de los
últimos descubrimientos teóricos acerca del proceso de adquisición
del segundo idioma. Los autores favorecen decididamente el uso
del segundo idioma como vehículo de instrucción y describen tres
tipos de programas utilizando este enfoque que están ganando popularidad en Canadá. Esta ponencia concluye con la exposición de
los asuntos que deben ser considerados por los sistemas educativos
que implanten programas bilingües.

New Directions in Second Language Teaching

g. richard tucker and alison d'anglejan

During the past 10 years or so, educators have been called upon to
make some dramatic changes in their policies and practices to take
into account the cultural diversity inherent in North American
society. One of the greatest challenges which we are now facing
is that of providing effective second language teaching within the
context of the public school system, while simultaneously nurturing the native language development and sociocultural traditions
of heterogeneous student populations. <u>The challenge is a very
serious one</u>. In some countries like the United States, failure to
achieve this goal could lead to the increased alienation of large
immigrant and indigenous populations, and to acute social dis-
tress. In Canada, if we cannot make bilingualism a fact of life
throughout the country, our present political structure will not
survive.

In examining recent developments in second language teaching,
we find a small but influential group of educators with a remark-
able willingness to innovate and to experiment. The diverse
approaches which have been tried within public school systems
appear to fall into two main categories: (1) the traditional
second language program designed to develop students' ability to
understand, speak, read, and write the target language to some
specified level; and (2) programs (and there are many models to

choose from) in which the target language is used as a medium of
instruction for varying portions of the school curriculum.

The rationale for these two distinct approaches to second
language teaching are described below.

Traditional Second Language Programs

The approach which we have referred to as the traditional
second language program typically involves study of the target
language per se for X minutes per day, Y days per week beginning
at grade or proficiency level Z. Within this general framework,
widely different teaching or organizational strategies are used.
For example, many of us have studied Latin or French or Spanish
using a "grammar-translation" method in which we were explicitly
taught rules of grammar; we were asked to memorize lists of basic
vocabulary, case endings, verb conjugations, etc. Sometimes we
were even called upon to utter a few sentences in the target
language.

During the 1950's the ideas of the behaviorist psychologist
B.F. Skinner (1) attracted the interest of many language teachers.
Skinner viewed language learning as the formation of habits, or
as the result of the individual's learning a large number of dis-
crete elements, and then gaining the ability through practice to
manipulate these elements in a rapid and automatic fashion. The
"audio-lingual" method grew out of this behaviorist tradition of
psychology (2). According to this method, students are introduced
to the target language by a teacher who has native or near-native
command of the language. The students listen to, repeat, practice, and then expand what the teacher says. Students are introduced orally to basic vocabulary and grammatical structures which
they then practice until their control of the sequences becomes
automatic. Generally, the introduction of reading and writing
follows the development of listening and speaking skills. Of
course, a number of distinct methods can be subsumed under the
heading of an audio-lingual approach.

disenchantment with second language teaching programs

Language teaching programs enjoyed widespread popularity
during the early 1960's. Second language programs spread down
through the elementary grades in public schools. An extensive

range of teaching materials was developed and language labora-
tories proliferated. However, many educators soon became
dissatisfied with the product of their traditional second or
foreign language programs. Their disenchantment was confirmed
in several empirical studies which were carried out to assess
the relative effectiveness of the various second language teaching methods (3;4). In a more recent investigation conducted in
the Middle East (5), researchers examined the relationship between
years of formal second language study and target language proficiency. They found no significant correlation between students'
scores on a battery of second language proficiency measures and
the number of years of second language study. Interestingly,
however, there was a significant and positive correlation between
language proficiency and the degree to which students had been
exposed to the target language as a medium of instruction for
other school subjects.

New Theoretical Insights

Concurrent with the decline in popularity of the traditional
second language methodologies came a radical shift in theoretical
views of the language acquisition process. Many researchers now
view native language learning and second language learning as
analogous processes characterized by the development of rule-
governed creativity. The learner is thought to engage actively,
albeit unconsciously, in the gradual discovery of the rule system
underlying the language to which he is exposed. Although the
young child acquiring his native language and the second language
learner may go about the task in somewhat different ways, the
developmental pattern of each is now thought to be both systematic
and predictable (6;7;8;9).

An important pedagogical notion which derives from insights
about native language learning is that the major focus of classroom activity should be on communication--not just simulated dia-
logues--but genuine communication where the validity of students'
utterances will be judged on the basis of their content rather
than on the appropriateness of their grammatical form.

If these current views of the language acquisition process
are valid, then the teacher's role in the classroom and his professional preparation must be critically re-examined.

programs of instruction via the second language

The second general approach which we want to describe seems more consistent with contemporary views of language learning processes. It is based on the rationale that the student can most effectively acquire a second language when the task of language learning becomes incidental to the task of communicating with someone (such as a classroom teacher who is not necessarily a second language specialist, but always a native speaker of the target language) about some topic (such as geography or basketball) which is inherently interesting to the student.

At the present time, three types of programs involving the use of the target language as the vehicle of instruction are gaining popularity in Canadian schools. These programs can be characterized as follows.

The first of these is an early immersion approach which typically involves the use of the target language as the principal medium of instruction at the early grade levels (e.g. kindergarten, grades one and two, with the introduction of the mother tongue in a language arts class at grades two or three. Somewhat later in the curriculum, the mother tongue is also used to teach selected content subjects, so that by the late elementary years the program becomes truly bilingual with periods devoted, for example, to French language arts, English language arts, content subjects taught via French and content subjects taught via English.

Typically, insofar as is feasible the children are treated as though they were native speakers of the target language; that is, a traditional second language approach is not used with them. The teachers are native speakers of the target language who ideally have had previous experience teaching child native speakers at the same grade level as their immersion class.

Empirical studies have been conducted in various Canadian settings to assess the linguistic, intellectual, and attitudinal consequences of participation in such programs (10;11;12). The general finding is that English-speaking students who have participated in the early immersion programs of home and school language switch are able to understand, speak, read, and write English as well as carefully selected, conventionally educated

English Canadian youngsters. In addition, they can understand,
read, speak, and use French far better than students who follow
traditional FSL programs. Furthermore, this program of second
language teaching has not resulted in any subject matter deficit.
Nor is there any evidence of cognitive retardation attributable to
participation in the program.

The second type of program involves immersion in the target
language after the student has had several years of training in
the traditional second language curriculum (e.g. at the grade six
or seven level). Objective evaluations of such programs (13)
have shown that students make impressive gains in fluency and communicative skills, and at the same time, are able to handle content subjects at the appropriate grade level.

The last type of program is one in which the traditional
second language component is supplemented by the use of the target
language to teach one or two content subjects. As yet, very few
objective evaluations of such programs appear to have been carried
out. However, Edwards and Casserly (11) reported that students
who followed a social studies course in French as well as their
regular FSL class performed significantly better than students
who had only the FSL component. They appear not to have evaluated
the students' relative progress in the content subject.

One widespread observation from teachers involved in all of
these types of programs is that they are not plagued by the
chronic problem of poor motivation which accompanies most of the
traditional methods and which so greatly undermines their effectiveness (14).

We have been impressed with the results of these new style
language teaching programs in North America and in other parts
of the world, for they suggest that second language teaching is
not an impossible task, as some were beginning to fear. The
results clearly indicate that high level bilingual skills can be
attained within the classroom setting, not by just a few gifted
individuals, but by any child.

Implementing Bilingual Programs

Those who decide to implement these new approaches to second

language teaching within their public school systems must be
prepared to consider a series of important issues.

For example, they must decide in what order they will introduce instruction via the mother tongue and the second language;
and furthermore in what order they will sequence reading in the
two languages to achieve optimal results in their particular sociolinguistic setting. Engle (15) has recently completed a critical
review of 25 studies which bear in some way on this important
topic. Unfortunately, it seems virtually impossible to draw any
universally applicable generalization from her survey.

In a very recent study, Tucker (16) compared findings from
bilingual education programs in several parts of the world. He
too concluded that it is not possible at the present time to make
any definitive statements concerning the optimal sequencing of
reading based on the available empirical data. However, he did
reiterate the guiding principal proposed by Lambert and Tucker
(17): In any community where there is a serious widespread desire
or need for a bilingual or multilingual citizenry, priority for
early schooling should be given to the language or languages least
likely to be developed otherwise, that is, the languages most
likely to be neglected.

Thus, although they have advocated a program of early schooling in French--the second language--for English-speaking youngsters in Quebec, they suggest quite to the contrary a program of
early immersion in Spanish for Spanish-Americans or French for
Franco-Americans in the United States with the later introduction
and gradually expanding use of English. They would, however, urge
a widespread program of early instruction via Spanish or via
French for English-speaking Americans. It seems unfortunate to us
that programs of bilingual education in the United States are so
often associated with the schooling of an economically impover-
ished group; that these programs are so often only associated with
the schooling of minority group Americans who are held in such low
esteem by many English-speaking Americans; and that there exists
so little incentive for middle class Americans to enroll their
children in programs of bilingual instruction. Surely, the development of native-like proficiency in two languages with the concomitant development of a sensitivity to the values, attitudes,
and traditions of other ethnolinguistic groups, should be a

primary educational goal for all children regardless of their
social class, ethnic background, or racial origin.

In addition to the above considerations, the shift in focus
from the teaching of the language per se to the use of the target
language as a vital means of communication about other topics
will call for a reassessment of the role of the second language
teacher. He might be responsible for a language arts program in
the second language which is geared to teach reading or vocabulary
development to second language learners whom he will treat (as
much as possible) as native speakers. On the other hand, he may
be working in partnership with teachers of content subjects and
his task may be to teach specific features of the language of
instruction which will facilitate the students' learning of mathematics or history. He in turn will receive feedback about his
students' language performance from the content-area teacher.

New developments in the area of the analysis and description
of second language acquisition patterns (18) may one day provide
teachers with valuable diagnostic tools as well as important
information upon which to base the sequencing of instructional
materials.

As part of this professional preparation, we believe that
teachers should acquire an understanding of current theories concerning the acquisition of language. Our overview of the language
teaching scene in North America and in other parts of the world
suggests that the dichotomy which has in the past separated the
teaching of native language arts and second language arts is perhaps both artificial and inappropriate. In many instances, the
rich variety of materials which have been designed for child
native speakers can provide excellent resources for children in
bilingual programs. Likewise, the current emphasis on the teaching of communicative skills as part of the regular language arts
program can benefit both native speakers and second language
learners.

Finally, more than ever before, the teacher will have to be
familiar with and attuned to the sociocultural traditions of the
student population, for his attitudes and sensitivity toward his
students will unquestionably be one of the decisive factors in
the success of any such program (19). In particular, the

teacher's expectations about participating pupils' success in bilingual programs is crucial.

In summary, the most promising new direction in second language teaching involves the acceptance of the premise that the use of the target language as a medium of instruction for some portion of the school curriculum is both necessary and desirable. The traditional role of the language teacher is changing. He will be called upon to work in partnership with subject matter specialists or to become competent to teach a given school subject himself. We feel that his work will be more challenging and more vital as research on second language development intensifies and can provide new insights into the language learning processes and suggest new pedagogical directions.

References

1. Skinner, B.F. Verbal Behavior. New York: Appleton-Century-Croft, 1957.

2. Rivers, W.M. The Psychologist and the Foreign-language Teacher. Chicago: University of Chicago Press, 1964.

3. Scherer, G.A.C. and M. Wertheimer. A Psycholinguistic Experiment in Foreign Language Teaching. New York: McGraw-Hill, 1964.

4. Smith, P.D. "The Pennsylvania Foreign Language Research Project: Teacher Proficiency and Class Achievement in Two Modern Languages." Foreign Language Annals 3, 1969, 194-207.

5. Scott, M.S. et al. "A Note on the Relationship between English Proficiency, Years of Language Study and Medium of Instruction." Language Learning 24, 1974, 99-104.

6. Brown, R. A First Language: The Early Stages. Cambridge, Mass.: Harvard University Press, 1973.

7. Kennedy, G. "Conditions for Language Learning," in Oller, J.W. and J.C. Richards, eds. Focus on the Learner: Pragmatic Perspectives for the Language Teacher. Rowley, Mass.: Newbury House, 1973, 66-80.

8. Sampson, G.P. and J.C. Richards. "Learner Language Systems."
    Language Sciences, August 1973, 18-25.

9. Dulay, H. and M. Burt. "A New Perspective on the Creative
    Construction Process in Child Language Acquisition." _Working
    Papers on Bilingualism_ 4, 1974, 71-98.

10. Bruck, M., W.E. Lambert, and G.R. Tucker. "Bilingual School-
    ing through the Elementary Grades: The St. Lambert Project
    at Grade Seven." _Language Learning_ 24:2, December 1974.

11. Edwards, H.P. and M.C. Casserly. _Evaluation of Second Lan-
    guage Programs in the English Schools--1972-73_. Ottawa: The
    Ottawa Roman Catholic School Board, 1973, mimeo.

12. Swain, M. "Early and Late French Immersion Programs in
    Canada: Research Findings." _Canadian Modern Language
    Review_, forthcoming.

13. Genesee, F., S. Morin, and T. Allister. _Evaluation of the
    1973-1974 Grade VII French Immersion Class_. Montreal:
    Protestant School Board of Greater Montreal, October 1974,
    mimeo.

14. Gardner, R.C. and W.E. Lambert. _Attitudes and Motivation in
    Second Language Learning_. Rowley, Mass.: Newbury House,
    1972.

15. Engle, P.L. _The Use of the Vernacular Languages in Educa-
    tion_. Arlington, Va.: Center for Applied Linguistics,
    1975.

16. Tucker, G.R. "The Development of Reading Skills within a
    Bilingual Education Program." _Sixth Western Washington Sym-
    posium on Learning_. Bellingham, Washington, forthcoming.

17. Lambert, W.E. and G.R. Tucker. _The Bilingual Education of
    Children_. Rowley, Mass.: Newbury House, 1972.

18. Selinker, L. "Interlanguage." _IRAL_ 10, 1972, 209-231.

19. Schumann, J.S. _Affective Factors and the Problem of Age in
    Second Language Acquisition_. Harvard University, 1974, mimeo.

Problems in Teaching Spanish to Indigenous Language-Speaking Children

gloria ruiz de bravo ahuja

In Mexico, exclusive use of Spanish in the schools has historically been a major tool for integrating indigenous groups into the national culture. Only recently have the indigenous languages been taken into consideration in the education of their speakers. After outlining the history of Mexican language and education policies and practices for indigenous cultures, this paper discusses the program of the Institute for Research and Social Integration of the State of Oaxaca, which concentrates on teaching Spanish as a second language. The Institute, which was established in 1969, divided the State into zones and developed the Audiovisual Method for Teaching Spanish to Speakers of Indigenous Languages. The materials do not attempt to be totally contrastive, given the great number and variety of languages

spoken in Mexico. The Institute's approach takes into consideration the theories of related disciplines, particularly the psychology of learning. The Method consists of six units. The first
two, designed to be covered in one school year, have been in use
during the past five years. The materials are highly structured
and designed to stimulate the students' innate linguistic capacities. Reading and writing in Spanish are excluded. The Institute's approach, rationale, and underlying principles are
discussed. Evaluation procedures, which are an essential part of
the program, are also explained. The paper suggests that mass
communication media have an important role to play in the preser-
vation of indigenous languages.

Disyuntivas en la Enseñanza del Español a Niños Hablantes de Lenguas Indígenas

gloria ruiz de bravo ahuja

La falta de una lengua común entre los mexicanos hablantes de lenguas indígenas y los hablantes de español ha sido una de las causas que ha originado una serie de problemas graves, bien conocidos por todos, tales como el marginalismo económico, la fragmentación social, el colonialismo interno. El Instituto de Investigación e Integración Social del Estado de Oaxaca se ha interesado en la solución de este problema y ha dirigido sus esfuerzos a la enseñanza del español como segunda lengua, lo que no es igual a la enseñanza de una lengua extranjera: mientras la lengua extranjera se aprende si se estima pertinente, una segunda lengua, como en el caso del español en México, que es la lengua mayoritaria, podríamos decir que se _tiene_ que aprender. Este problema sociocultural provoca reacciones de orden psicológico que se reflejan en los que pretenden enseñar la segunda lengua, y en quienes van a aprenderla. Tan es así que los primeros suponen--muchas veces--que pueden imponer las directrices que han de seguir las comunidades hablantes. Y los segundos, obedeciendo a un principio sociolingüístico, demuestran que ninguna lengua se habla por decreto.

Desde los tiempos más tempranos del choque de culturas; desde el momento en que conquistadores y conquistados tuvieron que habérselas con el problema de comunicación, surgió, en México,

esta disyuntiva: o el español o el náhuatl, la lengua de conquista de la región vencida.

La Legislación de Indias, compilada en las Leyes de Burgos
que promulgaron los Reyes Católicos en 1512, muestra la política
oficial respecto al idioma: el español es el instrumento de dominación perfecto del Imperio (1). Tiempo después, Felipe II,
seguramente influenciado por el respeto renacentista hacia las
lenguas vernáculas, establece en la Cédula Real promulgada en
julio de 1570, que el náhuatl se considere la lengua oficial (2).
Felipe III (1599) ordena que se evangelice en náhuatl y que el
castellano se use para otros menesteres (3). En el Decreto promulgado en 1634, Felipe IV sigue la política lingüística de los
Reyes Católicos y de Carlos V, y declara el castellano lengua
oficial (4). Acorde con la política del Despotismo Ilustrado,
Carlos III, en la Orden Real de 1770 se proponía no sólo extender
el castellano sino acabar con las lenguas indígenas. El Virrey
Bucareli, en 1772, hizo levantar un censo con el fin de conocer el
número de niños a los que había que enseñarles el español, la lectura y la escritura a través de maestros bilingües.

En el siglo XIX, en el año de 1823, se implanta a nivel
nacional el sistema lancasteriano mediante el cual se alfabetizaba
en español a niños y a adultos, indiscriminadamente; tal sistema,
sin embargo, no toma en cuenta el problema de lengua de los grupos
del país. Esta actitud no la ve con simpatía un grupo de progresistas, Vicente Guerrero entre otros, quienes desean una educación
acorde con su ideología. Ellos tienen un concepto universal de
cultura que implica el respeto a los valores indígenas, pero tales
ideas no son compartidas por los tradicionalistas, que se inclinan
por implantar el español sin pensar en las lenguas indígenas;
hecho que los progresistas, ansiosos de encontrar nuestra identidad nacional, no pueden ver con indiferencia puesto que implica la
extinción de estas lenguas.

Semejante situación conduce obviamente al bilingüismo como
fórmula ideal. Ignacio Ramírez apoya la instrucción bilingüe y se
prepara algún material en lenguas vernáculas, sin que se llegara a
explicar exactamente cómo se daría la instrucción a los grupos
indígenas. Asimismo, Gabino Barreda opina que se deben hacer programas de lenguaje desde un punto de vista científico, pero tampoco se conocen concretamente estos programas de enseñanza, no
obstante que ya se preparaban maestros para las zonas rurales

desde 1857. Alrededor de 1890, hay grupos que pugnan por una
integración de las minorías étnicas, a la manera de asimilación;
quienes así pensaban tenían la idea de una sola nacionalidad, que
veían impedida por la existencia de nuestros grupos étnicos.

En los albores de este siglo, en 1913, Gregorio Torres Quin-
tero implanta el llamado método directo y lo hace llegar a los
niños indígenas en las escuelas rurales de pre-primaria donde se
enseñaba a leer y a escribir en español. Manuel Gamio pugna por
una educación integral y para el problema de lengua propone la
enseñanza directa del español, con instructores hablantes de
español y textos en español que permitan habilitar al indígena
para su integración nacional. Como se ve, quedan claramente fun-
didos, si no confundidos, los problemas de la castellanización y
la alfabetización.

En 1936 se crea el Departamento de Asuntos Indígenas y, a
partir de los cuarenta, el Instituto Nacional Indigenista, el
Centro de Coordinadores Regionales, y el Servicio Nacional de Promotores Culturales. Desde entonces se emprende una tarea que
hasta la fecha no ha cesado: la de elaborar cartillas bilingües
con el fin de castellanizar a través de la alfabetización en ambas
lenguas. Por medio de este mecanismo se pretende que los estudiantes indígenas lleguen a leer y a escribir su lengua y a hablar,
leer y escribir en español. Esta corriente la sigue un grupo de
lingüistas que se ha preocupado por elaborar el material y preparar el personal necesario. Otro grupo, los maestros rurales de
las zonas marginadas con problema de lengua, siguen su tarea: la
enseñanza de la educación primaria impartida en español y con
materiales didácticos escritos en español.

Bien podríamos decir que tres etapas pendulares han marcado
las tendencias de la política lingüística en México: (1) castellano o náhuatl; (2) español y/o bilingüismo; (3) proceso de castellanización y alfabetización en lengua indígena y en español con
un mismo alfabeto, o proceso de castellanización y alfabetización
en español. La tercera etapa, con sus dos corrientes, sigue
vigente en la actualidad.

Ahora voy a referirme al programa de castellanización del
Instituto de Investigación e Integración Social del Estado de
Oaxaca (IIISEO), institución que se creó en 1969. Dos trabajos
son la base de su inicio. Uno de ellos es el estudio mediante el

cual se zonificó el Estado de Oaxaca tomando en cuenta dos criterios: delimitar las zonas con mayor posibilidad de desarrollo que
propiciaran la necesidad que sustenta a la lengua en sí misma como
herramienta de comunicación y determinar sus índices de monolingüismo en lengua indígena o en español. El otro trabajo consistió
en la elaboración de un método para la enseñanza del español que
tuviera un marco teórico adecuado al medio de su aplicación y que
fuera viable para la economía del país. Así surgió el Método
audiovisual para la enseñanza del español a hablantes de lenguas
indígenas.

    Es bien sabido que algunos aspectos de las teorías en que se
apoyan los métodos audiovisuales han sido objetados; sin embargo,
admitamos que no hay teoría lingüística que ofrezca una metodología global para la enseñanza de segundas lenguas, y menos para
aplicarse en una situación similar a la nuestra. Asimismo, sabemos que cualquier investigación en el campo de la enseñanza de
lenguas debe atender a teorías interdisciplinarias, muy particu-
larmente en el campo de la psicología del aprendizaje. Consiguientemente, hemos observado que, si bien las doctrinas conductis-
tas son objetables, también, con palabras de Ernest Hilgard "las
teorías cognoscitivas puras de aprendizaje deben ser rechazadas
en la enseñanza de segundas lenguas, a menos que se asigne un
papel importante a la afectividad (5)." Así, cualquier metodología para este fin debe incluir el aspecto afectivo de la conducta
humana.

    Nuestro material se presenta altamente estructurado, dentro
de un mecanismo de aprendizaje donde resaltan la imitación, el
reforzamiento y las asociaciones entre las respuestas orales y los
estímulos visuales y orales; por lo tanto, hemos añadido a la técnica de su aplicación una metodología compensatoria, que estimula
la capacidad lingüística innata del estudiante, su poder de "actividad creadora".

    No se pretendió ofrecer un material totalmente contrastivo
por razones de orden práctico, ya que la gran variedad de lenguas
que se hablan en México convierte esta tarea en una utopía. Jorge
Suárez nos dice, respecto a Oaxaca, que no hay información adecuada aún sobre las lenguas conocidas; sólo se tiene material
amplio sobre una docena de lenguas y se hablan, según cálculo
moderado, 50 lenguas. Además "no hay que creer que la complejidad
descrita puede derivar de la información insuficiente...los

estudios de intercomprensión dialectal cada vez hacen elevar más el número de dialectos mutuamente ininteligibles, y los estudios de clasificación lingüística no sólo descubren lenguas nuevas sino incluso lo que pueden ser nuevas familias o subfamilias (6)." Al respecto nos alientan algunas teorías psicolingüísticas, las que sostienen que el proceso de adquisición de una lengua no difiere mucho entre estudiantes de distintas lenguas. Los interesantes estudios de Dulay y Burt (7) en el campo del análisis de errores en sintaxis muestran que la mayor parte de los errores cometidos en la segunda lengua son similares a los de los niños que aprenden su lengua materna, lo que sugiere que unos son tan creativos como los otros y que ambos emplean estrategias universales de procesamiento.

Se excluye en el _Método_ la escritura y la lectura porque estamos de acuerdo con quienes afirman--Piaget entre otros--que el proceso para adquirir estas habilidades debe subordinarse a la aparición de las operaciones concretas. Consecuentemente, hay razones metodológicas, pedagógicas, y psicológicas que se oponen al desarrollo paralelo de habilidades tan disímbolas. Nos parece aún más tortuoso--y, sobre todo, inadecuado para nuestros fines-- que se añada el esfuerzo de la traducción constante de la lengua materna a la segunda lengua. Por todo esto pensamos que primero el niño debe ser puesto en contacto con la lengua hablada que ha de enseñarse en una situación menos rígida que la exigida para aprender a leer y a escribir (8).

Las razones expuestas en los párrafos anteriores muestran, por una parte, la necesidad de enriquecer el campo de la lingüística aplicada con teorías de las ciencias que la circundan; por otra parte, la urgencia de dar una adecuada preparación al personal docente que, en México, por no poder ser de un alto índice de escolaridad, requiere de programas de adiestramiento cuidadosamente preparados, que en poco tiempo den principios básicos en los aspectos antes mencionados, y que encaucen la labor creativa del promotor bilingüe, indispensable en esta tarea, puesto que requerimos del reforzamiento de la lengua indígena hablada en la metodología que aplicamos.

Ahora más que en el pasado, el principal medio de comunicación es el lenguaje hablado: la radio, la televisión, el cine, el teléfono, confirman su vitalidad. Entendemos que precisamente por estos medios se deben difundir las lenguas indígenas tratando así

de evitar la pérdida, siempre lamentable, de lenguas que son la
evidencia de nuestras culturas. La lucha por conservarlas no se
puede limitar a un área tan reducida como la escolar a nivel pre-
primario. Es perfectamente viable hacer funcionar estaciones de
radio y/o aprovechar las ya existentes, que abarquen zonas lingüísticas donde se difundiera programación bilingüe; se puede
aspirar a efectuar lo mismo en televisión de circuito cerrado;
podrían doblarse películas y, por qué no, organizar un teatro con
actores bilingües. Hay regiones, como la de Yucatán y Juchitán,
que han alcanzado un alto grado de bilingüismo donde la utilización de estos medios sería altamente estimulante. Esto mostraría
un auténtico deseo de integración poniendo a la par la divulgación
de las lenguas habladas. Ya puestos en este camino, brotaría
espontáneo el deseo de perpetuar lo hablado a través de la escritura en la lengua que el hablante deseara; en última instancia es
la decisión del hablante quien impone la lengua.

Por razones obvias, debe evaluarse un material experimental,
más aún cuando se está aplicando en momentos de evidente transición; es el caso de cualquier material que se encamine a la
enseñanza de segundas lenguas.

Nuestro Método consta de seis unidades. Hemos venido aplicando las dos primeras durante cinco años. Este material es el
que calculamos que alcanza a cubrirse en un año escolar y con él
suponemos dar las estructuras gramaticales y el léxico que habili-
ten al niño para un primer acercamiento a la segunda lengua. Sin
embargo, hay grupos de niños que no llegan a terminar la segunda
unidad. Por tal razón, una de nuestras pruebas de evaluación pretende medir sólo el aprendizaje del material de la primera unidad,
que consta de diez lecciones. Hemos tomado esta decisión porque
los niños asisten generalmente un año escolar a la promotoría
(lugar donde son atendidos por el promotor-castellanizador bilingüe).

Para esta primera evaluación se han diseñado dos pruebas. En
la primera se intenta medir el aprovechamiento del método; en la
segunda la competencia comunicativa en español. Como todos saben,
una prueba de aprovechamiento, en ejecución lingüística, permite
detectar, mediante resultados objetivos, el nivel de conocimiento
obtenido por un individuo a través del material que se le ha dado
en una situación de clase formal. Esta prueba se aplicó en agosto
de este año; se eligió una muestra de mil niños (representativos

de un total de ocho mil que en el Estado de Oaxaca son atendidos
por promotores egresados del IIISEO); estos niños recibieron el
curso de castellanización correspondiente al año escolar 1973-74,
y pertenecen a los grupos lingüísticos chatino, amuzgo, chinan-
teco, cuicateco, huave, mazateco, mexicano, mixe, mixteco, trique,
zapoteco del Istmo, de la Sierra, del Sur, del Valle, y zoque. La
segunda prueba, destinada a la competencia comunicativa en
español, se aplicará al finalizar este año escolar, es decir,
cuando hayan terminado su primer año de primaria los niños que ya
han recibido la prueba de aprovechamiento, ya que uno de los propósitos es el de comparar la competencia de los niños que llevaron
un año de castellanización antes de ingresar a la escuela con
aquellos que entraron directamente al sistema escolar. Se pretende correlacionar esta competencia lingüística con una habilidad
funcional, pues como señala Brière (9), quien nos asesora en ambas
pruebas, hay que idear instrumentos que determinen la proficiencia
de manera más general. Calculamos trabajar dos años en el análisis, interpretación y computación de este material; los resultados
nos permitirán la revisión de nuestro método, y seguramente la
modificación de nuestros materiales.

NOTA: Los resultados de nuestro trabajo pueden coordinarse al
plan de castellanización de varias zonas del país en las que 1,449
promotores, algunos ya entrenados en el IIISEO, atienden a 40,570
niños.

Referencias

1. Heath, Shirley Brice. La política del lenguaje en México.
   México, D.F., 1972. 25-26.

2. Cédulas Reales. Archivo General de la Nación, tomo 47.

3. Heath, Shirley Brice. Op. cit., 67.

4. Historia, biografía y geografía de México. Diccionario
   Porrúa. México, D.F., 1964, 536.

5. Hilgard, Ernest. Motivation in Learning Theory. New York,
   1963, 257.

6. Método audiovisual para la enseñanza del español a hablantes
   de lenguas indígenas. México, D.F., 1972, xx.

7. Dulay, Heidi C. y Marina K. Burt. "Should We Teach Children Syntax?" Language Learning 23:2, December 1973.

8. de Greve, M. y F. Van Passel. Lingüística y enseñanza de lenguas extranjeras. Madrid, 1971.

9. Brière, Eugene. "Testing ESL Skills among American Indian Children." Monograph Series on Language and Linguistics No. 22, 1969.

Enseñanza del Segundo Idioma:
ESL en Programas Bilingües

carmen ana pérez

Hasta no hace mucho tiempo, los programas de inglés como segunda lengua, eran la única educación especial para los estudiantes que pertenecían a los 47.3 porciento de México-Americanos que solo hablaban español en sus hogares, o al 72.1 porciento de hogares puertorriqueños.

El personal y el programa de ESL se convirtieron en los agentes requeridos para reforzar la política de aculturación, convirtiéndose ante esas comunidades en los aniquiladores de la lengua materna, estima personal y cultura.

Con la revolución social de los Estados Unidos de los años del 1960, se promueve la idea del pluralismo cultural y se reconoce a la América como una sociedad pluricultural. Esto trajo consigo demandas, por parte de los grupos minoritarios, de

participar en el planeamiento de su propio destino, produciendo
cambios en la política federal. Uno de ellos fue el apoyo finan-
ciero federal para programas educativos bilingües/biculturales.

En los Estados Unidos existen dos tipos de programas bilingües, el de mantenimiento y el transitorio. El modelo transitorio
es el que ha recibido más reconocimiento. Su objetivo es el de
usar el idioma materno hasta que el niño pueda funcionar efectivamente en los programas de "inglés solamente." El programa bilingüe de mantenimiento está diseñado para que el alumno reciba su
instrucción escolar en ambos idiomas, el vernáculo y el nacional.
Si el inglés fuera el único idioma desarrollado en el programa,
este debería ser clasificado como un programa educativo para
bilingües y no como un programa bilingüe.

La autora analiza algunos modelos de educación bilingüe
vigentes tales como los descritos por Gonzáles y Lezama, el P.S.
Modelo 25, la organización Aspira de Nueva York, y el usado en
Coral Way School en Florida.

Se señala que no se pueden aplicar los conocimientos sobre
cómo un adulto aprende un lenguaje a los niños de las escuelas
primarias. Además al expandirse la responsabilidad del ESL,
abarcando la educación total del niño, es importante que se desa-
rrollen materiales y currículos para la instrucción en las áreas

de contenido en la segunda lengua, así como también se modifiquen

los programas universitarios que preparan a los maestros que

enseñarán en esas áreas.

Teaching the Second Language: TESOL in Bilingual Programs

English as a second language in the United States has come a long way since the days of Peyo Mercé, the loveable character created by the Puerto Rican author Adalberto Díaz Alfaro in his collection of short stories entitled <u>Terrazo</u> (1). Peyo Mercé was a teacher in a rural section of Puerto Rico at the first half of the 20th century. This was at the time when a political volleyball game—mandating English only for instruction, Spanish only for instruction, and various combinations of the two—was being played by American commissioners of education appointed to the Island by the U.S. government.

Don Peyo, a 20-year veteran teacher who personified "la dignidad del jíbaro puertorriqueño," enjoyed the admiration and respect of his students and his community. He proved to be a strong force against the implementation of the teaching methodologies and philosophies indiscriminately being imported to the Island which he believed to be irrelevant to his student population and community.

Having been forced to a position of passive resistance over the years, but somewhat like an old bull put to pasture who occasionally must rebel against the yoke, Don Peyo, on occasion, delivered a clear message of rebellion by spontaneously uttering one or two perceptive and graphic phrases at professional

meetings. These outbursts of rebellion had made him famous in
his community but infamous with his supervisors. Don Peyo's
greatest cause for rebellion was the enforcement of the policies
to Anglicize his barrio, through forcing the teaching of English
in the schools and supplanting the Puerto Rican culture and
traditions he loved so dearly with North American ways.

This policy required that Don Peyo, a monolingual Spanish
speaker, become a teacher of English as a second language. Needless to say this was one of the policies he conscientiously
ignored to the chagrin of his supervisors. One day, one of Don
Peyo's famous outbursts particularly aroused the animosity of his
supervisors who retaliated by sending a strong memo ordering him
to immediately double his efforts to teach English. Along with
the memo he received a set of English books entitled Primer,
which he assumed to be the first book he was to use for his ESL
class. Leafing through the book in quest of a topic for his
first lesson, he came across the picture of a rooster and decided
"Ya está, mis muchachos tendrán hoy gallo en inglés." [That's
it, my students will have rooster in English today.]

He faced his students, and began his lesson "Well, children,
we are goin' to talk in inglés today--Understan?" Absolute
silence was the response. Don Peyo refrained from scolding the
class only because he didn't know how to scold in English. As he
looked out the window to regain his composure, he quickly practiced
the pronunciation and remembered a method he had learned at one
of the conferences he had attended.

He showed the students the page with the picture of a
rooster, did a little flip flopping, and attempted a repetition
drill. "Miren, this is a rooster. Repitan, rooster." The children repeated but very soon the classroom sounded to him like a
chicken coop. With the oral practice completed, Don Peyo directed
the students to open their books to the story about the rooster
for a reading lesson. He read aloud.

"This is a rooster. The rooster says cockadoodledoo," as he
thought either this rooster is sick, or Americans don't hear too
well. He continued.

"Léan conmigo..." [Read with me.] "The rooster says cockadoodledoo."

"Tellito, ¿cómo es que canta el gallo en inglés?" [Tellito, how does the rooster sing in English?]

"No sé Don Peyo." [I don't know Don Peyo.]

"Pero mira muchacho, si lo acabas de leer." [But look, you've just read it.]

"No," answered Tellito, looking at the picture.

"Mira, canuto, el gallo dice cockadoodledoo." [Look, the rooster says cockadoodledoo.]

Tellito answered. "Don Peyo, ese será el cantio del manilo Americano, pero el girito de casa jace cocorocó clarito." [That must be the song of the American rooster, but the rooster at home sings cocorocó very clearly.]

While Don Peyo Mercé struggled to protect the Puerto Rican culture, language, and identity on the Island, a similar policy was being implemented on the U.S. mainland aimed at the eradication of any non-English language, customs, and traditions among the very people who had immigrated or migrated to its shores in search of freedom. In some cases this involved the descendants of ethnic and racial communities who had inhabited the continent for centuries before the arrival of the first Anglo-Saxon English speakers.

For too many years the policy in the U.S. was to teach only English to all non-English speaking peoples, at all costs. The price of this policy was a high one indeed for the many groups who were forced to give up the rich heritage and language of their ancestors in return for the American dream-nightmare.

Other linguistic communities, however, were also paying a high price for their tenacious resistance to this policy by maintaining their language and ethnic traditions. Their resistance resulted in academic failure, retardation and high dropout rates among their students in the country's schools. While most of these groups have always acknowledged and recognized the importance of learning English in the United States, they have refused to accept the suggestion that it needs to be done at the expense of relinquishing their native language and culture.

It was for these populations that bilingual education programs were established. The Spanish background community comprises the largest of these groups in the USA and has the largest number of non-English speaking students in the public schools. When comparing the Spanish-surnamed population to the total U.S. population, the New York City Puerto Rican Educators Association found in 1971 (2) that the Spanish-surnamed have the youngest median age, lowest median family income, lowest median years of educational attainment, and highest school dropout rates. It also found that Spanish is the only language usually spoken in 47.3 percent of the Mexican-American homes and in 72.1 percent of the Puerto Rican homes.

Until very recently English as a second language was the only special education service provided to students in this category. Unfortunately, the ESL program and its personnel became the agents required to enforce the policy of acculturation and were seen by the ethnic communities as the annihilators of their children's mother language, positive self-image, and culture. In too many cases this reputation of insensitivity was, indeed, earned.

David P. Harris (3), in a recent article, traces the history of ESL in the U.S. and clearly shows that the emphasis traditionally has been in teaching foreign students in a university setting. Harris compares the development of ESL over the last 30 years to the stages of growth of a person. He considers the 1940s as its infancy, the 1950s as its adolescence, and the 1960s as its early adulthood.

The infancy stage of ESL addressed itself to the teaching of English to adults in Latin America, the foreign students in American universities, and to programs in the Near East and Europe after the war. Harris claims that, "During this decade, the first important texts and tests were published, and these materials were to provide the models for much that would follow."

The 1950s marked the involvement of the elementary schoolage children with the development of an ESL program by Charles Fries for the department of education of Puerto Rico. Although much material was generated during this decade, the concentration was still on the beginning and intermediate levels for adult and foreign university students studying in the United States. There was a notable lack of materials in the areas of reading and writing skills in English being developed.

The 60s brought about the establishment of professional associations and organizations such as The Center for Applied Linguistics and Teachers of English to Speakers of Other Languages. During this decade the National Defense Education Act sponsored summer institutes for the training of elementary and secondary school teachers of ESL in an attempt to meet the needs of the large numbers of non-English speaking students in the public schools. These professional activities helped to double the amount of materials, research and literature produced.

In the 1970s the ESL profession continues to mature as materials, teacher training programs, and research are being developed in even greater numbers. The greatest challenge made to the program, however, has been the growth and expansion of bilingual education in the U.S., and the identification of the responsibilities and roles of ESL in these new programs. Harris ends his article with a statement of hope that "the new generation of ESOL will be legitimate offspring of the creature born 30 years ago."

Traditionally, offsprings encounter conflict when confronting the older generation, and vice versa. This often leads to the classic generation gap which closes only if both parties agree to maintain an open climate, to change with the demands of a changing society, and to make a mutual commitment to join forces in building on the past and creating the future.

The emergence of bilingual education in the late 60s and 70s has created such a challenge in the ESOL profession in the United States.

The U.S. social revolution of the 60s, which promoted the ideas of cultural pluralism, recognized America as a multicultural society, and brought demands by racial and ethnic minorities for a role in planning their own destinies, produced changes in federal policy. One significant change was manifested in federal financial support for bilingual/bicultural education programs.

The Bilingual Education Act of 1967 (Public Law 90-247) states:

In recognition of the special educational needs of the
large numbers of children of limited English speaking
ability in the United States, Congress hereby declares
it to be a policy of the United States to provide
financial assistance to local educational agencies to
develop and carry out new and imaginative elementary
and secondary school programs designed to meet these
special educational needs. For the purposes of this
title, 'Children of limited English-speaking ability'
means children who come from environments where the
dominant language is other than English.

One of the significant outcomes of the federal legislation
has been the influence it has had on state legislatures in
changing state laws to permit bilingual education. There is
still today at least one state with a law prohibiting the use of
a language other than English for instruction. The Guidelines
for the Bilingual Education Act (4) defined bilingual education
as,

...the use of two languages, one of which is English,
as mediums of instruction for the same pupil population
in a well organized program which encompasses part or
all of the curriculum and includes the mother tongue.
A complete program develops and maintains the children's
self esteem and a legitimate pride in both cultures.

Andersson and Boyer (5) in their book, Bilingual Schooling
in the United States, state that, "...language itself is the
sine qua non of a bilingual program: there must be two languages
involved." The treatment of the two languages has been one of
the most controversial issues associated with bilingual education
programs in the United States. Instruction in content areas
through the second language and through the vernacular have been
emphasized as essentials of bilingual programs. The dangers of
an improper treatment of the languages is the possibility of the
development of programs which are really monolingual English or
the other extreme of monolingual programs in the vernacular.
Both of these extremes will impede the development of the two
languages by the students.

Bilingual programs in the U.S. fall into the two major
categories of maintenance and transitional. The difference

between the two lies primarily in the stated or implied objectives regarding the national language--English--and the student's vernacular. The transitional model has received greater support among the larger monolingual English community because its stated goal is to permit the use of the children's native language only until they are able to function effectively in the "English only" school program. Most of the state laws being passed have included that key word--transitional--indicative of the resistance to bilingualism which still exists in our country.

The maintenance bilingual program is designed to make the student fully functional in speaking, reading, and writing both languages. This program guarantees the use of both the child's vernacular and the national language for instruction, as well as the continuation of the study of both.

Although English as a second language is an important component of bilingual education, if it is the only language being developed, the program should be legitimately classified as an educational program for the bilingual, and not as a bilingual program.

The role of the ESL component in bilingual education programs and the process of implementation varies in the United States. The model used depends on the creativity of the program designers: The human, financial, and material resources available to it; the attitudes toward bilingual education of both ethnic and Anglo communities; and the assessed needs of the student population.

Gonzales and Lezama (6) in a recent article of the TESOL Quarterly have described three models used in the Upper Valley Intercultural Programs in California, varieties of which are being implemented in other parts of the country. The Dual Language Model requires two teachers, each of which will be identified with one language and will serve as the linguistic and cultural role model for the students in a linguistically heterogeneous classroom. Each teacher is responsible for teaching the content areas and native language arts to the children of his linguistic identification as well as the second language to the other group of children.

A second model used is the Preview/Review Technique which

also requires the use of two teachers. A linguistically mixed group of students receives a synopsis of the content of the presentation in one language but the major portion of the lesson is presented to the same mixed group in the other language. The students are then homogeneously grouped according to their native language and receive a follow-up of the lesson through their native language.

In the Team Teaching Model, each teacher serves as a model for one language and teaches the linguistically mixed class through his language. The youngsters receive instruction through their native and second language, depending on the linguistic identification of the teacher giving the lesson.

The P.S. 25 model, used in many programs in New York City, places students in classes according to their language dominance. They receive instruction through their first language as well as instruction in their second language. Instruction through the second language is given in at least one content area the first year. The use of the second language is increased each year until the student is able to receive instruction in each of the languages for 50 percent of the day, at which time they are linguistically mixed for instruction.

The Coral Way School in Florida has 50/50 instruction in the two languages from the very beginning. The students are linguistically mixed in the classroom and receive instruction in one language from a native speaker of that language in the morning, and instruction of the same content area in the other language in the afternoon. Buffalo, New York is also experimenting with a variety of this model.

The Aspira case in New York City has reinforced the role of ESL in bilingual education. Aspira of New York, an organization actively involved in the education of the Puerto Rican students in the United States, charged the New York City Board of Education with failing to provide equal educational opportunities to the Puerto Rican students in that city. The suit was settled out of court through a Consent Decree, whereby the Board of Education agreed to provide a relevant instructional program to the Spanish-speaking students found to be unable to function effectively in English. The elements of the program are (7): (a) instruction in English as a second language; (b) instruction

in language arts in Spanish; and (c) instruction in the content
areas through Spanish.

The bilingual model to be used has been left to the dis-
cretion of the school districts. In effect the Board of Education, through the Consent Decree, has admitted to the failure of
the ESL "pull out" program which existed.

In the "pull out" system, students are placed in monolingual
English classes and given instruction in subject areas through
that medium exclusively. They are "pulled out" of their classrooms by the teacher of English as a second language for 20 to
45 minutes of intensive pattern practice and other drill work in
English. Content areas are the responsibility of the classroom
teacher who usually lacks any training in teaching second language
learners.

One result of the implementation of the models just described
is that the ESL teacher's area of responsibility has grown. The
role of ESL in general has expanded to include the total education
of the child and not just the English language. All the models
mentioned require that the ESL teacher be qualified to teach
content areas such as math, social studies, and science through
the medium of the second language. This is particularly essential
in the elementary school.

We have a long way to go before we close the generation gap
between bilingual education and TESOL in the U.S. The recognition and acceptance of ESL as a component of bilingual education
by teachers of English as a second language and teachers of
bilingual education is but the first step. Serious research
must continue if we are to identify the most effective models in
bilingual education. Second language acquisition by youngsters
in primary grades must be studied. We can no longer afford to
apply the findings of second language acquisition of adults to
the primary school youngsters.

Materials to conduct our ESL programs are needed. The
emphasis among bilingual educators has been in the development of
materials and curriculum in the vernacular. This has been necessary because none existed. Presently, there is a great need for
the development of materials and curriculum for instruction of
content areas through the second language. We hope that the ESL

experts and leaders will continue to generate interest in this area.

The university ESL education programs must be modified to prepare teachers who can teach content areas through the second language. Only by working together will we be able to teach our children that the Puerto Rican rooster says cocorocó and the North American rooster says cockadoodledoo, and that both are good and legitimate manners of communication.

References

1. Alfaro, Abelardo Díaz. "Peyo Mercé Enseña Inglés." Terrazo. Bilbao, Spain: Editorial Vasco Americana, S. A., 1970.

2. Puerto Rican Educators Association. The Education of the Puerto Rican Child in New York: Sub-Committee Report Presented to the New York State Commission on the Cost, Quality and Financing of Elementary and Secondary Schools. New York: 1971, unpublished.

3. Harris, David P. "The Future of ESOL: Continuity or Generation Gap?" in Fox, Robert P., ed. Essays on Teaching English as a Second Language and as a Second Dialect. Champaign, Illinois: National Council of Teachers of English, 1973, 67-81.

4. U.S. Office of Education. Programs Under Bilingual Education Act, Title VII ESEA, Manual for Project Applicants and Grantees. Washington, D.C.: 1971.

5. Andersson, Theodore and Mildred Boyer. Bilingual Schooling in the United States. Washington, D.C.: U.S. Government Printing Office, 1970, 2 vols.

6. Gonzales, Eileen and Juan Lezama. "A Dual Language Model: A Practical Approach to Bilingual Education." TESOL Quarterly 8:2, June 1974, 153-160.

7. Aspira of New York, Inc., et al, against Board of Education of City of New York, et al. United States District Court, Southern District of New York, 72 Civ. 4002.

Teaching Quechua as a Second Language

bernardo vallejo

Bolivia is a multilingual nation of approximately six million inhabitants. Among the indigenous languages, Quechua is by far the most widely spoken. If Spanish is the <u>official</u> language of Bolivia, Quechua is the <u>national</u> language. At present there is a large concentration of Quechua speakers in the central region of the country--an area of prime concern to the government. Since 1952, a number of social, economic, political, educational, and linguistic reforms have been instituted by nationalistic adminis- trations. Unfortunately, these reforms were undertaken without sound linguistic or cultural foundations. The recently estab- lished Council on Higher Education, which directs Bolivian educa- tional policy, has taken on the enormous task of improving the level of education throughout the country. It views the Quechuan

language and culture as an integral part of the nation and has
initiated educational efforts to that end. The most crucial problem faced in implementing these new policies is the resistance of
teachers and communities to learning a language which is still
considered of lower socio-economic status. The paper addresses
the efforts, the problems, and suggested solutions at length. It
also discusses the linguistic, cultural, and methodological considerations in the teaching of Quechua.

La Enseñanza del Quechua como Segunda Lengua

bernardo vallejo

Introducción

Considero de suma importancia dar alguna información estadística, demográfica y lingüística para poder apreciar con mayor precisión los alcances de la enseñanza de la lengua Quechua en el país boliviano. Actualmente esta nación cuenta con una población que se aproxima a los seis millones de habitantes, existiendo una gran concentración demográfica en la sección occidental del país; ésto, debido a las actividades económicas basadas en los últimos años en la minería, aunque en la última década ha existido una gran corriente de diversificación económica basada en actividades agrícolas que se extienden a los valles y a las zonas bajas orientales.

Entre los idiomas que se hablan en Bolivia encontramos como principales el Quechua, el Aymara, algunas lenguas Tupiguaraníes, lenguas de la familia Zamuca, y otras más, si consideramos la proporción de integrantes de las dos últimas lenguas en relación al número total de la población de Bolivia, el número de hablantes no es de vital importancia en el sistema educativo.

Las lenguas mencionadas anteriormente son Indo-americanas entre éstas la que ocupa el primer lugar es la lengua Quechua, que además de Bolivia es también hablada en el Ecuador (1), el Perú y

el noroeste de la Argentina. Informaciones demográficas y lingüísticas registran aproximadamente 7 millones de personas que
hablan esta lengua, contándose entre ellas a bilingües y monolingües, gran parte de estos están diseminados en el área central y
parte central sur del altiplano y valles de Bolivia.

Los dialectos de la lengua Quechua, de acuerdo a estudios
realizados por Parker (2) que coinciden con los de Torero, tuvieron su origen en el norte del Perú más o menos por el año 800
D.C. Según la misma fuente de información, los que hablaban
Quechua en dicha región se dividieron en dos grupos, algunos per-
manecieron en la parte norte del Perú y los del otro grupo se
extendieron hacia el sur hasta la región boliviana, de donde se
propagaron hacia las otras zonas del sur del país y el noroeste
de la Argentina hasta Santiago del Estero, siendo así que encontramos el dialecto del Cuzco también en el territorio boliviano.
Según esto, se tiene que el Quechua moderno de Bolivia desciende
del Quechua Cuzqueño, y ambos son subdialectos del Quechua A.

Sea cuales fueren los caminos o conductos que tomaron las
migraciones de hablantes Quechuas en determinadas épocas, antes y
después de la conquista de la América indígena por los españoles,
la situación actual presenta una gran concentración de hablantes
de esta lengua en las regiones centrales, que son precisamente las
que preocupan al gobierno boliviano, razones por las cuales este
país ha venido desarrollando transformaciones de orden educativo,
lingüístico, político, social y económico, especialmente desde el
año 1952, con las reformas introducidas por algunos gobiernos de
tendencia nacionalista.

Estas reformas lamentablemente no han tenido fundamento
científico dentro del campo de la lingüística, ni dentro del campo
de las corrientes de aculturación a las que inevitablemente se ha
venido sujetando el pueblo boliviano.

Antecedentes Políticos y Educativos

Se sabe perfectamente que países que presentan poblaciones
cuyo fundamento lingüístico está dividido en diversas bases culturales, presentan dificultades de tipo bilingüe, que son la ocupación actual de todos aquellos que tratan de mejorar el standard o
nivel socioeconómico de los países que ellos dirijen. Esta tarea
se ha acentuado considerablemente no sólo en naciones donde

encontramos una lengua Indo-europea, el español y otra lengua Indo-americana, el Quechua, el Aymara, o cualquier otra; sino también en el caso del suroeste de los Estados Unidos entre el inglés y el español. Esta situación prácticamente ha forzado a las autoridades educativas a patrocinar y organizar proyectos de tipo bilingüe en el campo de la educación cuya tendencia es considerar la formación bicultural de las sociedades bilingües. Tales programas son en su mayoría patrocinados y subvencionados por gobiernos o entidades extranjeras; en el caso de los países sudamericanos los gobiernos reciben ayuda de tipo económico, técnico o de otra índole, siendo los principales investigadores que ayudan en estos programas, lingüístas, antropólogos, sociólogos, economistas, y educadores del continente norteamericano, y en algunos casos de origen europeo, en conjunción con investigadores nacionales.

Lamentablemente, como se mencionó más arriba, los primeros investigadores con poca o ninguna orientación antropológica, cometieron muchos errores en la preparación de programas que afectaron en diversa forma a todas aquellas innovaciones educativas en los países sudamericanos; aunque felizmente, ya sea por insinuación o petición de organizaciones nacionales, corroboradas por las nuevas teorías introducidas por investigadores extranjeros, se está considerando el fundamento cultural como base importante en la estructuración de programas educativos.

Otro problema, ya de tipo técnico en áreas donde la lengua materna es el Quechua, que afecta también a los lugares de habla española, es la falta de materiales didácticos y pedagógicos, la falta de organización y la falta de programas uniformes que se puedan aplicar a todos los distritos educativos.

Otra razón, que se puede contar como desfavorable es la inestabilidad de todos los programas educativos, dada la inestabilidad política que se presenta periódicamente en los países sudamericanos. Muchas autoridades educativas cambian de acuerdo a los gobiernos, por lo tanto, también los programas educativos cambian.

¿Cuáles son las medidas que toma el gobierno boliviano, especialmente cuando se desarrolla en serie debido a la gran profusión de revoluciones? La respuesta general sería, que existe una revitalización hacia el nacionalismo, una revitalización basada en aspectos de orden político, respaldos por desarrollo

económico o diversificación industrial introducida en los últimos
años en forma acentuada. En algunos casos encontramos que se
diseñaron programas en los que se considera la lengua Quechua como
nacional y el español como lengua oficial. Sea cual fuere el fundamento o la excusa para los programas educativos a desarrollarse,
se ha visto últimamente que el Quechua debe ser enseñado en todos
los sectores de la educación secundaria y universitaria. Para
esto se ha solicitado el concurso de investigadores extranjeros
para poder diseñar instrumentos que puedan facilitar la enseñanza
de las lenguas aborígenes.

Durante los dos últimos años la universidad boliviana ha
sufrido algunas transformaciones, existiendo actualmente una organización muy importante que es el Consejo de Educación Superior
de la Universidad Boliviana, que controla toda la educación del
país, tanto a nivel secundario como a nivel universitario. Esta
nueva organización se ha trazado la tarea gigante de poder mejorar
el nivel educativo boliviano, para lo cual se trata de respetar
los patrones culturales que son el fundamento de toda la nación
boliviana considerando como lengua materna, la lengua Quechua en
las regiones aborígenes, aceptándola como parte importante de la
estructura socioeducativa de todos los demás bolivianos. Es por
esta razón que últimamente se ha adoptado algún texto como
oficial en la enseñanza de dicha lengua en el ciclo universitario,
inclusive han existido algunas medidas por decreto en el que se
considera el conocimiento de una lengua aborigen como obligación
de todo profesional que desee obtener un título universitario, en
vista de que la mayor parte de las actividades educativas y profesionales de los que egresen estarán centralizadas o distribuídas en las regiones suburbanas y áreas rurales donde existe gran
población campesina de habla Quechua.

Actitudes en Relación al Aprendizaje de una Lengua India

En consonancia con lo expresado por Bernstein (3), que el
medio de comunicación verbal promueve la transmisión de símbolos
sociales en vez de individuales, se tienen las aseveraciones
de Barber (4), que en todas las sociedades los hábitos propios de
la expresión oral, respecto a la dicción y el acento llegan a ser
símbolos de la posición social. Según Labov (5), el lenguaje es
usado como un diferenciador social y como marcador geográfico,
esto significa que hablar quechua es identificarse con el campesino, situación que va contra las aspiraciones del hispanohablante.

Para tener una visión más amplia sobre lo que es la educación
bilingüe y la enseñanza de una lengua India en tal sistema, es
importante mencionar la existencia de algunos problemas en la
enseñanza de una lengua aborigen a una sociedad cuya tendencia es
la de adoptar o reforzar nuevos patrones culturales de tipo occidental. Los problemas existentes son de diversa índole, siendo
uno de los más importantes el aspecto psicológico basado en las
actitudes existentes hacia el aprendizaje de una lengua, que no es
precisamente la de prestigio socioeconómico, aspecto que claramente se puede ver en las expresiones vertidas por el grupo de
investigadores de Portales (1973):

> Se llama prejuicio a un punto de vista, un razonamiento,
> una actitud o una conducta aparentemente conforme con la
> realidad. La distorsión de la realidad que entraña el
> prejuicio comienza ya en la percepción, lo que nos hace
> ver que el prejuicio en mayor o menor grado corresponde
> a una conformación de la personalidad, como resultado de
> una particular dinámica de los impulsos, especialmente
> la agresividad, frente a situaciones ambientales que son
> fuente de gratificaciones o frustraciones. Son estas
> últimas las que suelen producir el prejuicio negativo y
> hostil, que es al que normalmente se hace referencia y
> nos interesa aquí. Tratar de analizar estos aspectos es
> entrar a ubicar diversidad de factores determinantes,
> tanto en el plano de la personalidad como en el de la
> situación ambiental, que involucra desde las desigualda-
> des económicas de los grupos hasta las modalidades con
> que cumple su rol el poder político. Lo que nos reduci-
> mos a afirmar es, aludiendo ya al tema que nos ocupa, que
> los prejuicios relativos a las lenguas nativas, al igual
> que otros, se estructuran como consecuencia de un con-
> flicto crónico, velado o evidente, entre grupos humanos
> en situación de interculturalidad. Los miembros de un
> grupo en esta situación expresan el prejuicio con propo-
> siciones estereotipadas que son falsas generalizaciones
> con hostilidad totalmente inadvertida o más o menos
> manifiesta. Expresión con hostilidad y rechazo muy encu-
> biertos será decir: "el quechua no es un idioma sino un
> dialecto."

Las actitudes en cierto modo son negativas o desfavorables en
el aprendizaje de una lengua aborigen en un medio donde los

hablantes monolingües o bilingües tratan de utilizar la lengua de prestigio, en este caso el español.

Esta actitud tiene su origen en la discriminación socioeconómica que se aplica a todos aquellos hablantes de lenguas sin prestigio; situación que también se encuentra presente en el sudoeste de los Estados Unidos en el caso de los Mexicano-americanos, cuya lengua nativa es el español, en los que se ejercita una discriminación socioeconómica marcándolos como pertenecientes a una posición inferior si éstos no tienen un origen lingüístico, anglosajón, dando como resultado, en la mayor parte de los casos, una negativa a reconocer la lengua española como lengua materna, tratando más bien de confundirse lingüísticamente dentro del medio anglosajón (6). En los países sudamericanos el español es la lengua de prestigio, y la lengua indoamericana la de desprestigio socioeconómico; aquí encontramos una actitud favorable para el español y otra desfavorable para la lengua India.

Se encuentran muchísimos casos en los que un nativo Quechua niega su pasado; en otras palabras, niega su familia, su apellido, su lengua materna y su cultura; tratando más bien de identificarse con los mestizos monolingües cuya lengua materna es el español. Considero que este aspecto es uno de los más importantes por su influencia en la actitud tomada por los mestizos hacia la enseñanza de la lengua Quechua.

Posibles Soluciones

Entonces, ¿cuál es la solución a la situación actual respecto al problema psicológico educativo que se experimentan en todas aquellas instituciones encargadas de impartir la enseñanza del Quechua como segunda lengua? ¿Cómo combatir el factor negativo de discriminación que precisamente hace que la mayor parte de los estudiantes bolivianos no presten atención o mayor interés al aprendizaje de esta lengua nativa? Seguramente una de las principales soluciones es la de reconocer el pasado aborigen como fundamento cultural de la población boliviana; es de vital importancia tener un conocimiento más exacto de la realidad lingüística, tomando en cuenta las necesidades dentro de los lineamientos de una política, lingüística nacional en contraposición a la actitud de muchos educadores: Se reportó el resultado de una encuesta realizada en Cochabamba, que se registró una firme oposición por parte de los maestros a la enseñanza de lectura y escritura en

lengua materna. Esto corresponde a una actitud generalizada entre
los maestros rurales que sucede aunque los mismos maestros se
comunican con los niños en la lengua aborigen, lo cual es contra-
dictorio con las exigencias a sus alumnos de que se acostumbren a
hablar en forma permanente en castellano. Existen todavía los
castigos corporales, tales como el "cocacho" aplicado por el niño
vecino al que emite alguna expresión en Quechua (7).

Albó (8) indica claramente en su proyecto presentado al
ministerio de educación del gobierno boliviano que existen algunos
problemas, entre éstos, el factor más crucial es el sociocultural,
dentro del cual toma bastante relieve el aspecto sociolingüístico.
El citado investigador considera un dualismo sociocultural entre
una minoría dominante de idioma y cultura Hispano-criolla por un
lado, y por el otro una mayoría dominada, con cultura o sub-
cultura oprimida de tipo sobre todo rural cuyos idiomas también
están oprimidos.

Uno de los problemas citados en el proyecto que considero de
bastante importancia y que necesita una solución en el campo educativo, es la pugna entre los deseos de una transformación hacia
una educación más funcional que tenga en cuenta esta situación
pluricultural versus el estancamiento de un sistema tradicional
que ha interiorizado el dominio Hispano-criollo dentro de la composición del país perpetuando de esta manera los prejuicios de un
grupo y los complejos del otro. También otro problema radica en
el campo de las relaciones sociales, la pugna entre la difusión
de los valores occidentales versus el aumento del prestigio de los
valores autóctonos en esferas como en el mundo de la música, el
turismo, la diversificación económica, y otros muchos más. Entonces, todo ello elimina la posibilidad de establecer aceleradamente
un entendimiento basado en soluciones unilaterales como la simple
asimilación de las culturas nativas a la cultura dominante o una
revalorización autonomizante. Según Albó (8), la solución debe
tener un camino intermedio, y como toda solución intermedia está
llena de dificultades y complejidades, sin embargo, urge encontrar
esta solución para coordinar los esfuerzos hacia la integración
del país.

Corroborando lo expresado por el lingüista mencionado más
arriba, es muy importante comprender la actitud tomada por los
últimos gobiernos bolivianos para revitalizar el sentimiento nacionalista basado en los fundamentos culturales y lingüísticos, para

así tener una solución más sólida, más fuerte, y de mejores proyecciones en la educación boliviana. Y ¿cómo se puede conseguir
esto? Posiblemente pueda operarse algo parecido a lo que se ha
registrado en años anteriores en el sudoeste de los Estados Unidos
y en otras regiones bastante pobladas en las que el índice de
hispanohablantes es de número considerable y se han desarrollado
campañas de tipo político con implicaciones en el campo educativo
para que la actitud pública sea favorable hacia el aprendizaje del
español. Entonces, en el caso de los países sudamericanos, especialmente en el de Bolivia y Perú, sería muy conveniente organizar
algunas campañas que tengan implicaciones lingüísticas basadas en
los fundamentos culturales, o los patrones tradicionales de conducta nativa que han venido asimilándose a la cultura occidental,
estos patrones nativos deberían ser revitalizados y reforzados
para poder así ofrecer una realidad más sólida respecto a la
situación cultural y lingüística en el campo educativo boliviano.
En otras palabras, los gobiernos deberían instaurar programas
cuyos medios de difusión serían, la radio, la televisión, propa-
ganda impresa en afiches o panfletos y periódicos, de tal manera
que las lenguas Quechua y Aymara serían aceptadas como parte
importante de la cultura nacional.

Se organizan periódicamente festivales de tipo folklórico en
los que se trata de mantener el ancestro cultural. La dirección
de Antropología en Bolivia, bajo la conducción de la Dra. Fortún,
ha realizado esfuerzos gigantescos para mantener el folklore
nativo en su mejor expresión, haciendo lo posible por preservar
los patrones culturales a través de las manifestaciones folklori-
cas; esta dirección es una de las pocas que ha realizado trabajos
de esta naturaleza. Considero muy importante que este esfuerzo
debería también estar presente en los diversos campos de la educación.

Algunas radio emisoras, tales como las de la ciudad de Cochabamba, La Paz, Sucre y algunos centros mineros, han impartido
instrucción en Quechua y en español; casi todas ellas dentro del
plan de alfabetización que se ha desarrollado durante los últimos
cuatro años, y con mayor intensidad en los últimos dos años. La
radio San Rafael de la ciudad de Cochabamba y la radio Loyola han
obtenido resultados bastante satisfactorios mediante la emisión de
sus programas en lengua Quechua. Dentro de áreas rurales, sin
embargo, la situación no ha cambiado en lo que respecta a las ciudades donde se imparte la instrucción secundaria y universitaria.

En resumen, los pocos proyectos de carácter educativo realizados en los últimos años por diversas organizaciones, han obtenido contados resultados satisfactorios dentro del campo rural en
la enseñanza de la lectura y la escritura, ya sea empezando con la
lengua nativa o aplicando la lengua española para resolver los
problemas de los adultos, y en cierto grado, quizá mínimo, el de
las escuelas primarias, especialmente en los niños monolingües
Quechuas que asisten a las escuelas rurales donde la instrucción
se realiza en español. Si bien se han obtenido algunos resultados
satisfactorios en áreas rurales como se mencionó anteriormente, no
podemos decir lo mismo sobre la enseñanza de la lengua Quechua en
áreas urbanas. Es necesario recalcar que la actitud de las autoridades educativas o de los principales dirigentes del país debe
ser adoptar dicha lengua no solamente en forma nominal como nacional, sino también en el campo práctico, reviviendo hasta cierto
punto la tradición histórica a través de la literatura oral, así
como también haciendo que la integración o la incorporación de
todos aquellos Quechua-hablantes a la vida nacional sea más efectiva para poder obtener un mejor resultado económico a través del
mejoramiento social y educativo. ¿Cómo se puede "convencer" a
todos aquellos estudiantes para que aprendan la lengua Quechua
como segunda lengua? Pues concientizando sus actividades en un
entendimiento y comunicación con los que tienen la lengua nativa
como único medio de interacción para lograr mejoras económicas.
Valga la redundancia, se debe concientizar al estudiante sobre la
utilidad de la lengua nativa para poder desempeñar en mejor forma
las labores educativas y profesionales de aquellos que obtuvieran
su educación en las ciudades con miras a propagar sus actividades
post-graduadas en áreas rurales donde precisamente la lengua
nativa es el mejor medio para adentrarse en las sociedades aborígenes.

Según Rivers (9) al adoptar la enseñanza de una segunda
lengua es necesario tomar en cuenta si existe alguna contribución
a la experiencia educativa total del adolescente que justifique su
enseñanza más que otra materia del curriculo. La enseñanza sola
de la lengua, como algunos instructores la toman: impartir en el
aula la estructura fundamental de la lengua y desarrollar su
manejo, comprensión, uso oral y escrito, no está sujeta a la
realidad cultural y no serviría para establecer la comprensión y
comunicación con los hablantes de la lengua aprendida. De aquí
que el problema consiste no solamente en aprender una lengua más y
conocer una cultura más, sino más bien en emplear esa competencia

de la lengua y de la cultura para sacar un mejor provecho de tipo
económico, además de reconocer que todos aquellos hablantes de la
lengua India son también integrantes de la misma sociedad a la que
el mismo mestizo hispanohablante pertenece.

ALGUNAS CONSIDERACIONES LINGUISTICAS EN LA ENSEÑANZA DEL QUECHUA

Fonología y Ortografía

   La lengua Quechua es esencialmente una lengua no escrita.
Esto es, que no hay una ortografía tradicional en la cual los
Quechuas monolingües puedan escribir sus ideas. Aunque hay algunos trabajos acerca del Quechua que han sido publicados muy casi
de inmediato a la conquista española, el escriba generalmente ha
registrado la lengua Quechua de acuerdo a su oído en su lengua
nativa (especialmente español). Como resultado, generalmente cada
trabajo importante en el Quechua ha sido transcrito con una ortografía única. A continuación damos un cuadro que es el que generalmente se emplea para la enseñanza de la lengua Quechua en
algunas instituciones educativas en el extranjero (10).

CONSONANTES

		Bilabial	Dental	Palatal	Velar	Uvular	Glotal
	Simple	p	t	č	k	q	
Oclusiva	Aspirada	p"	t"	č"	k"	q"	
	Glotalizada	p'	t'	č'	k'	q'	
Fricativas			s				h
Nasales		m	ṅ	ñ			
Vibrante (Golpeteante)			ṛ				
Laterales			l				
Semivocales		w		y			

VOCALES

Anterior   Posterior

Altas   i̯   u

Bajas   a

Todas las oclusivas y fricativas son sordas, con una excepción: /q/ la que generalmente es fricativa sonora, [ɣ] al principio de una sílaba. Todos los demás fonemas son sonoros.

La /k/ y la /q/ se realizan fonéticamente como fricativas, la
velar [x] y postvelar o uvular [x̣] respectivamente, cuando ocurren
o se presentan en una posición de sílaba final, esto es, cuando se
presentan antes de otra consonante o al final de una palabra. Por
ejemplo, /ʎikʎa/ una pequeña manta se pronuncia fonéticamente
[ʎixʎa] y /čiqnin/ él odia se pronuncia [čǒx̣ niŋ].

Las vocales altas /i/ /u/ generalmente se reducen es decir
bajan a [e] y [o] respectivamente cuando se presentan en la proxi-
midad o inmediatas a una consonante uvular: /quri/ → [ɣɔri]
/urq"uy/ → [ɔ́rq"oy].

La consonante /r/ cuando se presenta al principio de una
palabra es producida como una vibrante aspirada laja. Por ejemplo: /rumi/, piedra se pronuncia [z̧umi].

Además de los fonemas indicados en el diagrama, se debe tomar
en cuenta otros sonidos encontrados en muchas palabras de origen
extranjero, especialmente préstamos del español. El problema se
complica por el hecho de que los préstamos del español se han
adaptado al sistema nativo de los sonidos en una relación directa
al conocimiento del español del individuo. Entonces, un Quechua
monolingüe puede pronunciar por ejemplo la palabra española
/plátano/ como [palatanu] o simplemente [latánu], mientras que el
bilingüe español-Quechua la pronunciaría como [plátano] mientras
otros hablantes con una variación en cuanto al conocimiento del
español pronunciarían la palabra en varios términos intermedios
tales como [plátanu], [platánu] etc.

Uno de los problemas principales durante el proceso de la

enseñanza del Quechua es el de transformar la organización de los
materiales nativos de la estructura general de la materia en sí a
la estructura de la personalidad del aprendiz o estudiante mestizo, también hacer que las partes esenciales que se determinan
desde un punto de vista descriptivo sean asimilables a la comprensión y conducta del estudiante. Existe una buena variedad de
textos para la enseñanza de esta lengua, casi todos ellos bastante
buenos y de utilidad también variable; los que considero de mayor
provecho, especialmente por su aplicación a nivel secundario y
universitario son aquellos que comprenden una serie de diálogos
basados en conversaciones situacionales, todos ellos ordenados en
una serie progresiva presentando aspectos culturales respecto a
las formas de vida de los integrantes de la lengua de los Incas.

Muchas veces la falta de orden y claridad en la presentación
del material lingüístico que considera los aspectos culturales
puede conducir a los estudiantes a aplicar inferencias incorrectas
sobre los modos de vida; es muy importante ayudar o suministrar
información que permita aplicar inferencias que no se aparten de
la realidad aborigen.

Algo que se debe tomar muy en cuenta es: Los propósitos que
deseamos servir al enseñar la lengua nativa. En éstos deberíamos
involucrar como principal tema las formas de vida; al enseñar o
dar información sobre estas formas de vida debemos considerar el
sistema de valores y creencias de la cultura aborigen basadas en
la realidad. Entonces es muy importante aplicar una selección del
material sociocultural que debe impartirse en los materiales lingüísticos.

Una organización programada es muy importante para una mejor
comprensión de la lengua en estudio. Las expresiones lingüísticas
deben ser típicas o específicas de la cultura nativa. Esto es muy
importante para evitar el incurrir en el choque cultural que es el
resultado de incomprensiones o de vacíos que se producen en la
interacción lingüística en un medio social. El estudiante debe
comprender perfectamente lo que está aprendiendo sobre el medio
cultural donde se emplea la segunda lengua.

Algo muy importante en cuanto al aprendizaje de la segunda
lengua es su aplicabilidad, siendo éste uno de los factores moti-
vacionales que deberíamos considerar en los propósitos futuros del
estudiante hispanohablante.

Se debe tomar en cuenta la situación o posición que ocuparía en el medio aborigen el estudiante que aprendió la lengua nativa, su aceptación como extranjero en algunos aspectos de los rasgos culturales, sino en todos, consiguiendo de esta manera evitar ser asimilado a la cultura nativa. Esto conduce a un tipo de inter-acción que exije una manera de pensar aplicada al nuevo sistema de valores del medio nativo que guía a una interrelación social den-tro del marco de relativismo cultural; lo que significa que el estudiante tiene que obrar y pensar de acuerdo al medio ambiente en el que se encuentre, en este caso el mundo Quechua.

Referencias

1. Stark, Louisa. Historia y Distribución de los Dialectos Quechuas en la Sierra Ecuatoriana. Trabajo presentado ante el XLI Congreso Internacional de Americanistas. México, 1974.

2. Parker, Gary. Falacias y verdades acerca del Quechua. El Reto del Multilingüismo en el Perú. Lima: Instituto de Estudios Peruanos, 1972.

3. Bernstein, Basil. "Elaborated and Restricted Codes: Their Social Origins and Some Consequences." The Ethnography of Communication, American Anthropologist. Vol. 66, Part 2. Menasha, Wis.: American Anthropological Association, 1964.

4. Barber, Bernard. Social Stratification. Nueva York: Har-court, Brace and Co., 1957.

5. Labov, William. The Social Stratification of English in New York City. Arlington, Va.: Center for Applied Linguistics, 1966.

6. Vallejo, Bernardo. "The Spoken Language of Mexican-American Children in San Antonio, Texas." Informe presentado a San Antonio Independent School District. San Antonio, Texas, 1971.

7. Centro Pedagógico y Cultural Portales. "Seminario Sobre: Educación y Lenguas Nativas." Cochabamba, Bolivia, 1973.

8. Albó, Xavier. Sociolingüística y Educación en Bolivia. Pro-yecto presentado ante el gobierno boliviano, Min. de Educa-ción. La Paz, Bolivia, 1974.

9. Rivers, Wilga. Teaching Foreign Language Skills. Chicago: The University of Chicago Press, 1968.

10. Bills, Garland D., Bernardo Vallejo, y Rudolph C. Troike. An Introduction to Spoken Bolivian Quechua. Austin, Texas: The University of Texas Press, 1969.

Motivación en los Programas Bilingues

wilga m. rivers

Es importante considerar la motivación desde el punto de vista del estudiante. No es propio que los educadores manipulen estas motivaciones, sino que deben de entenderlas. Según Maslow, todo ser humano posee una serie de necesidades en orden jerárquico que hay que satisfacer antes de que llegue al punto en que el desarrollo de sus aptitudes y la expansión de sus conocimientos tengan importancia. Un alumno no puede sentir la urgencia de aprender un idioma cuando tiene necesidades fisiológicas o psico-lógicas no satisfechas. Ahora bien, un alumno puede consciente o inconscientemente rechazar el aprendizaje de un idioma si un maestro bien intencionado pero insensible a las necesidades de estima personal y cultural trata de convertir al estudiante en una

endeble imitación de algún modelo ideal de una cultura, que aunque
dominante es estraña al mismo.

Hay que entender la distinción entre la motivación instrumental (cuando se aprende un idioma para fines prácticos) y la motivación integrativa (cuando se quiere adoptar no solo la lengua
sino también las costumbres de otro grupo). Se aprende mejor
cuando la motivación es integrativa, pero los estudiantes pueden
rechazar estas demandas para mantener su posición en su propia
comunidad. Este documento sugiere métodos para superar estos conflictos de identidad. Desde el punto de vista de la motivación,
la estructura y proceso de programas de lenguaje pueden ser más
importantes que el contenido en sí. Hay que hacer provisión en el
aula para la interacción libre sin atención a las reglas gramaticales. Muchas veces, los maestros están tan empeñados en solicitar la respuesta correcta que excluyen la esencia de lo que el
programa debe lograr--el uso significativo de la segunda lengua.
En un programa en donde los estudiantes y el maestro están activa-
mente envueltos en el aprendizaje y en el uso del lenguaje dentro
de un contexto real que ambos consideran útil, el problema de la
motivación desaparece.

Motivation in Bilingual Programs

wilga m. rivers

Life today is programmed. We are each fighting our individual
battles against the impersonalization of daily transactions and
the phony concern for our well-being of those who wish to organize us, sell us a bill of goods, or use us in some way to advance
their causes. Strangely enough, some of us do not feel particularly motivated to cooperate with them and are strongly tempted
to bend, fold, staple, and mutilate every card they send us. Is
it possible that some of our students feel the same way? Perhaps
the interest some of us manifest in ways of motivating our students has its counterpart in the concern of business with market
research. We have a product, we are sure it is a good product,
and we want an increasing number of consumers to like it so that
we will have a good program. Where do our consumers--our students
--fit into all this?

We would do better to consider the question of motivation
from the student's point of view from the start. We must remember
that motivation is the learner's private domain. As educators,
it is not for us to attempt to manipulate it, even for what we see
as the good of the consumer. Our role is to seek to understand
it and then to try to meet the needs and wants of our students
with the best of what we can provide. It is true that our consumers do not always see clearly what they need and may have only
vague glimmerings of what they really want. We can help them
clarify these two, so that their natural motivation--that energiz-

ing force each living entity possesses—may carry them forward
to joyful and satisfying learning under our care and nurture.
Note that I said "nurture," not direction. What we are seeking
to stimulate is self-directed learning which results from truly
self-realizing motivation.

There are many ways to look at motivation (1). According
to Maslow (2), all human beings have a hierarchy of needs which
must be satisfied if they are to reach the stage where the
achievement of their potential as individuals becomes an overriding concern, where they seek to develop their aptitudes and
increase their knowledge and experience. These needs stimulate
motivation, the higher ones coming into play only when lower-
level needs are gratified.

First, physiological needs must be satisfied. The hungry
and cold cannot be expected to feel the urgent need to acquire
another language. Next comes the need for safety, for security
and stability, and for freedom from the threat of unpleasant and
unwelcome change. When this level is satisfied, students need
to feel that they are accepted by teachers and peers and that
people care about them as individuals. Only when they are
respected for what they are and feel, that what they can contribute is welcome—when they rise in their own esteem—can their
energies be devoted to efforts to realize their potential, to
turn their energies to educational purposes which reach out and
beyond the immediate and the present.

The implications of this hierarchy of needs are very real
for many of our bilingual programs. Are we concerned with our
students' basic needs? Are they well-fed and sheltered? Do
they feel secure and welcome in the culture of the school? Are
they respected as individuals, so that they respect themselves?
Are they encouraged to become the types of persons their own
culture values, or is the school, in a well-meaning but insensi-
tive way, trying to turn them into pale imitations of an ideal
from a dominant, but alien, culture? If our students are not
learning a language as we would like them to, the reasons may
well be traceable to unsatisfied lower levels of Maslow's hierarchy of needs. If we are trying to fit them into our pattern—
a pattern which will alienate them from those with whom they
identify—resistance, not necessarily conscious, but nonetheless

real, will prevent them from satisfactorily learning the language
we teach.

This is where we need to examine more closely the frequently
cited distinction between <u>instrumental motivation</u> (where a person
learns a language as a tool for some pragmatic purpose) and <u>inte-
grative motivation</u> (where the person is interested in the other
language community to the point where he is willing to adopt
distinctive characteristics of their behavior, linguistic and
non-linguistic) (3). According to Gardner and Lambert, it is
integrative motivation which leads to the most effective language
learning, yet it is the ultimate demands of just such an integrative impulse (4) that many students in bilingual programs must
reject (5) if they are to retain their place in and usefully serve
the communities from which they come. They may have instrumental
motivation since--as in many developing countries and emerging
communities--the future good of all depends on at least <u>some</u>
becoming thoroughly proficient in the use of another tongue. In
such situations, what has been called instrumental motivation can
provide a strong drive for language mastery. As persons with such
motivation experience success in language learning, the sense of
achievement and the enhancement of their ego further channel and
direct their motivation. We must not violate the private and
deeply emotional identification of our students by insisting that
they value what we value and share our culturally acquired attitudes.

A compromise may be reached through the valuable activity of
role-playing. Situations may be described or set up in which
students will act like persons of another culture, identify with
them completely in characteristic behavior, language, social
attitudes, and implicit values. Such acting out will increase
their understanding of the other culture, of the way the language
operates for communication within that culture, and of themselves.
They are protected psychologically from an identification which
threatens their sense of belonging and their deep-seated loyalty
to their own community.

Puppet plays similarly protect the participant and provide an
outlet for identifying behavior in the legitimate world of make-
believe. Masks have performed a protective function for children
at play throughout the world and these also may be used. The
inhibited, who cannot bring themselves to act before others and

are not adept with puppets, will often speak through the characters in picture stories, as little children do when they are
experimenting with social behavior. These various forms of
vicarious identification protect the children from much emotional
conflict, embarrassment, or possible public failure because it is
the pictured or modeled characters who are responsible for what
is being expressed or performed, not the students.

Apart from the question of conflicting identifications, there
are other ways in which our language teaching can threaten students at the levels of security and belonging. In our classes,
we often are so busy teaching our syllabus or completing lesson
units that we really do not allow our students to learn.
Alschuler et al conclude that, from the point of view of motivation, structure and process may be more important than content
(6). The basic aims of our language programs are to enable our
students to communicate freely and without inhibitions, not only
in speech, but in writing. Communication is always a two-way
process in whichever modality. Genuine communication requires
a revealing of the self which leaves one vulnerable to humilia-
tion, ridicule, or searing embarrassment. In an authoritarian
situation where there is a "right" answer which must correspond in
all particulars to what is in the teacher's mind, the student is
in even more jeopardy. Recognized achievement in this case comes
through compliance and repression of the student's own inspira-
tions and reactions. To encourage authentic language activity,
the teacher needs to create a structure and develop a process
wherein the individual student feels safe in venturing his own
contribution in interaction, where there is a warmth which wel-
comes what he has to contribute and gives it that serious consideration which builds him up in his own and in his fellow students'
esteem.

For these reasons, it is important to break the second language class into small groups as often as possible. If full
individualization as a structure is taken to mean largely independent study, it will not be desirable for more than a small
percentage of language-learning activities where communicative
activities are to be developed. On the other hand, much more
opportunity for interaction is provided by small group structure
where groups are self-selected and have purposeful activities in
which to engage together.

Some educators will object that much unsupervised production of language will ensue, with the subsequent danger of errors becoming established. Learning activities for the improvement of language control should be separate from opportunities to use the language for communication. Studies of spontaneous speech reveal that native speakers do not produce the perfect structures of an ideal grammar when talking about things that matter to them. Sentence structure changes direction while one is speaking; mistakes in subject-verb agreement occur; verb endings are omitted; incorrect prepositions slip in; hesitation and fill-in expressions are frequent. Many sentences are not "complete." (What is a complete sentence? Is "not what she said anyway" more or less expressive than "the words she spoke do not form a complete sentence?") If uninhibited speech (or writing) is our final goal, then much practice in speaking (or writing) without the inhibiting, censorious figure of the teacher looming large is essential.

Once the lower-level needs of safety, belonging, and esteem are satisfied the student's strong drives will be channeled into "self-actualization, self-fulfillment, self-realization (2)." In order to understand this phase, we may draw ideas from the studies of achievement motivation--the inherent desire of all human beings "to achieve something of excellence (6)." If such a desire is natural to our students, why do so many of them seem uninterested in high achievement in their language classes? The answer often lies in the discrepancy between what the teacher perceives as a worthy vehicle for the student's intensive efforts and the student's own perceptions. Each child is naturally curious and active, but not necessarily curious or excited about the things which seem to turn the teacher on. Our students may well be striving for excellence in their natural environment among their peers, while the teacher remains completely ignorant of the things which matter to them most.

As language teachers we are fortunate. Language is a vehicle of expression, not an end in itself, and its use is interwoven in life with a multiplicity of activities. If students do not appear to be interested in practicing language use in the ways we have designed, it is the ways we should try to change, not the students.

Here, we may look at the success of total immersion programs like the St. Lambert experiment (7), and ask ourselves what elements of these programs could be transferred to a traditional school language-learning situation. The difference is not merely a matter of time spent on the language, but more importantly, the role the language plays during this time. In an immersion program, the language is integrally interwoven with all the daily activities of the children--their work, their play, the supplying of their wants, the satisfying of their curiosity. This contrasts with many conventional bilingual classes where "language practice" still consists of pattern drills and paradigms. For a second language to be acquired so that it becomes a part of the child's natural repertoire, it must be used in normal activities. Things spoken are intended to be understood, to convey greetings, information, requests, or jests, to which others will react, either verbally or through action or emotion. Things written are intended to be read by someone who might find the information interesting or helpful, not merely so that they may be corrected, graded, and returned to the writer.

If we keep this basic principle in mind--language for the normal purposes of language (1;8)--we may be surprised by a resurgence of energy in its use and curiosity about its operation. We can learn from innovative teachers of the native language who sometimes find, to their surprise, that all kinds of students can speak and write expressively when they have something to communicate which they themselves consider significant, and someone who cares enough to pay attention to what they have to say. Guidry and Jones report a course at East Texas State University in "Cowboy English (9)" for the "dumb goat-ropers" from small towns and rural schools who were noted for their poor record in English courses. A group-produced pictorial essay on the 1973 East Texas rodeo and a self-initiated theme on "How to Build a Five Strand Barbed Wire Fence in Blackland Soil" told a different story. One student highlighted the basic problem, which exists for many children in bilingual programs, when he said: "This is the first time that anybody in a course like this ever asked me to tell them what I know!" These students were engaged, at last, in an act of real communication--in writing about things of deep significance in their daily lives.

What do we know about our students' real interests and preoccupations? In a thought-provoking article, "The Meaning of Creativity in Foreign Language Teaching," Birkmaier (10) proposes

that we take inventories "of the activities which the student does
on his own..., of his reading interests and habits, and of the
experiences he has had during his short life-span," and that we
use these in developing teaching and learning strategies. This is
not merely the suggestion of an "expert who has never been in a
classroom" but is an approach which has been implemented with
gratifying results by practicing teachers. Unfortunately too many
teachers are too busy, too well-organized, too successful at
eliciting the perfect response, to tolerate the "shavings on the
floor" which inevitably accompany a program which evolves from
student-initiated and student-centered activity. With language
learning, they are thus excluding the very essence of what their
program should be seeking--really purposeful and significant language use.

     Once we recognize the importance of natural uses of language
and a program based on the students' active concerns, we find
ourselves involved in the community in which their real lives are
lived. Bilingual programs cannot, and must not, be conducted
apart from the communities represented by the two languages.
Self-actualization and self-fulfillment can be realized in a
satisfying way, through service to the community which, in turn,
earns the community's esteem. Bilingual programs should be so
closely linked with their communities that students learning a
second language readily go back into their communities to help
those who need their newly-acquired language skills. If learning
English, or Spanish, or Greek involves acting as an interpreter in
father's hardware store, pharmacy, or restaurant, or as an amanu-
ensis for filling in medical benefit forms or income tax claims,
students will see indisputable worth in what they are learning. A
language can be practiced perfectly well while working with young
people in an after-school club or while helping small children
adjust to kindergarten life in a strange environment. The language class must go out into the community and consider itself
part of the community, learning from it while giving to and serving its needs. Bilingual teachers must know the community in its
rich diversity, so that they can use the community to develop a
program which reflects its preoccupations and concerns.

     We talk a great deal about motivation. We worry about moti-
vation. In a program where students are actively learning in a
real context and actively engaged in using what they are learning in ways they recognize as worthwhile, the question of motivation

becomes an academic one. Both teachers and students are too deeply involved in what they are doing to ask its meaning.

References

1. I have examined the question of motivation in-depth, relating various psychological theories to practical teaching situations in:

    Rivers, Wilga M. The Psychologist and the Foreign-Language Teacher. Chicago: The University of Chicago Press, 1964.

    _____. Speaking in Many Tongues. Rowley, Mass.: Newbury House, 1972.

2. Maslow, A.H. Motivation and Personality. New York: Harper and Row, 1970.

3. Gardner, R.C. and W.E. Lambert. Attitudes and Motivation in Second-Language Learning. Rowley, Mass.: Newbury House, 1972, 11-16.

4. _____. The authors state: "Thus the development of skill in the language could lead the language learner ever closer to a point where adjustments in allegiances would be called for," 132.

5. One overseas student in the U.S., on coming into contact for the first time with the notion that cultural values and attitudes are interwoven with language, and must be understood and appreciated if the language is to be used as a native speaker would use it, wrote: "We learn these words without their connotations of the culture in English-speaking countries. It is not debated whether or not we need to learn a language in relation to its culture. We are trying hard to get ourselves unshackled from the chains of this colonial gift--the language itself. But we have still to learn it-- out of desperate need. Shouldn't we rather stop resisting, and start learning it in a more fruitful way? I have no answer to this question: I would be burnt alive, if I said yes."

6. Alschuler, A.S., D. Tabor, and J. McIntyre. Teaching

Achievement Motivation. Middletown, Conn.: Educational
Ventures, Inc., 1971, 60.

7. Lambert, W.E. and G.R. Tucker. Bilingual Education of
    Children. Rowley, Mass.: Newbury House, 1972.

8. Rivers, Wilga M. A Practical Guide to the Teaching of
    French. New York and London: Oxford University Press,
    1975.

9. Guidry, L.J. and C.J. Jones. "What Comes Out of the Cow-
    boy's Pen? Tailoring the Course to the Student." Ameri-
    can Vocational Journal 49:6, September 1974, 34-35.

10. Birkmaier, E. "The Meaning of Creativity in Foreign
    Language Teaching." Modern Language Journal 55, 1971,
    345-352.

Teaching
in the mother tongue

Literacy Methods

teodoro canul cimé

Literacy is one of the most well-supported activities in the field of education in Mexico. However, despite numerous regional and national literacy campaigns, illiteracy still exists. In the 1973-74 school year, Dirección General de Educación Extraescolar en el Medio Indígena (DGEEMI) personnel began to use the "special literacy method," which is based on research conducted in 1939 which showed that the indigenous learn to read more quickly and better in their own language than in Spanish. The method has been used with success in the Yucatan, despite inadequate planning in selection of teachers and materials, and problems of coordination. This paper discusses the DGEEMI method and the pedagogical and psychological principles on which it is based. It also describes in some detail the materials and manner of presentation used.

Important to the program's success is the use of objects and
vocabulary of the region, which stimulate student motivation.
Part of DGEEMI's efforts are directed toward explaining their
method to literacy teachers, encouraging them to use it and share
their observations about it.

Metodología de la Alfabetización

teodoro canul cimé

Dentro del campo educativo, una de las actividades que mayor impulso ha recibido para su desarrollo en México, ha sido la alfabetización. Se han realizado innumerables esfuerzos incluyendo campañas a nivel regional y nacional. Sin embargo hasta el presente, el problema subsiste.

Al igual que en el plano nacional, en el medio indígena la alfabetización ha pasado por muchos estados y se ha sustentado en tan distintos criterios que incluso han llegado a ser contradictorios. En el presente régimen, la alfabetización en el medio indígena se sustenta en la utilización de la lengua materna. Partiendo de ese criterio, presentaré un análisis de la forma de proceder en la enseñanza, de la metodología utilizada, y los resultados que con ello se han obtenido hasta ahora.

La historia nos señala a las personas que de una u otra forma han influído en la aceptación del método de alfabetización. Entre otros cabe mencionar a Juan Rodríguez Puebla en 1820; Vicente Guerrero en 1829; José Ma. Luis Mora y Valentín Gómez Farías en 1830; Jacobo Rojas de Tepoztlán, Morelos; e Ignacio Ramírez quien decia: "Los indígenas no llegaran a una verdadera civilización sino cultivándoles la inteligencia por medio del instrumento natural del idioma en que piensan y viven." Mauricio Swadesh; Alfonso Caso; Luis Chávez Orozco; Jaime Torres Bodet, quien se hizo paladín de la educación bilingüe siendo Secretario de Educación Pública, al reactivar el Proyecto Tarasco a iniciativa del entonces Director del Instituto Nacional Indigenista, Don Alfonso Caso y ahora el Dr. Gonzalo Aguirre Beltrán y el Lic. Echeverría Alvarez.

En la década pasada no se aplicó ningún programa bilingüe, pero ahora ha cobrado mucha importancia por la intervención del ya difunto Don Alfonso Caso y ahora el Dr. Gonzalo Aguirre Beltrán, sobre todo con el apoyo del C. Presidente de la República, Lic. Echeverría, y otras personas preocupadas por la educación indígena.

El método "especial" de alfabetización adoptado por D.G.E.E.M.I. se basa en las experiencias obtenidas de las investigaciones realizadas en el Proyecto Tarasco en Michoacán en 1939. De este proyecto se obtuvo la prueba evidente de que los indígenas podrían aprender a leer y a escribir en menos tiempo y con mayor exactitud en su propio idioma que en español. Pero no fué hasta el año escolar próximo pasado (1973-1974), que este método "especial" comenzó a ser aplicado con algunas modificaciones pedagógicas por los Promotores Culturales Bilingües de la D.G.E.E.M.I.

La aplicación del método "especial," como es de suponerse, tiene partidarios y también contrapartidarios y esto no es raro, pues ya Don Mauricio Swadesh en 1956 decía de una de sus evaluaciones del programa de alfabetización: "No existe un programa de aculturación fundado en maestros que no aprueban los ideales del programa y si el método bilingüe no tiene éxito en las regiones indias, no es culpa del método, sino de los maestros con actitudes ambivalentes, respecto al método." Este es uno de los obstáculos que en algunos maestros el técnico en alfabetización procura resolver cambiándoles la mentalidad, concientizándolos para que adopten el método y hagan sus propias observaciones al respecto y así poder determinar si funciona ó no.

No obstante estos obstáculos, en Yucatán se está aplicando con cierta normalidad y si no se ha obtenido el porcentaje de aprovechamiento esperado, es debido a varios factores, por ejemplo, la falta de planificación en la selección del personal, de materiales didácticos oportunos, de coordinación, etc.

La alfabetización que actualmente se realiza en el medio indígena es especial porque tomamos en cuenta el idioma materno

del educando indígena basándonos en el principio pedagógico "ir
de lo fácil a lo difícil y de lo conocido a lo desconocido," y
porque utilizamos textos diferentes: la precartilla "Mi Libro" y
la cartilla maya en el caso de Yucatán con el cuaderno de trabajo
de ésta. Con estos últimos se alfabetiza al niño. Estos en sí
son los textos que se utilizan para enseñar a leer y a escribir al
niño y cuyo contenido está en lengua materna. Además de estos
materiales, también se trabaja con un tablerógrafo, letras de
fibracel, ficheros, letras de cartón y, con el fin de hacerles
más fácil la tarea, se entrega a los maestros un instructivo en el
que se indican los pasos a seguir en la enseñanza.

Este procedimiento da muchas ventajas ya que hablando al niño
en su idioma desde el primer día de clase, se logra obtener su
confianza más rápidamente, logra comprender lo que le comunicamos
y siente la plena confianza para explicarnos sus ideas y sus
problemas. Este método es aplicado en los primeros grados.

El promotor o maestro comienza su clase con la precartilla
que tiene como fin el madurar algunos aspectos del alumno como
el desarrollo visual, motor, etc. Después se pasa al manejo de la
cartilla, que es con la que se alfabetiza.

El maestro enseña las vocales utilizando el método onomatopé-
yico en la cartilla maya. Cuando los niños ya tienen las vocales
bien visualizadas, el maestro empieza a enseñar las consonantes de
la siguiente manera. Como es usual en la enseñanza, comienza por
despertar el interés de los alumnos por el tema de estudio. Presenta una lámina en la cual se encontrará una figura que representa
un objeto de la región y pregunta a los niños si la reconocen.
Luego pregunta por el nombre de la misma. Generalmente se trata
de explicar la procedencia u origen del objeto en estudio. Así se
puede crear un cuento, el cual se narra en forma amena y al alcance
de la capacidad mental de los niños. Posteriormente, el maestro
muestra a los niños como se escribe el nombre, mientras lo pronuncia con lentitud para que los alumnos observen los movimientos de
la mano. El objetivo real del empleo de objetos de la región es
el de utilizar en esas palabras las letras que el maestro desea
enseñar, aunque no deben darse más de dos en cada ocasión. La
pedagogía moderna dice "por ningún motivo se deben enseñar las
letras a los niños en forma aislada." Nosotros sí enseñamos las
letras, pero como elementos mismos de la palabra. De esta manera
creo que no vamos en contra de las normas pedagógicas.

Después de que el maestro haya escrito la palabra en la pizarra, pide a los niños la escriban. Luego sin dividir la palabra hace variaciones utilizando las vocales con la misma consonante y es aquí donde entra el análisis estructural.

Luego que los alumnos escriban la palabra en la pizarra, el maestro pasa al manejo de las letras de fibracel con las que formará la palabra, poniendo las letras una por una y mostrándolas a los niños para que vean la forma que tienen, para después pasar a formar ellos mismos la palabra. Al mostrar las letras, el maestro cuidará de no pronunciar su nombre sino de ser posible el sonido de la letra. Al hacer este paso, el maestro tratará de centrar la atención del niño sobre la letra que trata de enseñarle, para que la visualice. Después el maestro le dirá que lo que ha escrito en la pizarra y lo que ha formado en el tablerógrafo con las letras es el nombre del dibujo que ve. Así se escribe y así se lee.

Después los alumnos, a sugerencia del maestro y como un ejercicio más, sacarán de los sobres que con anticipación se les entregó, las letras que contienen, con las que formarán en el fichero la palabra que escribieron antes en la pizarra. Después de otras variaciones, el niño realiza el ejercicio en el cuaderno de trabajo de la cartilla y después en sus cuadernos. Cada clase se concluye generalmente con el dibujo e iluminación del objeto que se estudió.

La evaluación se hace a través de los ejercicios que los niños hayan realizado en la pizarra, tablerógrafo, cuaderno de trabajo de la cartilla, el dibujo y la iluminación del objeto.

Es de esta manera como pretendemos, a través de esta forma de enseñar, la participación de nuestros hermanos indígenas en la cultura nacional, dándoles una enseñanza adecuada de la cual desprenderán conocimientos de utilidad inmediata.

Este procedimiento está dando muy buenos resultados ya que experiencias en el campo de trabajo así nos lo demuestran. Sin embargo hay determinados compañeros promotores después de que concluyen sus estudios profesionales se pasan al sistema de educación primaria. Esto es tal vez, debido a la falta de conciencia de la necesidad de servir a sus hermanos, desacuerdo en el horario con que se trabaja, y por la falta de estímulos.

Diseño de un Currículo Bilingüe

anita bradley pfeiffer

Este trabajo expone las consideraciones que necesariamente
deben tomarse en cuenta en el diseño de un currículo bilingüe,
basadas en las experiencias de la autora con el programa educativo
comunal de la reservación návaja de Rough Rock en Arizona, donde
se han corregido graves errores del sistema educativo para los
niños indios. Si la escuela está realmente interesada en el éxito
académico de sus alumnos es necesario que establezca un intercambio y relación constante con la comunidad, ya que la escuela
cumple no sólo la función de instructora del niño, sino también
de socializadora.

Es obvio que los niños návajos van a fracasar en un sistema
dentro del cual se alientan patrones culturales diferentes a los
de su propia comunidad. Si implícitamente el sistema educativo

califica a los patrones anglos como los únicos valederos crea una

confusión de valores en el educando, la cual se traduce luego en

la pérdida de identidad, el fracaso escolar, y la formación final

de un ser mutilado, incapaz de funcionar dentro de su propio medio

o de la cultural nacional. Al diseñar un currículo bilingüe para

los niños návajos, es necesario que la comunidad, con la ayuda de

los educadores, defina los objetivos del programa. Los diseñado-

res del currículo deben considerar estos objetivos, tomando en

cuenta una multitud de factores como el calendario de la comuni-

dad, la importancia del hogar, las diferencias culturales de com-

portamiento y las cualificaciones requeridas del personal docente.

Se concluye que el diseño de currículo es un proceso que debe ser

reevaluado a cada paso de acuerdo a cómo satisface los fines pro-

puestos.

Designing a Bilingual Curriculum

anita bradley pfeiffer

This paper will concentrate and focus on the education process as it developed within a community-based education program on the Navajo reservation--the Rough Rock Demonstration School located in northeastern Arizona. The insights and knowledge gained at Rough Rock, as well as subsequent work and thought given to related topics will provide the basic framework from which I shall draw in discussing the topic of this paper.

Rather than present an exhaustive collage from the voluminous studies conducted on the Navajo by behavioral scientists over the past four decades, I will mention only a few salient features. The linguistic structure, family relations, religious values, and special utilizations of the Navajo people do not mirror those of the predominant western European heritage of mainstream America. Comparisons, however, do persist, based I believe, on the wish-fulfilling assimilationist dogma.

Before we discuss designing a bilingual curriculum we need to remember two functions of a school: the instructional and the socialization processes. It is usually assumed that the purpose of the school is to increase the information base and develop the cognitive and physical skills of the child. That is to say, to develop the literal, computational, conceptual, and manual skills of the child. The socialization process develops, in part, through the internalization of expectations, reflecting attitudes, values, and beliefs instilled in an attempt to foster compatible interaction with others of the society, and to utilize the cognitive and physical skills in effective, socially approved ways.

If a school is interested in high academic success for its students, there needs to be on-going interaction with the community--working in a vital, creative partnership for the well being of the children and adults. Such a coalition aims at restructuring the relationships between the school and the community, between members of the instructional team itself, and between school personnel and students (1). The heart of designing a bilingual curriculum, for and with the Navajo community, lies in the involvement of Navajo parents and the leadership of Navajo school boards.

The form and content of schooling, for the vast majority of schools serving Navajos, is essentially the same model of education developed for and consumed by mainstream America. This imposed education system is a very real and serious detriment to the development of Navajo education. Navajo children are taught in a foreign language; they are taught concepts which are foreign; they are taught values which are foreign; they are taught lifestyles which are foreign; and they are taught by human models who are foreign. The reason for this kind of schooling is to mold the Navajo child (through speech, action, thought) to be like members of the predominant Anglo-Saxon mainstream culture. The apparent assumption seemingly being that people of other ethnic groups cannot be humans unless they can speak English, and behave according to the values of a capitalistic society based on competition and achievement. The children grow up in these schools with a sense of: (1) Confusion regarding the values, attitudes, and behavior taught at school and the values, attitudes, and behavior taught at home. (2) Loss of self-identity and pride concerning their personhood--Navajo-ness. (3) Failure regarding classroom learning activities. (4) Loss of their own Navajo language development and loss of in-depth knowledge of their own Navajo culture.

Nearly a third of the entire Navajo adult population are functional illiterates in English (2). Eighty-six percent of the six-year-old Navajo children entering Bureau of Indian Affairs (BIA) schools in 1970 had no speaking knowledge of English; that same year, 51 percent of the six-year-olds entered public schools

with no speaking knowledge of English (3). Bruner aptly stated
the crisis when he wrote, "that [traditional American] education
cripples the capacity of children in the lowest socio-economic
quarter of the population to participate at full power in society,
and does so effectively at an early age (4)."

We must design the curriculum to reflect our knowledge of
where the child is--a knowledge of the community's child rearing
practices--so as to better design instructional programs according
to the behavior of the learners. Navajo curricula should be
developed from the Navajo point of view about their world. There
is an order to the world view of Navajos, which is essential to
the survival and maintenance of Navajo lives.

The coalition (school and community) must provide the child
with a curriculum and an environment in which his intellectual
curiosity can grow since the child has already begun to develop
before his arrival at school. For Navajo education, such a
curriculum design needs to be articulated and written in the
child's language. The child's first and often only language is
the essential vehicle for him, in expressing his personality, in
relating to his family and peer groups, and in exploring the
outside world. Thus, the language used to continue to foster the
child's self-esteem is his language and reflects his culture.

The Navajo child should be given equal opportunity and access
to increasing and strengthening his "way of life." There should
be no either/or (Navajo or English) choice, but rather a both/and
approach (5). In such an approach both the Navajo and predominantly European American's views of life are taught; both Navajo
and English languages are utilized in the curriculum. The choice
of how a Navajo person is to live is quite correctly, I believe,
left up to the individual who has acquired two sets of tools in
becoming a "balanced bilingual," and we might say a "balanced
bicultural" person. If the person decides to live and work on
the Navajo reservation, that's fine. If the person decides to
live and work in a dominant society's community, that's fine. My
own prediction is that the person will alternately live in both
worlds, using both languages. This is dependent, in part, upon
the person's work and his desire to function in whichever society
makes him more satisfied. The result of the both/and approach is
that the person will acquire the necessary tools to assist in
making a choice about living in two distinctly different societies
where he can be a happy productive citizen.

The Rough Rock community's concept of education incorporated the both/and approach. The Demonstration School was founded on two major premises: (1) that the Rough Rock Demonstration School be guided by the philosophy that the Indian can, and should, be educated to maintain his identity while at the same time learning to master the Anglo culture and to take his place in the Anglo world, if he so desires (6); and (2) that the Rough Rock school be controlled entirely by the Navajo people.

The desire has been to establish an education system which will provide the optimal environment for learning. The products of which should be individuals who are most able to carry the major economic, political, and ethical responsibilities of their community or society; individuals who have the skills, knowledge, attitudes, values, and specific mastery of behavior patterns appropriate to both Navajo and Anglo cultures.

The second premise upon which the Rough Rock Demonstration School is based is that it is controlled and directed by the Navajo people themselves; and the supremely important aspect of this local control has proven that Navajos have the interest, desire, and capacity to provide real leadership, direction, and self-determination in education. Founded on this basis, the school is demonstrating that the authority and responsibility for the education of the Navajo must be given to the Navajo.

This is not to say that school employees should have no input into the development of the school's future. The community needs the assistance of its employees to verbalize and refine what it is the community desires as goals in the education process, while the teachers and administrators need the assistance of the community in identifying knowledgeable people from the community to assist in the curriculum materials development. The community can provide knowledgeable people to teach history and culture in the classrooms as well as provide necessary information for the curriculum design. The community can also provide reinforcement in the pursuit of the goals and objectives as cooperatively defined both by the community and school employees.

In designing a curriculum for bilingual education the designers of the curriculum need to consider several important conditions: (1) What is the make-up of the community? Are they monolingual speakers or are they bilingual speakers? (2) What

are the aspirations, goals, and needs of that community? (3) What
skills, attitudes, values, and goals does the community desire for
its students? (4) What is the relationship of the school with
the community? (5) What is the relationship of the school with
external agencies such as the state, Tribe, BIA, U. S. Office of
Education, etc.? (6) What is the Tribe's attitude toward bilin-
gual/bicultural education?

If an exploration and study is made of the above questions,
bilingual education curriculum designers should have some data
which reflects (7): (1) The intensity of the bilingual program--
whether the curriculum design will be established to reflect a
transitional program in which the children will use their mother
tongue as the media of instruction until they can switch to the
other language at which time their home language is eliminated.
(2) Whether the intensity of the bilingual program would require
the curriculum designers to reflect a goal of uniliterateness--
in which the children will become literate only in the language
of the dominant society. (3) Whether the intensity of the bilingual program would promote biliterateness--in which the children
will become proficient in both languages. (4) Whether the bilingual program (and therefore the curriculum) would promote full
bilingualism for the consumers of the program.

It goes without saying that bilingualism cannot flourish and
grow unless the child is surrounded with aspects of his culture
in which he can develop his self-identity and in which he can
begin to establish the foundation in gaining and intensifying
his intellectual curiosity about the world around him. The Coleman report (8) found that a child's sense of control over his
environment and self-image correlates highly with school achievement.

In designing a bilingual curriculum for and with a community,
the calendar of the Navajos must be taken into consideration.
Rigid school calendars do not fit the Navajo lifestyle. For
example, Navajo religious activities concern and involve all the
members of the family and permeate the daily life of individuals.
There is constant interaction between the adults and children.
Further, there are no buildings erected to worship in; rather,
the hogan (the home) is the shrine, and major religious activities
occur within it. This is where the Navajo youngster develops and
refines his knowledge of the Navajo code of life (Diné bá niilyáii

and Diné yee hinanii) and the Navajo way of life (Diné yik'ehgo
yigááɫii). The home is the place of births, the center of special
celebrations (like a baby's first laugh), the center of kinaalda
(puberty rites of a young woman), the center of weddings, the
center of judicial process, the place where maintaining good health,
happiness, and harmony with relatives, friends, and natural sur-
roundings are learned and reinforced through Hozhooji (the Bles-
singway ceremony).

The Navajo hogan is where theology, law, and medicine are
learned and reinforced. "In a Navajo ceremony, there is no way
to tell what is healing and what is worship. Everything is both.
Moral guidance is also an inextricable element of ceremonial
practice (9)."

Considerations regarding the cultural behavior differences
need to be taken into account when designing bilingual curricula.
For the Navajo child, the following are some behavior patterns
which are taught in the home: (1) The child is encouraged to
observe and listen very carefully. Verbiage is considered secondary to careful observation of natural phenomena, people, and
things in general. (2) Thought is considered active and therefore a great deal of listening takes place. Bad thoughts are
discouraged because they will cause disharmony with nature and
fellow man. (3) Eye contact with older Navajos is averted to
show a sign of respect. (4) Special relationships such as proto-
col and privileges with other members of the family, relatives,
and clan is a continual topic of learning. For example: a
child's uncle (mother's brother) will scold or punish him, but in
turn, he can joke with the uncle. The male child must be respect-
ful toward his sisters and should not establish a joking relationship. (5) Conduct concerning one's knowledge, abilities,
skills, and achievements are utilized to assist others and not to
promote one's self above others. (6) Generosity is a value which
is expressed through sharing of one's wealth, skills, and wisdom.

In developing curriculum for bilingual education, a curriculum guideline needs to reflect the community's goals for its children. Upon graduation from high school, students should demonstrate the following competencies: (1) fluency in both English
and Navajo; (2) communicativeness; (3) the ability to understand
the speech behaviors, values, and attitudes of Navajo elders;
(4) the ability to demonstrate appropriate clan membership,

privileges, and protocols; and (5) the ability to discuss Navajo
Tribal government, current issues, organizations, accomplishments,
and anticipated future developments.

Serious thought needs to be given to the qualifications of
teachers who will implement the bilingual education curriculum.
The Center for Applied Linguistics in its Guidelines for the Preparation and Certification of Teachers of Bilingual/Bicultural
Education in the United States of America (10) states:

Teachers of bilingual/bicultural education should have
the following qualifications:

1. A thorough knowledge of the philosophy and theory
    concerning bilingual/bicultural education and its
    application.
2. A genuine and sincere interest in the education of
    children regardless of their linguistic and cultural
    background, and personal qualities which contribute
    to success as a classroom teacher.
3. A thorough knowledge and proficiency in the two
    languages involved and the ability to teach content
    through them equally well; an understanding of the
    nature of the language the child brings with him
    and the ability to utilize it as a positive tool in
    his teaching.
4. Cultural awareness and sensitivity and a thorough
    knowledge of the cultures reflected in the two
    languages involved.
5. The proper professional and academic preparation
    obtained from a well-designed teacher training
    program in bilingual/bicultural education.

In conclusion, we need to keep in mind that, as we design
a bilingual curriculum: (1) There needs to be continual review
of the function of the school. (2) The community, with the
assistance of the school personnel, needs to articulate the
intensity and goal of the bilingual curriculum, as in the case
of the both/and approach established at Rough Rock, Arizona.
(3) Consideration must be given to the goals of the community,
the importance of the home, the cultural behavior differences,
and the qualifications desired of teachers who implement the
curriculum, all the while realizing the inevitability of further
modification and refinement.

In a word--curriculum design is a <u>continuing</u> process, each momentary product of which must be re-evaluated in light of how adequately the goals have been met.

References

1. Rubinstein, Annette T. "Schools Against Children." <u>Monthly Review Press</u>. New York: Monthly Review Press, 1970, 211.

2. Report of the Special Senate Subcommittee on Indian Education. <u>Indian Education: A National Tragedy--Challenge</u>, 1969.

3. Spolsky, Bernard. "Navajo Reading Study." <u>Navajo Language Maintenance II: Six-Year-Olds in 1970</u>. University of New Mexico, August, 1971.

4. Bruner, Jerome S. <u>The Relevance of Education</u>. New York: W. W. Norton and Co., Inc., 1971, xi.

5. <u>A Bilingual Education Proposal for Rough Rock Demonstration School</u>. Rough Rock, Arizona, March 27, 1969.

6. Johnson, Broderick H. <u>Navajo Education at Rough Rock</u>. Rough Rock, Arizona: Rough Rock Demonstration School, 1968, 15.

7. Fishman, Joshua. Lecture Given at the University of New Mexico. Albuquerque, New Mexico, November 12, 1974.

8. Coleman, James. <u>Equality of Educational Opportunity</u>. Washington, D.C.: U.S. Office of Education, 1966.

9. Bergman, Robert L. "Navajo Medicine and Psychoanalysis." <u>Human Behavior</u>. July 1973, 10.

10. <u>Guidelines for the Preparation and Certification of Teachers of Bilingual/Bicultural Education in the United States of America</u>. Arlington, Va.: Center for Applied Linguistics, 1974.

Contributions to the Research on Bilingual Education

josé aliaga

The goal of the Peruvian Educational Reform is the total
eradication of illiteracy by 1980 by permitting complete access to
educational services by the vast sectors of the population which
exist on the margins of Peruvian society. This paper reports on
three studies which bear on these efforts.

The Ayacucho study compares the verbal ability and concept
formation of bilingual children with that of monolingual (Quechua
and Spanish) children. The hypothesis tested was that bilingualism at an early age retards development in both verbal ability and
concept formation. The second study, initiated by the Instituto
Nacional de Investigación y Desarrollo de la Educación (INIDE) in
1973, was designed to determine the relationship between degrees
of bilingualism and a series of sociolinguistic variables which

converge in the process of castellanization. The third, a psycho-
social study, attempted to determine how and to what degree
behavior is affected by social marginality. The complex relations
between variables implicit in the phenomenon of social marginality
and the marginal individual's behavioral (thought, personality,
motivation, attitudes) structures were examined. This study
intends to develop information urgently needed for the development
of curricula, educational materials, teacher training programs for
educational programs for adolescents and adults.

Contribuciones a la Investigación para la Educación Bilingüe

Introducción

Presentamos en este informe algunos trabajos en relación a problemas de bilingüismo y educación.

El primero de ellos se sitúa en la perspectiva psicolingüística, teniendo como preocupación central el afronte del problema bilingüismo-monolingüismo y conducta conceptual (formación de conceptos). A partir de este estudio se postulan algunos fundamentos psicológicos para la educación bilingüe.

En el segundo trabajo, ofrecemos los resultados de la construcción de un instrumento destinado a medir cuantitativamente grados de bilingüismo en hablantes quechuas en proceso de castellanización. La utilidad de este instrumento estriba en sus posibilidades de ser utilizado en investigaciones lingüísticas, sociolingüísticas y especialmente en la educación bilingüe que propone la Reforma Educativa Peruana para ser implementada en poblaciones de niños y adultos principalmente en áreas marginales urbanas y rurales.

El tercer trabajo, que se encuentra en actual ejecución, aborda el problema de las relaciones existentes entre las variables implícitas en el fenómeno de la marginalidad social y las estructuras comportamentales (estructuras operatorias o de pensamiento, dimensiones de personalidad y actitudes y motivaciones psicosociales).

Una de las áreas comportamentales de estudio, más directamente relacionada con problemas de educación bilingüe, es la de significado de las palabras, empleando la técnica del Diferencial Semántico. Este estudio se efetúa sobre muestras representativas de la población marginal de Lima Metropolitana, y su continuación está proyectada en áreas rurales del país en poblaciones monolingües (quechuas y aymaras) y bilingües (quechua-aymara y -castellano).

Bilingüismo y Conducta Conceptual

Este estudio (1) fué realizado en Ayacucho con poblaciones de niños monolingües quechuas y bilingües quechua-castellanos (2) y una muestra de control en Lima de monolingües castellanos. Se tomaron a niños de ambos sexos de siete a doce años de edad cronológica y con grados de escolaridad equivalentes entre los tres grupos lingüísticos.

Habiéndose controlado estas variables de bilingüismo-monolingüismo, edad cronológica, escolaridad, sexo y situación socioeconómica, los niños fueron sometidos a una detenida exploración de la conducta conceptual utilizando el examen de Vigotsky-Hanfmman-Kasanin.

La hipótesis central de la investigación tiene su punto de partida en estudios anteriores que han demostrado que el bilingüismo, en tanto que implica el aprendizaje temprano y simultáneo de dos sistemas lingüísticos, determina un retraso en el desarrollo de ambos. A partir de este hecho se propone que a nivel de lenguaje interiorizado o pensamiento se verá consiguientemente afectado el proceso de desarrollo conceptual, reflejándose en un significativo déficit. De ahí que se afirme que el bilingüismo, tal como lo hemos definido, implica una situación desventajosa para el aprendizaje normal y, en general, para el desarrollo intelectual del niño.

Estas afirmaciones, que tienen una base empírica y que son corroboradas por el trabajo de campo de nuestro estudio, poseen, desde el punto de vista teórico, un marco de referencia que las

fundamenta y explica, recurriendo a algunas teorías del aprendizaje (F. Gonzales y José Aliaga, 1972).

El punto de partida lo constituye la teoría de la interferencia, según la cual, al actuar ésta sobre el comportamiento verbal
origina un decremento de respuestas. Cuando frente a un estímulo,
el organismo tiene dos o más respuestas incompatibles que no
pueden ser deducidas simultáneamente, se produce una inhibición
recíproca entre los potenciales excitatorios de ambas respuestas.
Si los potenciales excitatorios se presentan con fuerza similar
se darán dos situaciones para las posibles respuestas: vicarianza
y coinhibición. En el caso de la vicarianza surge una tercer respuesta distinta de las dos anteriores. En la coinhibición no se
produce emisión de respuesta. La alternancia y la fusión por otra
parte, aparecen cuando la interferencia se da entre dos potenciales excitatorias débiles. En la alternancia se emite una tercera
respuesta como mezcla de las dos interferentes.

Aplicando estos principios al comportamiento verbal, se
infiere que el bilingüismo producirá en los niños los siguientes
efectos:

A. Retraso en el desarrollo del comportamiento verbal por
interferencia mutua de cada una de las lenguas, apareciendo los
fenómenos de vicarianza, coinhibición, fusión y alternancia.

B. Consiguiente efecto de este retraso verbal sobre el
desarrollo del pensamiento, el cual es concebido como acción interiorizada de transformación abstracta de los estímulos-objetos,
instrumentada privilegiadamente a través del lenguaje. De este
modo el aprendizaje temprano y simultáneo de los sistemas lingüísticos generará indirectamente disturbios y déficits en los procesos fundamentales del pensamiento, especialmente en el proceso
de formación de conceptos, ya que los instrumentos verbales de
acción interiorizada se han visto afectados por agudas interferencias mutuas.

En el nivel empírico, los principales hallazgos apuntan con-
sistentemente hacia una marcada superioridad de los grupos monolingües frente al grupo bilingüe en cuanto a niveles de formación
conceptual. Esta superioridad se refleja en la siguiente forma:

1. La distribución de frecuencias de puntajes totales--que

revelan el nivel de formación conceptual--favorece notablemente a los grupos monolingües, ya que presentan una clara tendencia hacía los puntajes elevados, cosa que no ocurre con el grupo bilingüe.

2. Al presentar los puntajes promedios totales y por fases de los tres grupos lingüísticos, el grupo bilingüe presenta invariablemente las medianas más bajas.

3. Relacionando nivel de escolaridad y edad cronológica con el nivel de formación conceptual, son los grupos monolingües los que presentan los niveles conceptuales más elevados en cada uno de los niveles de escolaridad y edad cronológica.

4. Al presentar los puntajes totales en cifras porcentuales, los grupos monolingües están mejor representados en los niveles conceptuales más elevados, en tanto que ocurre lo inverso con el grupo bilingüe. Las pruebas estadísticas de significación de la diferencia entre las medianas arrojan los siguientes resultados:

a. No existen diferencias significativas entre las medianas de los puntajes totales de los grupos monolingües.

b. Entre los grupos monolingües castellano y quechua y el grupo bilingüe existen diferencias al 0.01% de significación.

5. En base a estos datos empíricos y como conclusión final, corroboramos nuestras hipótesis de trabajo en el sentido de que el bilingüismo, según se ha definido, implica una situación desventajosa para el niño como determinante de un retraso en el comportamiento verbal, hecho que a su vez altera el proceso de interiorización, originando déficits significativos en los niveles de formación conceptual.

Construcción de un Instrumento Para la Medición
de Grados de Bilingüismo

Este trabajo (3) fue iniciado en el Instituto Nacional de Investigación y Desarrollo de la Educación (INIDE) en el Segundo Semestre de 1973, por Alberto Escobar y José Aliaga, contando con la participación de Blanca Figueroa y la colaboración de un grupo de internos de Psicología: Víctor Salazar, Francisco Amaya,

Aníbal Meza y Betty Maldonado, para los efectos del trabajo de campo y tratamiento de los datos.

El instrumento fue diseñado para medir los siguientes fenómenos lingüísticos: vocalismo (vacilaciones); hiato (disolución y reforzamiento); acentuación (desplazamiento); yeísmo (adopción de "Y", subsistencia de "ll", omisión de "Y" y "ll"); ordenación sintáctica (construcciones especiales y concordancia).

Elección del Tipo de Estímulos

De acuerdo a la distinción que hace Ivannov-Smolenski (4) pueden darse cuatro tipos de conexiones en la interacción estímulo-repuesta:

1. Estímulo directo → Reacción directa (D → D).
2. Estímulo verbal → Reacción directa (V → D).
3. Estímulo directo → Reacción verbal (D → V).
4. Estímulo verbal → Reacción verbal (V → V).

Un ejemplo del primer tipo de conexión sería el caso de mostrar al sujeto uno o varios objetos y obtener como respuesta el señalamiento de uno o más de ellos (D → D). En tanto que si proporcionamos al sujeto instrucciones verbales y obtenemos como respuesta el señalamiento de uno o varios objetos, nos encontramos frente al segundo tipo (V → D). En tercer lugar, se muestra al sujeto uno o varios objetos, requiriéndosele su verbalización correspondiente (D → V). Finalmente, frente a situaciones enteramente verbales se puede pedir al sujeto explicaciones igualmente verbales, lo que ejemplifica el cuarto tipo de conexión (V → V).

Dentro de este contexto el instrumento para la medición de los grados de bilingüismo (al que en adelante denominaremos ADMAR-L), se ubica en el tipo de conexión estímulo directo → respuesta verbal.

Se decidió para el caso de los adultos utilizar la técnica fotográfica en la presentación de los estímulos procurando que éstos sean familiares a su universo vocabular, en tanto que para los niños se usaron láminas con dibujos. El estímulo visual generalmente se presenta acompañado de distractores a fin de lograr que el sujeto verbalice la respuesta que interesa dentro de un contexto que implica el enunciado de una acción.

Descripción del Material

Las pruebas preliminares se efectuaron con material organizado en dos formas:

FORMA A (niños). Destinada a probandos de 6 a 12 años de edad cronológica. Consta de 72 láminas de 21 X 16 cmts. distribuídas en seis cuadernillos de prueba, uno por cada sub-prueba. En cada lámina se presenta el estímulo visual en forma de dibujo sencillo coloreado a plumón. El color es usado como medio para destacar al estímulo clave.

FORMA B (adultos). Destinada a probandos a partir de 13 años. Consta de 72 láminas de 21 X 16 cmts. distribuídas en seis cuadernillos de prueba, uno por cada sub-prueba. En cada lámina se presenta el estímulo visual en forma de fotografía en blanco y negro. El uso del sombreado y tamaño se gradúan como medio para destacar el estímulo clave.

Un protocolo de prueba permite el registro de todas las respuestas de tal manera que se obtengan puntajes acumulativos.

Escala de Castellanización

Se preparó una Escala de Castellanización siguiendo la técnica de escalamiento con intervalos iguales y asignación arbitraria de puntajes.

La Escala fue preparada a fin de disponer de criterios externos de validez para el instrumento ADMAR-L y al mismo tiempo determinar cómo están asociados los grados de bilingüismo a una serie de variables sociolingüísticas que convergen en el proceso de castellanización: ocupación, escolaridad, tiempo de exposición y frecuencia de uso.

Resultados

1. Las primeras pruebas preliminares practicadas con el instrumento en sus formas para niños y adultos, arrojan datos que indican la factibilidad de medir los grados de bilingüismo en forma consistente. Sin embargo, se ha decidido por el momento proseguir el trabajo únicamente con la forma para adultos, dado

que con los niños, los factores interferentes son más difíciles
de controlar a causa de las variables del desarrollo.

2. Un análisis de renglones efectuado sobre la base de las
pruebas preliminares, permitió determinar la validez de aquellos
y consecuentemente su poder discriminativo. Los renglones de baja
validez han sido reemplazados en su mayor parte, lo cual permi-
tirá hacer una nueva prueba con los reajustes introducidos.

3. La obtención de medidas relacionables entre el instrumento ADMAR-L y la Escala de Castellanización, revelan en general
niveles de asociación moderados entre ambos grupos de variables.
La Escala de Castellanización nos permite examinar las relaciones
existentes entre el grado de bilingüismo y algunas de las variables sociolingüísticas, pero también nos sirve como un criterio
de validez empírica.

4. La confiabilidad calculada para el instrumento ADMAR-L
usando "Equivalencia Racional" de Richardson-Kuder, arroja un
coeficiente de 0.90 lo que revela su alto grado de consistencia.

Estudios del Comportamiento Marginal en Áreas Urbanas y Rurales

Equipo de Investigación: Coordinador: José Aliaga; Especialista Auxiliar: Cipriano Olivera G.; Personal de Apoyo Técnico:
Víctor Salazar, Francisco Amaya, Aníbal Meza, Miguel Burga; Internos de Psicología: Raquel Nieto, Tomás Velásco, Gilbert Oyarce.

En este estudio de carácter psicosocial se aborda el problema
de las complejas interacciones existentes entre la marginalidad
social y psiquismo individual.

Fue iniciado en el INIDE en mayo de 1973 y actualmente nos
encontramos finalizando la primera etapa del proyecto que comprende el estudio en áreas marginales urbanas, estando previsto
para el próximo bienio 75-76, la continuación de la segunda etapa
que ·contempla el estudio en las áreas rurales.

Tiene como objetivos centrales precisar cómo y en qué grado
se encuentran afectadas las estructuras comportamentales de
aquellos sectores de la población peruana que tradicionalmente
estuvieron insertos en una situación de marginación social. De
esta manera se dispondrá de información, inexistente hasta la

fecha, pero de urgente necesidad para la implementación de los
programas educativos que propone la Reforma Educativa a nivel de
adolescentes y adultos quienes debido a su situación de marginalidad fueron excluídos de los servicios educativos y en general de
las diversas instancias de participación en la sociedad.

La elaboración de los currículos, de los materiales educativos y la capacitación de docentes y promotores en educación de
adultos, podrán más adelante efectuarse disponiendo de esta información.

La operativización y control de las variables implícitas en
el fenómeno de la marginalidad social se efectúa a través del
instrumento que denominamos Escala de Marginalidad, construído al
efecto.

El control de variables a nivel individual (escolaridad,
tiempo de migración, nivel de castellanización, situación lingüística, etc.), se realiza a través del instrumento Hoja de Registro
de Variables Personales.

La exploración del psiquismo a nivel de estructuras comportamentales (estructuras operatorias o de pensamiento, estructuras de
personalidad y estructuras de actitudes y motivaciones psicosociales) se efectúa a través de una serie de dispositivos a los que
llamamos reactivos experimentales, cuyas notas más relevantes
estriban en su posibilidad de administrarse a poblaciones analfa-
betas, semi-analfabetas, o de bajo índice de escolaridad y al
mismo tiempo se encuentran relativamente menos saturadas de conta-
minaciones culturales y educacionales específicas.

Una de las áreas más directamente relacionadas a la educación
bilingüe y que estamos viendo en esta investigación, es la refe-
rente al significado de las palabras, para lo cual se está utilizando la técnica de Osgood del Diferencial Semántico. Para ello
se parte del universo vocabular de los grupos estudiados y se
seleccionan los conceptos a ser medidos semánticamente.

Por otra parte, el análisis de los datos obtenidos a nivel de
estructuras operatorias (pre-operatorias y concreto-formales) y su
cruce con variables tales como nivel de castellanización y grado
de bilingüismo, posibilitarán indudablemente obtener una informa-

ción sobre aspectos psicolingüísticos muy estrechamente ligados a
problemas de educación bilingüe.

Así, desde ángulos distintos pero convergentes se configura
una línea de investigación en el INIDE, que junto a otras se
vienen implementando en el contexto de la Reforma Educativa Peruana a fin de encarar eficientemente uno de sus mayores retos:
erradicación total del analfabetismo en el año de 1980 y pleno
acceso a los servicios educativos de los vastos sectores de la
Sociedad Peruana en situación de marginalidad social, urbana y
rural que secularmente fueron excluídos.

Referencias

1. Pueden consultarse al respecto los siguientes trabajos:
   Gonzales, Raúl y José Aliaga. "Formación de Conceptos en
   niños bilingües," en El Reto del Multilingüismo en el Perú.
   Lima: Instituto de Estudios Peruanos, 1972.

   Aliaga, José. "Bilingüismo y Formación de Conceptos." Tésis
   para optar el Grado Académico de Bachiller en Psicología.
   U.N.M.S.M., Lima, 1972.

2. Asumimos el concepto de bilingüismo propuesto por Pieron
   (1964), como el aprendizaje temprano y simultáneo de dos
   sistemas lingüísticos, a diferencia del biglotismo, en que
   el aprendizaje de la segunda lengua no es de manera simultánea.

3. Escobar, Alberto y José Aliaga. Resultados Preliminares
   acerca de la construcción de un instrumento para la medición
   de los grados de bilingüismo. Lima: Instituto Nacional de
   Investigación y Desarrollo de la Educación (INIDE), 1974.

4. Citado por Raúl Gonzales. "Exploración de la Expresión
   Verbal en la Infancia," En Conciencia, Revista de Psicología
   Y Ciencias Humanas, Lima, 1966.

Cuando el Español es el Idioma Nativo

gloria zamora

Publicaciones recientes describen sombríamente el aspecto educativo de los educandos hispanohablantes de los Estados Unidos citando bajos niveles en logros escolares, altos porcentajes de retención o abandono de escuelas, colocación en clases para retardados mentales o de niveles bajos de inteligencia, etc. Las causas por las cuales ocurren tantos fracasos o escolaridad inferior son muchas y se extienden más allá del dominio de la educación. Este escrito se limita a posiciones teóricas y soluciones ofrecidas desde la perspectiva educativa. Después de presentar algunas de las respuestas típicas y no funcionales de los educadores a las necesidades de estos niños, la autora sugiere maneras en que las escuelas podrían llevar a cabo cambios en los aspectos filosóficos, pedagógicos y de organización para eliminar respuestas no funcionales. Basada en la teoría de Cárdenas y

Cárdenas de que hay cinco áreas principales de incompatibilidad

(pobreza, cultura, idioma, mobilidad, y percepciones) entre

escuelas típicas y alumnos atípicos, la autora ofrece un esquema

para las escuelas que consiste en (1) analizar el problema (2)

determinar la actitud que se debe desarrollar y (3) determinar las

formas apropiadas necesarias en cada una de estas cinco áreas.

Sugiriendo que una de las causas del fracaso educativo de los

hispanohablantes en los Estados Unidos es debida a decisiones

inapropiadas en el área de instrucción, la autora presenta casos

específicos, analiza los problemas, y propone algunas alternativas

para hacer decisiones educativas acertadas.

When Spanish is the Native Language

gloria zamora

Recent literature is replete with descriptions of the tragic
waste of human potential that occurs in the schools of the United
States when Spanish is the native language of the student.
Arciniega (1) recounts the "tracking" or "dumping" of minority
group children who are removed from the regular curriculum and
placed in special classes for children of low-intelligence.
Cárdenas and Cárdenas (2) report the low achievement levels, the
high retention rates, and the high dropout rates of the Spanish-
speaking children in the Edgewood Independent School District of
San Antonio, Texas. Ortego (3) describes the indefensible but
the far too-often repeated practice of relegating Mexican-American
children to classes for the educable mentally retarded because
teachers equate linguistic ability with intellectual ability. He
reported that, in California, 40 percent of the children in
classes for the mentally retarded were Mexican-Americans. Further
evidence that the schools have failed the Mexican-American can be
found in the second report by the U.S. Commission on Civil Rights,
"The Unfinished Education (4)." This study sought to determine
the degree to which the schools of the Southwest are succeeding
in educating their students, particularly their minority students.
The findings, in summary, were that without exception, minority
students achieve at a lower rate than Anglos—their school hold-
ing power is lower, their reading achievement is poorer, their
repetition of grades is more frequent, their overageness is more

prevalent, and they participate in extracurricular activities to a lesser degree.

The findings of all the other Commission reports are synthesized in Report VI, "Toward Quality Education for Mexican Americans (5)." The findings paint a very bleak picture of the educational opportunities available for Mexican-American children. The report continues: Mexican-American parents sending their children to public schools in the Southwestern United States will find that:

- Their children will be isolated from Anglo children.

- Their language and culture will be excluded.

- Schools to which their children are assigned will be underfinanced.

- Teachers will treat their children less favorably than Anglo pupils.

- Forty percent of their children will drop out of school before graduation and those who remain in school will achieve less well than their Anglo classmates.

Federal aid to bilingual/bicultural education through Title VII of the Elementary and Secondary Education Act is attempting to respond to the needs of the thousands of Spanish-speaking children who enter our public schools each year. More recently, state aid to bilingual/bicultural education is being appropriated. Massachusetts, Texas, and New Mexico have passed legislation requiring bilingual education, and at least 13 other states have laws permitting it. This is a far cry from the recent time when a teacher faced criminal penalties or revocation of his teaching certificate for teaching in a language other than English (6).

The dimensions of the need (see Table 1) added to the national movement toward the acceptance of this viable response mark bilingual/bicultural education as a significant and stirring movement in contemporary American education. Table 1 illustrates that in spite of Federal and state aid, bilingual/bicultural education programs are serving only a minimal number of Spanish-speaking children in the Southwestern U.S.

Table 1
*State and Federally Funded Bilingual Education Programs
in the Southwestern United States, 1973*

	Total Number of Mexican-American children, 1972-73*	Est. children in Title VII programs**	Est. children in State programs**	% being served
Arizona	91,121	3,017	6,000	10%
California	733,767	27,184	12,000	5%
Colorado	76,089	2,212	0	3%
New Mexico	111,049	5,449	8,500	12.5%
Texas	589,680	34,991	0***	6%
Southwest Total	1,601,706	72,853	26,500	6%

Sources: * U.S. Commission on Civil Rights. <u>Toward Quality Education for Mexican-Americans.</u> Washington, D.C. Report VI. 1974, p. 7.

     ** <u>Guide to Title VII ESEA Bilingual-Bicultural Projects in the United States: 1972-73.</u> Austin, Texas: Dissemination Center for Bilingual-Bicultural Education, 1973.

    *** This is a 1973 figure. Programs were instituted in 1974-75.

The causes for the underachievement and low attainment level of the Mexican-American are multiple and go far beyond the education realm. However, this paper will limit itself to theoretical positions and responses from the education perspective.

Educational Responses to the Problem

In attempting to solve the problem of the education of
minority group children, educators have not implemented the principles of teaching which every prospective teacher supposedly
internalizes as he moves through undergraduate programs. Those
cardinal principles are familiar to all of us: Begin with a
child where he is; help him move from the known to the unknown.
If these principles were more than empty platitudes, bilingual/
bicultural education in the U.S. would have been a reality long
ago and there would be no question as to the validity of beginning a child's academic instruction in his home language.

The typical response of the school, however, has been to
look at the minority child from the deficit standpoint and then
design remedial or compensatory programs to help him overcome his
"cultural disadvantagedness" and his "language problem." Sanchez
(7), Carter (8), Ramírez (9), Fantini (10), and Cárdenas and
Cárdenas (2) propose that the problem lies with the schools'
failure to recognize the needs of atypical children and to design
appropriate education responses. "...in the schools of the Southwest...we are confronted not with handicapped children but with
handicapped schools (7)."

Fantini (10) describes the "compensatory" response as one in
which the children are helped to get "ready" for the regular
school program through various methods such as starting the child
to school at an earlier age or diagnosing his needs and then
remediating his deficiencies. No attempts are made to change the
school for "...the assumption...is that, once compensatory efforts
are accomplished, the student is rehabilitated and can join the
normal or regular learners in the standard educational process."

Another typical and dysfunctional public school response to
the education needs of Spanish-speaking children is to isolate
them in special classes for non-English-speaking children. The
rationale for this decision is that children will learn better if
they are grouped for like needs. While this basis for grouping
is an acceptable procedure for portions of the curriculum, children need contact with children of other ethnic groups in order
to promote language learning and cultural understanding. Indeed,
it is not uncommon to find that the attendance boundaries of
entire schools and even entire school districts have been

gerrymandered in order to isolate minority group children. The
isolation is often so severe that contact with children of the
majority culture is almost completely cut off.

> ...segregation of children of diverse language groups
> is a pedagogically unsound practice and it may also be
> a violation of their civil rights...A skillful teacher
> will integrate children of the two language groups so
> that language learning can be stimulated. Prejudice
> is born of fear; segregation (isolation) of children
> of diverse ethnic backgrounds would serve to perpetuate
> prejudice. Integration can be a magnificent learning
> experience for all (11).

Methods for Designing Functional Responses

Assuming that schools see the need for change and want to
do so, how can they begin to make the philosophical, pedagogical, and organizational changes necessary to eliminate the
dysfunctional responses? Cárdenas and Cárdenas propose that
analyzing the characteristics of the learner is the first step.
They theorize that there are incompatibilities between the
typical school and atypical children. They organize the areas
of incompatibilities into five major categories: poverty,
culture, language, mobility, and perceptions. Having worked
closely with Cárdenas and Cárdenas during the formulation of
their theory, this writer suggests that schools review each one
of these categories by taking three steps: (1) Analyze the
problem. (2) Determine the attitudinal position that must be
developed. (3) Determine the skills that will be necessary for
responding positively to the incompatibilities.

The following examples are offered as a possible framework--
a schema--for designing appropriate education responses.

poverty

I. Analysis of the Problem: Poverty increases serious
health problems. Poor people dissipate more of their energies in
meeting survival needs. The brain is encased in a body. If the
body is sick or hungry, this will affect the learning process.
Poor children may have different life experiences. Poor children
may have different language experiences.

II. <u>Attitudinal Positions to Develop</u>: Become sensitive to
the physical and academic effects of poverty. Understand that
the life experiences of poor children may be different, but are
not necessarily bad. Understand that the language experiences of
poor children may be different, but they <u>do</u> have a language.

III. <u>Skills to Develop</u>: Be able to diagnose non-instruc-
tional needs: i.e. nutritional problems, dental problems, etc.
Be able to serve the total child. What agencies can we refer
his family to for help? Help parents see school as a positive
experience by involving them meaningfully. Become familiar with
and sensitive to the life and language experiences of the students
in order to build learning from this point.

culture

I. <u>Analysis of the Problem</u>: The traditional school values
conformity and acculturation. The traditional school does not
recognize the beauty of cultural diversity. The school that
wants to change often does not know how to provide cultural reinforcement.

II. <u>Attitudinal Positions to Develop</u>: Be sensitive to the
deep and formal culture of the students. Develop an appreciation
for cultural diversity.

III. <u>Skills to Develop</u>: Know how to reinforce the home
culture. Know how to adapt curriculum materials to make them
more relevant. Know how to build curriculum based on the child's
life and language experiences. Know how to involve the parents
in the education experience.

language

I. <u>Analysis of the Problem</u>: The traditional school does
not consider Spanish a valid medium for instruction. There are
insufficient numbers of teachers who have had the preparation
necessary to teach in Spanish. Spanish is taught only as a
foreign language. There are insufficient curriculum materials
for teaching children basic content in Spanish.

II. <u>Attitudinal Positions to Develop</u>: Recognize that children learn better through their native language. Recognize the

implications for the relationship between language and culture.
Develop a positive attitude toward bilingualism. Develop a positive attitude toward the child's home language (vernacular).

   III. Skills to Develop: Understand the characteristics of
the nature of language, language acquisition, and language varieties. Develop the ability to speak and teach in the two languages
--Spanish and English. Learn the techniques for developing bilingualism in the students.

mobility

   I. Analysis of the Problem: There are children who, with
their parents, engage in seasonal migrant agricultural labor and
whose school attendance is, therefore, irregular. There are
children who move often within a city or a school district because
of economic circumstances. Mobility of this nature interrupts
the usual sequence of school instruction.

   II. Attitudinal Positions to Develop: Develop a sensitivity
to the negative effects of mobility.

   III. Skills to Develop: Ability to individualize instruction through diagnostic/prescriptive teaching. Ability to
organize the curriculum in a hierarchical arrangement, i.e. gross
to fine. Ability to teach process skills through relevant
content, i.e. experience-based. Ability to turn the migrant
experience into a positive learning experience.

perceptions

   I. Analysis of the Problem: Schools view the Spanish-
speaking, Mexican-American child as culturally and linguistically
deficient. Teachers do not know how to teach Spanish-speaking
children and often regard them as a problem. Mexican-American
parents do not always view schools as being meaningful and worthwhile for their children. Spanish-speaking children often develop
a negative self-concept.

   II. Attitudinal Positions to Develop: Develop a sensitivity
to the school practices that alienate our Spanish-speaking children and their parents. Be willing to change these alienation
practices. Understand the relationship between academic success

and motivation. Understand and accept one's self as a prerequisite to accepting others.

   III. <u>Skills to Develop</u>: Ability to promote the positive self-concept of all children--including the involvement of parents. Ability to use the language, methods, and the curriculum appropriate to help each learner be successful.

   Having worked as a teacher, supervisor, and a director of bilingual/bicultural education programs, this writer proposes that one of the underlying causes of the educational failure of Spanish-speaking children in the U.S. is inappropriate instructional decision-making. Central to the teaching-learning process are the decisions that a teacher makes--what level of reader a student will read; what math group he will be placed in, etc. The basis for this decision-making is not always clear. Pedagogically then, the crucial issue is to make the appropriate <u>match</u> or <u>fit</u> between the child's dominant language and the curriculum. It is this writer's position that inappropriate instructional decisions are made from the first day a Spanish-speaking child enters the first grade.

   To illustrate this point: the sequence of the language arts skills is listening, speaking, reading, and writing. English-speaking children entering first grade are immediately placed into the reading and writing levels. For them, this is an appropriate instructional decision for they have had five or six years in which to develop the listening-speaking skills in English. A Spanish-speaking child enters the first grade and is placed at the identical level of the English language arts program. The decision to place the Spanish-speaking child into the reading and writing levels without the prerequisite oral language skills is pedagogically unsound--an inappropriate instructional decision. The frustration and failure that the child experiences is then easily understood. The failure is compounded day-after-day, year-after-year, until the student is forced to flee the schools in an attempt to survive psychologically.

   If the school designed a good bilingual education program, first grade children could enter an English language arts program and a Spanish language arts program at two different levels--the level appropriate to his skill development in the two languages. The following models serve to illustrate this position.

English Language Arts   Spanish Language Arts

            Listening   Listening
               +   +
            Speaking   Speaking

            Reading   Reading
               +   +
            Writing   Writing

                        English Speaker

English Language Arts   Spanish Language Arts

            Listening   Listening
               +   +
            Speaking   Speaking

            Reading   Reading
               +   +
            Writing   Writing

                        Spanish Speaker

Ask any teacher to name the most important area of the curriculum and he will more than likely say "reading." "It is probably not an exaggeration to say that reading is one of the most basic subjects in the curriculum (12)." Yet, this writer has seen so many teachers, principals, and even language arts supervisors who apparently do not see the relationship between language and reading. Theoretically, they can name the language arts skills in sequence, but in practice, they apparently cannot see the implications of this theory for Spanish-speaking children. It is not uncommon to find a principal or language arts supervisor admonishing the bilingual teacher of Spanish-dominant children to "Hurry up and get those kids started in the basal reader." As Peña (13) so aptly states, "As long as public schools insist on assuming that all these (Spanish-speaking) children can be treated as native speakers of English, and therefore are ready to read in that language, teaching them to read will continue to be a problem."

The responsibility of institutions of higher education is apparent: If we expect our teachers to become sensitive to the needs of culturally and linguistically different learners, we must prepare them. If we want teachers to make appropriate instructional decisions for each child, then we must help them develop the skills to do this. Excellent teaching is a highly complex process for which teachers have not been adequately prepared.

Finally, one other serious question arises in teaching Spanish-speakers. The bilingual teacher, referring to language dialects, often asks: "What Spanish shall I teach?" This question has already been answered if the teacher has internalized the cardinal principle of learning stated earlier--help the child move from the known to the unknown. The answer is that we begin instruction in the language dialect (vernacular) that the child knows and uses. The important issue here is the acceptance of the total child and the building of learning from this point. Acceptance of the child's language system helps to foster a positive self-image which is crucial to his future academic success.

Summary and Conclusion

This paper has (1) identified the need for quality bilingual/bicultural education programs in the U.S.; (2) described the typical dysfunctional responses made by the public schools when Spanish is the native language of the student; and (3) analyzed the issues and posed some alternatives for making appropriate instructional decisions for Spanish-speaking children.

Many issues were not within the scope of this paper: pre-service teacher education, in-service staff development processes, parental roles and involvement, curriculum acquisition/development, research and evaluation, and societal attitudes. All of these areas must be addressed in order to provide Spanish-speaking children, and indeed, all children, with excellent teachers and programs. Bilingual/bicultural education is gaining momentum and financial support. Now is the time to exert our concerted efforts to make this challenging and exciting task one that will help our children develop pride in their heritage, their language, and themselves so that they may become assets to themselves and their country.

References

1. Arciniega, Tomás. "The Ethnocentric Response of Public School Education to the Chicano: Implications for School Administrators," in Mazon, Manuel Reyes, ed. Adelante: An Emerging Design for Mexican-American Education. Austin, Texas: University of Texas, Center for Communication Research, 1972, 1-69.

2. Cárdenas, José and Blandina Cárdenas. "Chicano—Bright Eyed, Bilingual, Brown, and Beautiful." Today's Education. February 1973.

3. Ortego, Phillip D., "Montezuma's Children." Center Magazine. November-December 1970.

4. United States Commission on Civil Rights. The Unfinished Education: Outcomes for Minorities in the Five Southwestern States. Report II. Washington, D.C., 1971.

5. _____. Towards Quality Education for Mexican-Americans. Report VI. Washington, D.C., 1974.

6. Mazzone, Ernest J. Hearings Before the Senate Subcommittee on Education, S. 1539. Education Legislation, 1973.

7. Sánchez, George I. "History, Culture and Education," in
    Samora, Julian, ed. La Raza: Forgotten Americans. Notre
    Dame, Ind.: University of Notre Dame Press, 1966.

8. Carter, Thomas P. Mexican Americans in School: A History
    of Educational Neglect. Princeton, N.J.: College Entrance
    Examination Board, 1969.

9. Ramírez, Manuel III. "Bilingual Education as a Vehicle for
    Instructional Change," in Castaneda, Alfredo, ed. Mexican-
    Americans and Educational Change. Riverside, Calif.: Uni-
    versity of California at Riverside, 1971.

10. Fantini, Mario D. "Beyond Cultural Deprivation and Compen-
    satory Education," in Abrahams, Roger D. and Rudolph C.
    Troike, eds. Language and Cultural Diversity in American
    Education. Englewood Cliffs, N.J.: Prentice-Hall, Inc.,
    1972.

11. Zamora, Gloria. Hearings Before the Senate Subcommittee on
    Education, S. 1539. Education Legislation, 1973.

12. Michel, Joseph. "Teaching Spanish to the Spanish Dominant
    Child." National Conference on Bilingual Education, Proceed-
    ings. Austin, Texas: Dissemination Center for Bilingual/
    Bicultural Education, 1972.

13. Peña, Albar A. "Spanish-Speakers," in Horn, Thomas D., ed.
    Reading for the Disadvantaged, Problems of Linguistically
    Different Learners. New York: Harcourt, Brace and World,
    1970.

Language Teaching

javier e. galicia gómez

The Dirección General de Educación Extraescolar en el Medio
Indígena (DGEEMI) Centers for Social Integration are creating
materials and methods based on the individual needs of the students and the social, cultural, and economic conditions of the
indigenous regions they serve. This paper presents a detailed
blueprint of the program in Eloxochitlán, Oaxaca. Teaching materials and methods are based on objects, sounds, and experiences
familiar to the students. Instruction begins in the indigenous
language, with Spanish introduced later. The program stresses the
importance of the teachers' attitudes toward their students and
their profession. Instruction is adapted to individual learning
styles and pace. The methodology and materials are explained,
classroom situations and strategies for interaction are presented.

The paper lists the teaching aids and classroom equipment used, and describes their purpose and how they are employed. The paper concludes by discussing the principles on which the Center's approach is based and outlining the steps followed in designing and implementing a course of study which will meet the students' aptitudes and needs.

Enseñanza del Lenguaje

javier e. galicia gómez

Todos estamos obligados a contribuir para el mejor desarrollo de
la educación en nuestro pueblo, pero más obligados estamos
aquellos que adquirimos un compromiso con la sociedad para servir
de guía a las generaciones futuras. Qué mejor que nuestra Dirección General de Educación Extraescolar en el Medio Indígena
(D.G.E.E.M.I.) haga de su trabajo como parte medular la preocupación por encontrar los métodos que realmente sean aplicables a
nuestro medio y no se concrete a tratar de imitar la educación
de otros medios. El C. Jefe de Departamento de Centros de Integración Social (C.I.S.) de la D.G.E.E.M.I. reune a elementos de
diversas regiones de nuestro país para tratar de desarrollar un
nuevo método de enseñanza que se adapte a las necesidades del
lugar de trabajo, tomando en cuenta las condiciones socioeconómicas que en el imperan. En forma breve, trataré el tema relativo
a la enseñanza entre los diversos grupos indígenas de nuestra
patria.

Lo que presento primero es una pequeña aportación de acuerdo
con los cursos que tuvimos para iniciar el cambio en los C.I.S.
Creo que para mejor valorar dichos cambios son necesarias las
experiencias de todos los demás profesores que, como yo, iniciamos
la aplicación de la reforma que tan urgentemente nos hace falta.

Empezaré por la organización de los grupos. Algunos de los

requisitos son los siguientes:

a) Tener de 14 a 17 años de edad.
b) Hablar un idioma indígena.
c) Ser indígena.
d) Tener interés por aprender.
e) Ser de condición económicamente baja.

Una vez que contamos con el alumnado, se les agrupa según el registro de inscripción. Cada grupo no debe sobrepasar de 26 alumnos de diferentes edades cronológicas y niveles de escolaridad. El maestro debe hacer una evaluación de cada componente de su grupo para poder planear la debida enseñanza individual y para colocar a cada alumno en uno de los tres niveles que se explican a continuación:

Nivel Básico: Comprende la capacitación inicial del español oral y de la lectura y escritura.

Nivel Medio: Tiene mucho más habilidades que en el Nivel Básico, sobre todo de expresión, lectura y la aplicación de conocimientos que le serán útiles durante toda su vida.

Nivel Avanzado: Este nivel implica en sí la ampliación de las habilidades del Nivel Medio, sobre todo en su aplicación.

La capacitación de los alumnos en estos niveles se hace hasta que el alumno domine todos los objetivos avanzando a su propio ritmo.

Cuando el alumno ya está situado en determinado nivel, debemos ver que la primera impresión que tiene es buena, para que nos tenga confianza, que se sienta en familia, y que comprenda que él es una persona como cualquier otra y que, si se lo propone, puede llegar a obtener todo. Hay que aprovechar al máximo el terreno que estamos preparando. Debemos quitarle el complejo de inferioridad que tiene y que se ha venido transmitiendo de generación a generación, debido a la sojuzgación que han sufrido todos los indígenas por parte del mestizo y más del hombre blanco. Estas orientaciones se dan constantemente durante todo el curso y no solamente dentro de un aula sino en forma informal ocupando pasillos, canchas, etc.

Un profesor puede saber muchas técnicas para la enseñanza, pero no es el saber lo que hará que un alumno aprenda, sino la aplicación correcta de dichas técnicas. En nuestras escuelas debemos tener en cuenta la individualización porque cada alumno tiende a reaccionar en forma diferente ante una misma situación. Como consecuencia es necesario explicar en forma diferente un mismo tema.

Lo que tratamos de hacer en los C.I.S. es que tanto el profesor como el programa estén siempre en función del alumno y no como se ha hecho tradicionalmente que el profesor y el alumno estén en función del programa. Esto lo podemos lograr solamente en forma individualizada en donde cada alumno avance a su propio ritmo, a la medida de sus esfuerzos poniendo en juego los recursos de su personalidad, y no al ritmo que le imponga el profesor. El profesor debe conocer el modo de aprender de cada alumno, guiarlo, tratar de ser un compañero más, con una poca más de experiencia.

Debemos tomar en cuenta que el alumno, cuando llega, tiene la necesidad de aprender ciertos conocimientos que le permitirán satisfacer otras necesidades. Ya cuenta con ciertas experiencias; solamente le hace falta aprender los símbolos para poder representar las experiencias adquiridas.

Ya sabemos que en el Nivel Básico los alumnos no saben leer ni escribir o saben una que otra letra, y que muchos no hablan el idioma oficial. Entonces el profesor debe saber hablar el idioma materno de los alumnos o ser muy hábil para hacerse entender. La ventaja de hablar el idioma indígena es que el alumno toma más confianza en el profesor y no lo ve como a un extraño.

Yo me valí de sonidos o fonemas que se oyen en el medio en que se desarrolla el alumno, presentando primero los dibujos de personas, animales y cosas que emiten sonidos para que el alumno diga si los conoce, originándose un juego para ver quién emite mejor dichos sonidos. Todos participan.

Se inician ejercicios para aprender la letra script. Se representan las acciones que realizan cada una de las personas, animales y cosas.

Ejemplos:

ESPAÑOL	HUASTECO	MIXTECO	TOTONACO	MEXICA	MAZATECO
niño	téele	suchi	cahúes	oquichpil	ti
señor	ínic	belo	chixcó	taagat	she
señora	úshun	bela	pascat	sihuatl	choh
abuelito	man	ño	chixcó	tatita	naíshchá
caballo	bichim	cuayu	cahuayo	cahuayo	nashí
gato	mishi	bilu	mitzi	miston	chitó
perro	pícó	ína	chichí	itzouinti	nañá
burro	burro	mentu	ashno	burro	burro
gallo	coshol	líi	pullo	pío	pío
gallina	pilta	lía	shtila	sihuapio	shóndá

papá	grita en el monte	ouuuu
abuelito	tose	caj caj caj
señora	cansada	j j j j j j
niño	llora	ñ ñ ñ ñ ñ ñ
caballo	relincha	iiiiiiiiiii
	quiere comer	prrrrr prrrrrrrrr
gato	maullido en la noche	miauuuuu miauuuuuuuu
	" en la casa	miau miau miau
	enojado	fffffffffffffffff
perro	ladra	guau guau guau
gallo	aletea y canta	plaf plaf quíquiriquí
gallina	clueca	clooc clooc clooc
	criando	clocloc clocloc
	después de poner	cacaracacaaaa
ratón	chilla	iiiiiiiiiiiiiiiiii
vaca	muje	muuu muuu muuuuu
rayo	trueno	bunnntrunnnn
cohete	sube y truena	sssssssssspunnnn
árbol	suena con el aire	ssscraccrrssscracssss
puerta	se cierra fuerte	trassssss

Las láminas para estos ejemplos pueden estar solas o pegadas en
una sola tira y en una caja se enreda dicha tira para irla pasando
conforme se necesite, pudiéndose adelantar o regresar con las
manijas que tiene a los lados.

También es muy importante ir conociendo el medio ambiente y
sus alrededores.

Ejemplo:

Nin cuahuitl tlen color quipía	quipía color xoxoctic
Este árbol qué color tiene	tiene color verde
Nin miston tlen color quipía	quipía color costic
este gato qué color tiene	tiene color amarillo

Los alumnos dibujan y pintan. Esto les gusta mucho y al
terminar escriben su nombre en idioma indígena bajo la dirección
del profesor.

Con esto iniciamos la escritura de los signos de acuerdo a
los sonidos que identifica inmediatamente. Varios niños escriben
en el pizarrón los signos de los sonidos que ya pueden identificar.
Luego unen sonidos para oir como se oye cuando lo dice otro. Así
se sigue hasta que pueda relacionar sonidos con nombres. También
empezamos a hablar el español, ya que hasta ahora sólamente lo
hemos hecho con la lengua materna del alumno. Para la práctica
del español se emplean diálogos, todos participando, primero en el
idioma indígena y luego en el idioma español. Por ejemplo:

Buenos días señor. Durmió bien?	Yatlaca tlacatl. ocuchqui cuali?
- Un poco mal, está algo dura la cama. ¿Qué hora es?	- se pichintzin amo cuali, inin itla tlacuhuan nequic cama. ¿Tlen hora niqui?
Son las ocho horas.	Quequi chicueyi horas.
- He dormido sin despertar toda la noche pero oí que aullaban los coyotes.	- E onicochqui cuali onitemic nochi llocuac onicac nequi otzatzialla nequi tehuani.

De esta manera se sigue el diálogo, previamente escrito por el
profesor.

El alumno al ir aprendiendo a escribir, va aprendiendo a leer
y luego empieza a hacer pequeñas frases, luego pequeños textos

libres que el maestro va corrigiendo para después empezar a tradu-
cir al español. Tan pronto como el alumno empieza a leer, quiere
conocer más y más. Es en ese momento en que tiene que individualizar más la enseñanza y es también cuando el profesor conoce
mejor la forma de hacerse comprender por dicho alumno. Como el
grupo es heterogéneo, para facilitar la individualización se
pueden formar otros grupos dentro del mismo grupo: parejas,
equipos, grandes grupos. Estos se van formando cuando los alumnos
que lo integran tienen el mismo tipo de problema y se van desinte-
grando conforme los alumnos vayan superando dicho problema. Para
mejor control de los alumnos utilicé otro tipo de división que
solamente yo conocía y fue así:

Nivel Básico: bajo - medio - superior próximo al medio.

Nivel Medio: bajo - medio bajo - medio - medio alto - alto
próximo al avanzado (al terminar este, el alumno puede recibir el
Certificado de Educación Primaria).

Nivel Avanzado: bajo - medio - superior.

A los alumnos con más o menos el mismo grado de conocimientos
en lenguaje, a la hora de tutoría los podía sacar más fácilmente
de los diferentes grupos. La manera para identificarlos era con
colores que yo iba cambiando conforme el alumno superaba esta
etapa.

Pudiera yo recomendar algunas cosas, pero solamente voy a
exponer la manera como trabajé con mis compañeros. Como era un
buen número de alumnos, elaboramos un expediente personal, basándonos en la psicotécnica pedagógica, y nos repartimos por igual el
total de los alumnos, sin escogerlos entre los cuatro profesores
de área. De esa manera podíamos consultarnos para tratar de darle
solución al problema que se presentara.

Los puntos que expusimos en el expediente de cada alumno
fueron de la siguiente manera:

    I. Datos Generales (una sola vez)
   II. Datos Somático-Funcionales (observación mensual)
  III. Datos Psicológicos (observación contínua)
   IV. Datos Socioeconómicos y Biográficos (observación contínua)
    V. Datos Escolares (una sola vez)

   VI. Ocupación del Tiempo Libre (observación regularmente
         contínua)
  VII. Guía General de Conducta--¿Por Qué? (observación contínua)
         en la escuela, en el aula, fuera del aula con el grupo,
         durante los juegos, con otros maestros (materias, talle-
         res, de servicio), en la calle, y en otras actividades
         extracurriculares)

     El aula que se ocupa debe estar debidamente equipada ya que
esto juega un papel muy importante en la transformación que estamos realizando. El aula laboratorio fue integrada de la siguiente
manera, organizándola a mi criterio:

1. Fichero.

2. Diccionario de Pared.

3. Lecturas (diversos libros
    y revistas).

4. Juegos de palabras (para
    formar oraciones en el
    franelógrafo).

5. Máquina de escribir.

6. Mesa de dados (juego
    gramatical).

7. Juego de ortografía (tiras
    con palabras).

8. Mesas para juegos, pintura,
    impresión de hojas en
    mimeógrafo.

9. Sillas individuales (hacer
    textos libres o fichas).

10. Trabajos de los alumnos
     (textos, cuentos, poesías,
     etc.).

11. Gráficas (de evaluación).

12. Programa (guía sugerida).

13. Libros de consulta (diver-
     sos).

14. Mesa para fichas o pláti-
     cas con el profesor, y
     para el proyector.

15. Pizarrón (diversos traba-
     jos o colocación de pan-
     talla para proyección y
     franelógrafo).

16. Diversos materiales (pro-
     yector, láminas, pinturas,
     pinceles, mimeógrafo, etc.).

17. Abecedario letra script,
     mayúsculas y minúsculas.

Ahora voy a hablar de cada uno de los materiales:

1. FICHERO. Es una caja con varios compartimientos en donde
se colocan fichas de trabajo que el alumno va contestando en su
cuaderno. Estas tienen una secuencia de acuerdo a los puntos del
programa. Cuando un alumno tiene un problema con alguna ficha, se
investiga y si este ocurre por falta de claridad en la explicación,
entonces se le cambia, procurando siempre que estas fichas sean
elaboradas con mucho cuidado para evitar que sean demasiado difíciles o demasiado fáciles. Para buscar la secuencia, es necesario
conocer el programa. Vamos a suponer que tenemos el punto 71;
cada punto puede tener muchas fichas, según el alumno de que se
trate. Por ejemplo, supongamos que el punto 71 tiene 71a, 71b,
71c, 71d, 71e. Si un alumno dice que ya sabe el punto 71, no es
necesario que haga dichas fichas; solo hay que comprobar que
efectivamente lo sabe. Más si aún le falta un pequeño refuerzo,
entonces se elabora una ficha especial para él. Pero si hay otro
punto que aún con estas fichas no domina, entonces es necesario
ver cual es su problema, consultar su expediente personal, hacer
otro tipo de ficha, hasta que se vea que pueda dominar dicho
punto.

2. DICCIONARIO DE PARED. En una tabla rectangular se cuel-
gan pequeñas cajas y tabletas de papel en blanco con las letras
del abecedario en cada una respectivamente. En otro extremo de la
tabla se coloca una caja grande conteniendo tarjetas en blanco.
Si un alumno al leer encuentra una palabra que no comprende, va a
las hojas y busca la que tenga la inicial con que empieza la
palabra buscada. Si ya está apuntada, busca la tarjeta en la
cajita correspondiente y se da cuenta de lo que se trata. Más
si aún no ha sido apuntada, entonces saca una tarjeta en blanco,
investiga lo que significa y lo anota en dicha tarjeta, ilustrán-
dola con un dibujo o recorte y pone su nombre como investigador y
la fecha. Después apunta la palabra investigada en la hoja
correspondiente para evitar repeticiones. Así el alumno grava
mejor el significado de la palabra, aprende a usar el diccionario
o a investigar por otra fuente, se da cuenta de que investigando
se puede aprender más, aprende a ordenar las cosas, practica la
letra, siente que es tomado en cuenta y aprende a valerse por si
sólo.

3. LECTURAS (diversos libros y revistas). Se deben tener diversos materiales de lecturas que agraden a los alumnos. El profesor debe escogerlos cuidadosamente para que no decaiga el interés en leer.

4. JUEGOS DE PALABRAS. Se escriben palabras que tengan diferentes funciones gramaticales. El alumno debe colocarlas en el franelógrafo, tratando de formar una oración correcta. Por ejemplo:

| El | perro | blanco | ladra | en | el | patio | de | mi | casa | . |

5. MAQUINA DE ESCRIBIR. El alumno aprende a usarla y a mecanografiar sus cuentos o textos libres, etc.

6. MESA DE DADOS. En una cartulina se anotan una serie de signos dándoles el significado de la función gramatical que representan. Estos mismos signos se escriben en unos dados de tamaño regular. Este es otro medio para que el alumno forme oraciones.

CARTULINA   DADOS

SIGNOS   SIGNIFICADO

ARTICULOS (Todos)
NOMBRES (Todos)
ADJETIVOS (Todos)
ADVERBIOS (Parte)
VERBOS (La mayoría)
PRONOMBRES
CONJUNCION
PREPOSICIONES DIRECCIONALES
PREPOSICIONES LOCATIVAS
PREPOSICIONES LIMITADORES
VERBOS COMPUESTOS

EL   CABALLO   QUIERE   CORRER   HASTA   ALLA.

7. JUEGO DE ORTOGRAFIA. Es una cartulina por la que se insertan tiras con palabras según sea la letra que se requiere aprender. Dicha letra se cubre con una parte de la misma cartulina y el alumno trata de decir si es correcto como él lo escribió y luego hala la tira para ver si efectivamente está bien, ejemplo:

```
|  U   R   R   O  |          |  B   U   R   R   O  |
|  A   E   J   A  |          |  A   B   E   J   A  |
|      A   C   A  |          |  V   A   C   A  |
```

8. MESAS. Se usan para juegos, pintura, impresión de hojas en mimeógrafo.

9. SILLAS INDIVIDUALES. Los alumnos las usan para hacer textos libres o fichas.

10. TRABAJOS DE LOS ALUMNOS. Es una especie de periódico mural dentro del aula, en donde los alumnos colocan sus trabajos para que otros alumnos puedan verlos. Estos trabajos pueden ser textos, cuentos, poesías, etc.

11. GRAFICAS DE EVALUACION. Estas están a la vista de todos. No sólo se anota el progreso de cada alumno sino que también sirve para llevar cuenta de las tareas que cada uno ha completado.

	43	44	45	46	47	48	49	50	51	52	53	54	55
ELEAZAR BETANZOS TERAN	X				X	X	X		X		X	X	
JUAN SANCHEZ LOPEZ			X					X			X	X	X

12. PROGRAMA (Guía sugerida). El alumno debe conocer el programa que se le tiene marcado, pero no para que forzosamente tenga que seguirlo en numeración corrida. El por su cuenta puede realizar uno o varios puntos sin que el profesor tenga que indicarle que lo haga. Luego se hace la comprobación. Cabe aclarar que dicha guía ha sufrido muchas reformas de acuerdo con las experien-

cias que aportaron los diferentes profesores de los C.I.S. durante un curso escolar.

13. LIBROS DE CONSULTA. Estos tienen que estar relacionados con las fichas que haya o con la guía programática.

14. MESA (para fichas, pláticas con el profesor o para poner el proyector).

15. PIZARRON. Se usa para diversos trabajos, ya sean escrituras de los alumnos, colocación de pantalla para proyección, franelógrafo, etc.

16. DIVERSOS MATERIALES. Es un mueble en el que se colocan materiales tales como, proyector, láminas, papel crepé, papel lustre, resistol, pinturas, pinceles, mimeógrafo, etc.

17. ABECEDARIO LETRA SCRIPT (mayúsculas y minúsculas). Sirve de ejemplo para todos los alumnos con el fin de que siempre utilicen este tipo de letra.

Notas que pueden ser aplicadas en la Reforma Educativa que se está llevando a cabo en los Centros de Integración Social

Afirmaremos lo que decía Locke: "Yo no dudo de que una de las razones por la que la mayoría de los niños se abandonan a vanas diversiones y emplean todo su tiempo en tonterías, es porque han visto que los adultos despreciaban su curiosidad y no prestaban ninguna atención a sus problemas. Los dos deseos de la acción humana son el deseo y la capacidad de prever. Si podéis prever que el niño muestra alguna inclinación determinada, valorízala al máximo y sírvete de la misma como de un medio para promover su actividad, haciendo que en él nazca el deseo de aplicarse en algo."

William James nos dice en su célebre afirmación "Nosotros no vivimos para pensar, sino que pensamos para vivir."

Una ordenada construcción sistemática se encuentra en John Dewey, quien formuló con claridad su principio fundamental: "Lo que constituye la unidad de la conducta de un ser no es la

sensación ni la reacción, sino una síntesis de ambas que denominamos funcional, es decir, un acto adaptado."

La psicología funcional se basa en determinadas leyes, y
Claparede las muestra con agudeza. Están sobreentendidas
en todos los sistemas llamados dinámicos:

1. Cada necesidad tiende a provocar unas reacciones adecuadas para satisfacerla.

2. El desarrollo de la vida mental es proporcional a la
diversidad existente entre las necesidades y los medios para
satisfacerlas.

3. El individuo toma conciencia de un proceso, de una relación, de un objeto, más lentamente cuanto más su conducta se ha
servido del mismo, automática e inconcientemente.

4. Cada necesidad que, por su naturaleza, corre el riesgo de
no ser satisfecha inmediatamente, se manifiesta con anticipación.

5. Cada conducta está determinada por un interés.

6. En cada instante un organismo actúa en la dirección de su
mayor interés.

7. Cada necesidad tiende a reproducir las reacciones o
situaciones que le han sido anteriormente favorables y a repetir-
las: conducta que, en circunstancias oportunas, ya ha obtenido
éxito.

8. Cuando la situación es nueva hasta el extremo de no evo-
car ninguna asociación por analogía, o cuando la repetición de una
conducta, que resultó eficaz en el pasado, falla, la necesidad
pone en práctica una serie de reacciones de búsqueda.

9. Cuando el equilibrio perturbado no puede restablecerse
por medio de una reacción adecuada, se compensa con una reacción
antagónica de la desviación en que ha incurrido.

10. En cada instante de su desarrollo un ser viviente constituye una unidad funcional, lo cual significa que sus capacidades
de reacción son adecuadas a sus necesidades.

También en el aprendizaje podemos decir lo siguiente:

1. La inteligencia está dotada de un dinamismo propio y, por lo consiguiente, el aprendizaje nace del interior.

2. El aprendizaje es una operación libre, subjetiva y personal: el alumno es quien desempeña el papel principal en su instrucción.

3. El maestro ejerce una casualidad auxiliar que actúa, sobre todo, sobre las fuerzas que pueden facilitar la acción de la inteligencia y de la voluntad, es decir, sobre la motivación.

Ante la resolución de un problema, cada individuo reacciona en forma distinta ante un mismo estímulo, tanto si este consiste en un programa, en un grupo, en un ambiente, en una disciplina. A pesar de que estos factores pueden considerarse como favorables o desfavorables, constituyen, no obstante, las condiciones de la actividad educativa, que es variable, ya que depende de las diferencias individuales. Dichas diferencias comportan unas consecuencias pedagógicas que se resumen en la aspiración de individualizar la enseñanza.

En los C.I.S. se encuentran jóvenes que tienen que ser tratados en forma individual y colectiva: individual de acuerdo al interés y capacidad de cada uno y colectiva en relación con la sociabilidad de acuerdo a un interés general. Por lo mismo diremos que uno de los sistemas de enseñanza que quiere romper con lo tradicional, es la enseñanza individualizada, pero sin olvidar lo social. Entendiéndose por trabajo individualizado "AL CONJUNTO DE PROCEDIMIENTOS QUE PERMITEN A CADA UNO DAR SU MAXIMO RENDIMIENTO Y PONER EN MARCHA TODOS LOS RECURSOS DE LA PROPIA PERSONALIDAD." Este tipo de organización tiende a desarrollar el sentido de responsabilidad y el espíritu de solidaridad, procurando al mismo tiempo que se convierta en colectivo el trabajo y las actividades en las que los alumnos puedan diferir legítimamente entre sí.

El programa queda subdividido en unidades y por consiguiente se puede proyectar el sentido en que se va a laborar de acuerdo a los intereses de cada uno de los alumnos. Dicha subdivisión debe ser muy cuidadosa con el fin de que ofrezca posibilidades de trabajo. Es preciso, además, que se disponga de una hoja guía que indique el deber de acuerdo con tres niveles de habilidad, que dé

las directrices a los educandos y que prevea el trabajo a desarrollar en grupo.

Las ventajas de subdividir en unidades al programa para la
individualización de la enseñanza son: (1) El tema se subdivide
mejor según tres grados de dificultad. (2) Puede asignarse trabajo suplementario para ayudar a los que tienen problema y enriquecer el programa de los avanzados. (3) Las tres cuartas partes
están dedicadas al trabajo individualizado, bajo la dirección del
maestro. (4) La motivación se hace más fuerte, ya que el alumno
ve que se le asignan unos fines que están a su alcance. (5) El
esfuerzo que se exige es de acuerdo a las capacidades de los alumnos y se lleva a cabo en una atmósfera de amistad.

Debemos guiar a los alumnos a fin de que tengan el espíritu
de solidaridad, de responsabilidad, de iniciativa, con la ambición
de dar a la enseñanza un aspecto de vida real, insistiendo especialmente en la educación de la libertad. De esta manera es, al
mismo tiempo, método de enseñanza, de estudio y de vida.

El plan para este trabajo es un problema que se presenta a la
inteligencia y al que se dedica el máximo esfuerzo con el fin de
llevarlo a una situación normal, teniendo también en cuenta que
si se proyecta bien, este trabajo asegura la aplicación de los
siguientes principios: (1) La continuidad de los conocimientos;
(2) la educación, cuyo centro es el alumno, o método activo; (3)
la exigencia de la motivación, del interés, de la necesidad,
debiendo el plan estar dictado desde dentro; (4) el aprendizaje
considerado como la persecución de un fin; (5) la necesidad de la
actitud-problema que reorganiza la experiencia; (6) la necesidad
de desarrollar socialmente al alumno a través del culto de la
solidaridad; (7) la existencia y la exigencia de las diferencias
individuales.

Las etapas en las que se realiza este proyecto de trabajo o
plan son como sigue:

1. Descubrimiento de una situación. El maestro ayuda a ver
el problema, sugiere más proyectos, ayuda a los alumnos a sensibilizarse.

2. Definición, formulación o determinación del proyecto con
el fin de alcanzar. El maestro ayuda siempre a los alumnos

teniendo en cuenta que su misión, en esta fase, es suscitar sentimientos de solidaridad y de unión de esfuerzo.

3. <u>Organización del Plan</u>. El maestro no dice lo que debe
hacerse, sino hace comprender la necesidad del Plan, dirige
preguntas, induce a reflexionar.

4. <u>Realización del Plan</u>. El maestro observa el orden de
desarrollo.

5. <u>Juicio de los resultados</u>. El maestro induce al alumno a
juzgar si ha habido o no progreso.

6. <u>Satisfacción o descontento por el éxito de los proyectos
y el resultado alcanzado</u>. El maestro demuestra que el resultado
debe servir para un proyecto próximo.

Otras etapas dentro de las unidades de trabajo son las
siguientes: (1) La exploración, que el educador lleva a cabo para
conocer, ante todo, el aprendizaje escolar de sus alumnos y para
descubrir cuales de ellos precisan ayuda. (2) La presentación
consiste en la elaboración de un plan esquemático y sintético de
las unidades de trabajo; pero, en vez de ser realizado por el
maestro, se forma a través de una libre y animada conversación, en
la que se discuten las preguntas de los alumnos. El educador
corrige los errores observados en la etapa anterior y allana las
dificultades iniciales. (3) La asimilación es la fundamental y su
misión es la de asegurar el dominio de los conocimientos en las
unidades. Se resume en un período de estudio directo, durante el
cual los alumnos trabajan por su cuenta o en grupo, recogiendo el
material y consultando manuales y libros de información. (4)
También puede haber un momento de organización general en la que
se hace un sumario y una síntesis ordenada de las nociones adquiridas. Individualmente o en pequeños grupos, sin libro, los
alumnos discuten, comparan, coordinan y elaboran.

Development of materials for bilingual education

Preparación de Materiales de Lectura: Experiencia (de los Navajos) en la Escuela Rock Point

wayne holm

Para los Návajos de hoy día, las alternativas educativas son cabales: o bien los návajos, como individuos, serán asimilados por "la escuela," o los návajos como grupo asimilarán "la escuela."

Este escrito se refiere a los esfuerzos del Rock Point Community School para desarrollar "una educación návaja de excelencia." La alfabetización inicial en návajo es vista como el punto de partida esencial y como un componente indispensable para la educación návaja de excelencia. Los návajos, afortunadamente, han tenido ortografía práctica desde los últimos 35 años. La escuela ha tenido que desarrollar sus propios materiales de alfabetización inicial que, aunque imperfectos, no son tan inapropiados como los materiales existentes de T.E.F.L.

Para aquellos que desean desatender la alfabetización inicial
en návajo, el autor señala los beneficios psicológicos, socioeconómicos y políticos de la alfabetización inicial.

Discute los modos de abordar la enseñanza de lectura y las
teorías del proceso de lectura preparatoria y su aprendizaje. Sin
embargo, el autor nota que aún se desconoce cómo uno lee y cómo
se aprende a leer. De todos modos, los niños návajos aprenden no
solo a leer sino que aprenden a leer muy bien, a pesar de que los
materiales usados son bastante imperfectos.

Si existiese una educación návaja excelente, deberíamos hacer
uso de todo lo que esté a nuestro alcance, de la nueva lingüística, de la nueva psicología y de la nueva corriente de análisis
relativa a la lectura. No debemos desconfiar en nuestro sentido
común.

El autor concluye diciendo que el plazo es corto para las
comunidades návajas, como también lo es para otras comunidades
indígenas de las Américas. A menos que dentro de este decenio se
desarrolle en las comunidades návajas un programa viable de alfabetización, la educación bilingüe no será una opción real para las
comunidades návajas en los años del decenio de 1980.

The Development of Reading Materials:
The Rock Point (Navajo) Experience

wayne holm

Almost four years ago, the monolingual Navajo School Board at
Rock Point, Arizona undertook initial negotiations to "contract"
to operate the federal school at Rock Point. In the ensuing
months, the Board was asked (among many other things) to formulate
an explicit written statement of their "educational philosophy."
Their formulation, as it was phrased into English, was that they
hoped to develop and conduct a program of "quality Navajo education" for the elementary schoolchildren of Rock Point through
community control.

Quality Navajo education is a facile phrase, much easier to
say than to realize. But for Navajos today, the education alternatives are rather stark: Either Navajos, as individuals, will
be assimilated by the school or Navajos, as communities and as a
people, will assimilate the school. Our efforts to develop programs of quality Navajo education, such as the program of initial-
literacy-in-Navajo, have resulted and will result in relatively
"crude" initial programs. We cannot be content with these; we
must continue working to improve the quality of these programs.
An insistence on quality must not be used as an excuse to forego
efforts to develop Navajo education programs; an insistence on
Navajo must not be used as an excuse to forego efforts to develop
quality education programs.

This paper attempts to discuss the use of expertise from
other disciplines in the development of initial-reading materials
for Indian children. For brevity's sake, no mention has been made
of the essentially sociopolitical context of biliteracy, of
specific curriculum developments, and of specific examples of
material development. It is hoped that the Rock Point Navajo
experience would speak to the condition of other Indian communities in the Americas.

An Orthography

The Navajo are fortunate, among Indian tribes in the United
States, in having had a practical orthography for the last three-
and-a-half decades. It is the early, largely unused, materials
of Robert Young (an Anglo) and William Morgan (a Navajo) that made
possible the initial-literacy-in-Navajo programs of the late 60's.
Other tribes, not so fortunate, are still working on, or fighting
about, the orthography.

There have been a number of rather extensive papers in
English on the development of orthographies in the last two
decades (1). The Czech linguist Vachek (2) sees an orthography as
an attempt to represent both sound and meaning. The phonemic
aspect of orthography is based on a principle, same sound--same
symbol; the morphemic aspect is based on a principle, same mean-
ing--same symbols. Implicit in the dual role of an orthography is
the consequence that no orthography can represent both sound and
meaning consistently. Any real orthography is an elaborate set of
compromises between the two principles.

We have had, in the U. S. and Canada, a relatively long
tradition of the transcription of texts from Indian languages.
But by non-Indians for non-Indian purposes. As a result, most
linguists tended to assume that their phoneme inventory of a given
Indian language was the orthography. But a technical orthography,
for use by non-native speakers, must attend only to linguistic
factors. A practical orthography, for use by native speakers,
must attend not only to (sometimes different) linguistic factors
but also to (sometimes conflicting) sociopolitical, typographic,
economic, and pedagogical factors.

Venezky has suggested that two different orthographies might
be used for beginning and for advanced readers (3). Beginning

readers might learn to read more effectively with a more fully marked, more phonemic, orthography. Advanced readers might learn to read more efficiently with a less fully marked, more morpho-phonemic, more morphemic, orthography. And indeed many world languages do make use of more fully marked orthographies for children.

Orthographies are important. But their importance can be overestimated. Gudschinsky has suggested that children can be taught to read from some rather "poor" orthographies--if the "inconsistencies" of the orthography are taken into account in the preparation of initial reading materials (4).

The Reading Approach

Early efforts to teach reading-in-Navajo to middle-grade children soon convinced us that a more analytic approach might be more successful than a more synthetic approach. Certain charac-teristics of Navajo word structure and of Navajo orthography served to strengthen this conviction.

The earlier efforts to "apply" linguistics to the teaching of reading in the U. S. were essentially analytic. Bloomfield attempted to exploit the grapheme-phoneme correspondences inherent in the spelling of monosyllabic English words (5). Fries pointed out contrasting "patterns" of sets of graphemes and sets of phon-emes (6). Chall, though not a linguist, concluded in her compre-hensive study of the (to her) two basic approaches to reading that "...the research from 1912 to 1965 indicates that the code-emphasis method...produces better results [than the meaning-emphasis method method], at least up to...the third grade (7).

But in the last few years, the application of computer tech-nology, of concepts from the psychology of perception, information theory, and psycholinguistics (as influenced by generative-transformational grammar, and generative phonology), have all been used to give us a much richer analysis of the complex act of reading and have tended to be used to support more synthetic approaches to initial reading instruction.

Goodman, in an influential paper, characterizes reading as a "psycholinguistic guessing game (8)." A recent review by Morrison summarizes Smith's presentation of similar views: "...a skilled... reader practices a sophisticated art that gives him a statistical hierarchy of options. He can always drop down in sophistication...

...The model of simple sequential decoding can explain reading
only at its lowest and slowest levels...(9)." Kolers, in another
influential paper, contends that "reading is only incidentally
visual (10)."

But explicit or implicit in the new thinking about reading
is an acceptance that children (or beginning readers) and advanced
(usually adult) readers bring somewhat different abilities and
somewhat different strategies to the act of reading.

Goddman sketches an attractive three-stage model of learning
to read. At the earliest, or lowest level, a child may be thought
of as sounding out letters, letter patterns, or word patterns,
saying these aloud, and deriving meaning from what he hears himself say (11). Smith is even more explicit:

> The beginning reader...must deduce meaning from surface
> structure. ...[this] requires a maximum of visual infor-
> mation. Since there is no prediction of what surface
> structure will be, the novice reader is forced to
> analyze all the constituents of the surface representa-
> tion in order to apply his syntactic skills....this is
> a slow and laborious process that is almost certain to
> result in a loss of comprehension (12).

Initial reading, then, is much more than just incidentally
visual. And it may be necessary to teach "simple sequential
decoding" if children are to be able to drop down to this lowest
and slowest level of reading when higher and faster levels don't
make sense.

Crudeness and Common Sense

Those Navajos who teach reading-in-Navajo at Rock Point
learned to read Navajo and to teach reading-in-Navajo only after
they began work at the school. Initial-literacy materials have
been drafted, almost literally, nights and weekends. Teachers
have been, of necessity, "crude," linguistically naive, and
relatively simple.

Most of the research of the last decade might lead one to
ask, "So why develop such crude, linguistically naive, simple
programs?" And a number of linguists, along with overwhelming

numbers of non-linguists, have asked just such questions.

But recommendations that we should bypass initial-literacy-in-Navajo imply that better education programs are available. But our own observations would suggest that most Reservation programs of instruction in English-as-a-foreign-language and reading-in-English-as-a-foreign-language are in practice even cruder than our program.

Those who advocate, on narrowly linguistic grounds, bypassing initial-literacy-in-Navajo overlook the potential psychological, socioeconomic, and political benefits of such programs (13). The child is more secure in going to school in his own language. He learns how to go to school. Knowing he can sound out anything written in Navajo, even by "simple sequential decoding," gives the child a sense of mastery he will not achieve until much later (if at all) in English. Hiring community people as teachers brings jobs and money into the community. Navajo teachers give the children (and the community) new role models. Navajo-language schools afford parents and community leaders increased opportunities to control their children's education.

It is as if we are being told, "Since you don't have a car, you'd best either walk or catch a ride with us." To which we would say, "Perhaps a horse is best, for there are no roads where we wish to go."

We are no longer convinced that speaking Navajo is a problem; it is an asset. We know that the children of other poor and/or rural Indian tribes who no longer speak their own languages do no better in English-language schools than do our children. And that, of late, our first and second graders are writing language experience stories and booklets in Navajo that would be the envy of any middle class suburban Anglo school. Our real problem is that we are not, despite our best efforts, as successful in teaching English and reading-in-English in an essentially non-English-speaking community.

With the new thinking about reading, there should be a new humility about the correct way to teach reading-in-English to non-English-speaking children in non-English language communities. We know that most children do learn to read in most schools in the world. And that, in all schools, some children do not learn

to read, whatever the language, or orthography, or teaching
methods. We still know relatively little about how we read, or
how children learn to read. Given this situation, why not teach
Navajo children to read in Navajo--if it works? We would contend
that Navajo children will learn to read and to read well from
relatively "crude" materials IF the learning-to-read program is
at least reasonably consistent and IF the children, their
teachers, and their parents feel they are getting somewhere--
i.e. that the children are learning, or will learn, to read.

The Use of Expertise

Time is running out for Navajo communities as it must be for
many if not most Indian-language communities in the Americas. I
am convinced that unless viable literacy-in-Navajo programs are
not off the ground within this decade, biliteral education will
not be a real option for Navajo communities in the 80's.

If initial-literacy programs are to afford Navajo children
quality Navajo education, we must make use of whatever we can
from the new linguistics, the new psychology, the new thinking
about reading. But we must be aware that there are differences
and conflicts and change within all the disciplines that inform
the study of reading. We must realize that we cannot be masters
of all these disciplines. But also that those within these
disciplines are seldom explicitly aware of the implications of
their studies for our situation: Teaching initial-literacy in
non-European languages by local community teachers-in-training in
isolated rural schools with home-made materials. Knowing our own
situations, we must not be afraid to trust our own common sense,
to observe closely what works and what does not. We must use the
available expertise; we must not allow ourselves, or our children,
to be used by that expertise.

There are now a small cadre of trained or partially trained
teachers of initial-literacy-in-Navajo. There are even fewer
specialists. If there is to be a quality Navajo language education
program, it will not be enough to train more Navajo literacy
teachers. These are the first-level people. But there must be a
secondary level of Navajo specialists: teacher-trainers, materials
and curriculum developers, program and school administrators. And
a tertiary level of Navajo academicians: linguists, psychologists,
mathematicians, social scientists, and educational theorists.

But none of this will come to pass if some schools in some communities do not opt to become bilingual. The first steps are, of necessity, political. If quality Navajo education is to become a reality, knowledgeable educators and community leaders must be prepared to "sin boldly" today: To begin new programs of initial-literacy-in-Navajo knowing it involves an open-ended commitment to improve and refine these programs as we go. Hózhǫ́ ńdeiikah doo.

References

1. See for example:
   Berry, Jack. "The Making of Alphabets." _Proceedings of the VII International Congress of Linguists._ Oslo: Oslo University Press, 1958, 752-764.

   Venezky, Richard. "Principles for the Design of Practical Writing Systems." _Anthropological Linguistics_ 12, 1970, 1256-1270.

   Walker, Willard. "Notes on Native Writing Systems and the Design of Native Literacy Programs." _Anthropological Linguistics_ 11, 1969, 148-166.

2. Vachek, Josef. "Some Remarks on Writing and Phonetic Transcription." _Acta Linguistica_ 5, 1945, 86-93.

3. Venezky, Richard. "Nonstandard Language and Reading." _Elementary English_ 47, 1970, 334-345.

4. Gudschinsky, Sarah. "Linguistics and Literacy," in Spolsky, Bernard, ed. _Current Issues in Linguistics: XII_, forthcoming.

5. Bloomfield, Leonard. "Linguistics and Reading." _Elementary English Review_ 19, 1942, 125-130 and 183-186.

6. Fries, Charles C. _Linguistics and Reading_. New York: Holt, Rinehart, and Winston, 1963.

7. Chall, Jeanne S. _Learning to Read: The Great Debate_. New York: McGraw-Hill, 1967.

8. Goodman, Kenneth S. "Reading: A Psycholinguistic Guessing
    Game," in Singer, Harry and Robert B. Ruddell, eds. Theoret-
    ical Models and Processes of Reading. Newark: International
    Reading Association, 1969.

9. Morrison, Phillip. Review of Psycholinguistics and Reading
    by Frank Smith, in Scientific American 231, 1974, 138.

10. Kolers, Paul A. "Reading is Only Incidentally Visual," in
    Goddman, Kenneth S. and James T. Fleming, eds. Psycholin-
    guistics and the Teaching of Reading. Newark: International
    Reading Association, 1968.

11. Goodman, Kenneth S. "The Psycholinguistic Nature of the
    Reading Process," in Goodman, Kenneth S., ed. The Psycho-
    linguistic Nature of the Reading Process. Detroit: Wayne
    State University Press, 1968.

12. Smith, Frank. Understanding Reading. New York: Holt,
    Rinehart, and Winston, 1971.

13. Spolsky, Bernard. "American Indian Bilingual Education."
    Navajo Reading Study Progress Report No. 24. Albuquerque,
    New Mexico: University of New Mexico, 1974.

Adapting Text Books for the Indian Community

luis modesto hernández

As early as the 1930s, the Mexican Tarasco Project demon-
strated that literacy in the native language facilitates literacy
in Spanish; however, not until 1964 was any official thought given
to developing educational programs based on native languages. The
National Technical Advisory Council on Education prepared educational plans, programs, textbooks, and material, but developed
them without taking into consideration the sociocultural and linguistic characteristics of Mexico's many and varied indigenous
groups. Thus, the personnel of the National Service of Cultural
Promoters and Bilingual Teachers are attempting to adapt the
materials to these characteristics. Some ethnic groups have
developed textbooks in the native language; where these are lack-
ing the teacher must develop his own materials. This paper

describes a program for teaching reading and writing to first year students, and outlines the objectives to be achieved, both in the language area and in the area of social and cultural consciousness. The present program for the education of Indian populations is characterized by being both bilingual and bicultural. Bilingual/bicultural education is considered the most effective means of creating a dynamic relationship between the indigenous cultures and the national culture.

Adaptación de los Libros de Texto al Medio Indígena

luis modesto hernández

Introducción

El Gobierno de nuestro país se ha impuesto la tarea de impulsar la
educación y llevarla hasta los lugares más apartados del territorio nacional, en base a la política educativa que sustenta, es
decir, alcanzar una liberación política, económica, social y cultural. A través del Consejo Nacional Técnico de Educación, ha
formulado planes y programas de educación, libros de texto gratui-
tos y demás materiales de enseñanza. Estos materiales han sido
elaborados en forma muy generalizada, pues en su formulación no se
tomaron en cuenta las características socioculturales y lingüísticas de la gran multitud de grupos indígenas que pueblan el suelo
mexicano. El cuerpo que formamos el personal del Servicio Nacional de Promotores Culturales y Maestros Bilingües, hemos procurado
dar una educación acorde a los intereses y necesidades del indígena, adaptando el material de estudio conforme a sus característi-
ticas sociolingüísticas.

Antecedentes

"En el año de 1939 y bajo la Presidencia del Sr. Gral. Lázaro
Cárdenas del Río, se hizo un experimento que demostró ser la solución del problema de la educación indígena, mediante el proyecto
que propiamente se llamó Proyecto Tarasco. Este se fundamenta en

el principio de llevar a cabo la enseñanza a través de la propia
lengua. La política de la enseñanza había sido enseñar la lengua
nacional antes de cualquier otro conocimiento. El resultado era
que el indígena no aprendía ni el español ni ninguna otra cosa.
Como en la escuela se empleaba únicamente el español, el indio
debía permanecer largo tiempo en ella, hasta que poco a poco
llegaba a veces a comprender lo que el maestro le decía. Por lo
general mucho antes de aprender el español el alumno se aburría o
se impacientaba de tener que estar largas horas sentado oyendo
hablar un idioma que no entendía. Tampoco tenía medio de saber
de que así llegaría a alcanzar algo que le compensase sus esfuerzos. Aún cuando se diese cuenta de que las personas educadas
gozan de grandes ventajas en la vida, creería él que era algo
imposible de realizar. Por otra parte, tenía su milpa y su trabajo y sabía que el provecho que le reportaba era inmediato e
indudable y prefería volverse a ella.

     Había también un factor psicológico que jugaba un papel muy
importante en este asunto; Tanto la actitud del personal docente
en muchos casos, como la naturaleza del sistema en sí, admitían
implícitamente una inferioridad del indio en lo tocante al nivel
mental de su lengua y sus costumbres. Por así decirlo, la
escuela competía con la tarea de modificar todo aquello que él
conocía y consideraba bueno.

     El resultado último de la insistencia en el uso del español
como único idioma de enseñanza es que todavía existe el analfabetismo en México. Algunos pueblos consideraban que la escuela era
algo bueno pero fuera de su alcance, otros se demostraban indife-
rentes, y otros desgraciadamente se oponían a ella con todas sus
fuerzas.

     Al usar una lengua nativa en la instrucción escolar se popu-
larizó el aprendizaje del español. Una vez que el indígena sabía
leer y escribir en su propia lengua, aprendía el español sin
mayores dificultades. La asistencia escolar aumentó, los alumnos
permanecían en las escuelas hasta terminar su instrucción. Y se
demostró que el saber una lengua no impide el aprendizaje de otra,
y que mas bien, se aumenta la capacidad de comprensión.

     El Proyecto Tarasco se distinguió por la preparación cientí-
fica de su personal. Contó con la cooperación activa o consultiva
de los mejores elementos de la lingüística y la etnología, tanto

mexicanos como algunos extranjeros como el Dr. Mauricio Swadesh, el Sr. Wigberto Jiménez Moreno, y el Sr. Alfredo Barrera Vázquez.

Después de haberse llevado a cabo prácticas demostrativas que fueron efectivas para la educación en el medio indígena, no se aplicaron debido a que cada Gobierno sustentó su propia política educativa, y no fue sino hasta el año de 1964 que volvió a renacer esta inquietud con el entonces presidente de la República Lic. Adolfo López Mateos, siendo Ministro de Educación Don Jaime Torres Bodet.

Características

Para realizar una labor que favorezca a nuestros congéneres, no se puede usar un idioma ajeno como lo es el español. Debemos ser indígenas los que primeramente intervengamos en este cambio social. Se han tomado en cuenta jóvenes que dominan ambos idiomas. Al ingresar al servicio, por lo general ya han terminado la instrucción primaria y/o secundaria. Al comenzar su trabajo continúan preparándose y ya muchos cuentan con sus estudios de maestro de educación primaria y algunos la normal superior.

La educación en el medio indígena presenta actualmente dos características que la distinguen: la de ser bilingüe y bicultural. Citando a la Profesora Evangelina Arana Osnaya podemos decir que la educación bilingüe

Es el aprovechamiento máximo de dos lenguas, la materna y la lengua nacional, como medios de enseñanza. Se considera axiomática que la lengua materna es esencial en el inicio de la enseñanza primaria. Se aumenta el uso del castellano, en la medida que se vaya dominando. Se enseña la lengua en forma oral, con los métodos especiales de la enseñanza de una segunda lengua, durante toda la primaria.

La educación bicultural significa

Que se toma en cuenta la cultura materna de los educandos en la planeación, tanto del contenido, como de los métodos pedagógicos de la educación.

Se logra un alto grado de participación de la población
indígena en la terminación de la educación que reciben
sus hijos.

Por medio de la educación bilingüe se logra mayor eficacia en la enseñanza primaria y mayor comunicación con la
población indígena.

Por medio de la educación bicultural se ha logrado lo siguiente:

Al valorar, en vez de despreciar la cultura materna de los
educandos, éstos obtienen mayor confianza en sí mismos y
se desarrollan sin desarraigarse de su ambiente.

Al conocer la cultura nacional, podrán defender sus intereses y aprovechar los elementos culturales y las relaciones económicas que les beneficien.

Al relacionar el contenido de la enseñanza primaria a
los aspectos sociales y culturales de la población indígena, se logra mayor transferencia de la educación escolar a la vida activa de la comunidad.

Al revalorar la cultura indígena será posible aprovechar
aquellos elementos positivos que contribuyen a incremen-
tar la riqueza cultural de la nación.

Al tomar en cuenta la voluntad de la comunidad se aprovecha la cohesión del grupo como medio para lograr mayor
participación de la población indígena a la vida nacional.

Es importante subrayar que no es objetivo de la enseñanza
bilingüe y bicultural el preservar en forma estática las
culturas de los grupos indígenas, ni aislarlos de los
beneficios de la vida moderna. Al contrario, este ha
sido a menudo el resultado de una educación que no toma
en cuenta las características de la población atendida,
ya que el índice de la deserción y el bajo aprovechamiento significan que la educación no llega, salvo a unos
cuantos individuos que generalmente abandonan sus comunidades, y no aportan sus conocimientos al mejoramiento
colectivo. La educación bilingüe y bicultural es un

medio más efectivo para hacer dinámicas las culturas
indígenas y para lograr que la población indígena participe en forma equitativa en la vida nacional.

Adaptación de los Programas Oficiales al Medio Indígena

Como dijimos al principio de esta exposición, los programas
oficiales de educación no son funcionales al medio indígena.
Nuestro país presenta un panorama totalmente pluricultural, integrado por un mosaico de grupos indígenas que tienen sus propios
valores culturales y su lengua, de tal manera que si nosotros les
impartiésemos los conocimientos de una cultura totalmente distinta
a la de ellos y con una lengua también distinta, no es posible que
exista comunicación alguna. Esta es la razón que nos condujo a
hacer una adaptación de los materiales de enseñanza. Hasta el
momento hemos tratado de adaptar el área del lenguaje, base de
todo conocimiento humano, que a su vez tiene como cimiento el
aprendizaje de la lectura y la escritura.

Cabe mencionar que esta adaptación la hemos iniciado con los
grupos de Primer Año, para después seguir con los demás grados. A
continuación se hace un detalle de cómo hemos conducido la lectura
y la escritura en lengua indígena.

Primeramente el niño conoce los símbolos gráficos de las
vocales que existen en su propio idioma. Las cuales se enseñan
por medio de palabras cuya escritura y pronunciación comienzan con
la vocal que se desea enseñar, que sean de uso común y que tengan
significado completo.

Una vez que el educando ya distingue y escribe las vocales en
letra script, empieza a aprender los símbolos de los sonidos consonánticos. Para impartir estos conocimientos, en algunos grupos
étnicos se han elaborado cartillas en lengua indígena que sirven
como textos para que los alumnos aprendan a leer y escribir, pero
en donde se carece de ellas, se sigue el procedimiento siguiente:

Como primer paso el maestro hace una lista de cien o más
palabras de uso común y de significado local en donde labora.
Posteriormente cuenta las veces que se haya utilizado una misma
consonante dentro de la lista formulada, comenzando por el primer
sonido de la primera palabra. El mismo procedimiento se sigue
para las demás consonantes hasta terminar. A continuación las

enumera, y aquella que represente mayor número de repeticiones, es la que se usa con más continuidad. Las consonantes que no se encuentran dentro del idioma materno del educando se enseñan tomando los términos del español después de que ya haya finalizado con las consonantes de habla indígena.

Los pasos que se siguen para la enseñanza de un sonido conso-nántico son los siguientes:

1. El maestro hace una perfecta motivación dentro del grupo para centrar la atención de los alumnos.

2. Hace presentación de una lámina con el dibujo para que el niño lo reconozca. Mediante la participación de los alumnos, hacen el comentario en unión con el maestro sobre la utilidad u otras características que tenga el grabado.

3. A continuación, se pega debajo del dibujo una tira de papel conteniendo su nombre correspondiente, para que a su vez lo asocien con los símbolos gráficos.

4. Escritura.

a. El maestro deberá repartir a los alumnos un sobre conteniendo letras script dibujadas sobre cartón (alrededor de 5 X 5 cms). Cada sobre contendrá un alfabeto completo y de aquellas letras que se enseñan en la lección, deberá haber suficientes según el número de ocasiones en qu se presente cada una de ellas. También entregará a cada alumno un fichero.

b. El maestro escribirá en el pizarrón y debajo del dibujo el nombre de ello. (La lámina habrá sido previamente fijada en el pizarrón con diurex.)

c. El maestro formará la palabra del texto en el table-rógrafo, habiendo mostrado antes a los alumnos, cada una de las letras que forman dicha palabra. Estas letras serán de 10 X 15 cms. de altura.

d. Los alumnos buscarán en su sobre las letras que sean iguales a las que utilizó el maestro en el tablerógrafo y con ellas formarán la palabra o palabras, utilizando el fichero.

   e.   Cada niño pasará al tablerógrafo y a indicación del maestro utilizará las letras de fibracel para formar la palabra o palabras de la lección.

   5.   Lectura.   Generalmente se realiza primero la escritura y después la lectura.

   a.   El maestro pedirá a distintos alumnos que lean las palabras en el tablerógrafo.

   b.   Cada niño realizará los ejercicios en el orden que indique el maestro.

Cuando el maestro ha enseñado por lo menos cinco sonidos, los alumnos pueden empezar a formar palabras, frases u oraciones y hasta pequeñas lecciones lecciones en el idioma nativo.   De esta manera constatamos que también se puede leer y escribir por medio de una lengua indígena como en español, puesto que los signos gráficos son los mismos.   Al enseñar un nuevo sonido dentro de una palabra o una oración completa, éste deberá ser correlacionado con los demás ya conocidos y no incluir otros que se desconozcan totalmente, para evitar tergiversaciones y confusiones.

   A medida que se imparte la enseñanza en idioma indígena, se se introduce también la enseñanza del español en forma oral y con los métodos especiales para el conocimiento de una segunda lengua.

   Para finalizar con el tema del área del lenguaje, se enumeran los objetivos que los educandos de primer año deben alcanzar al finalizar el año escolar.

   1.   OBJETIVO PARTICULAR.   Comprenderá y distinguirá el significado de lo escrito en el idioma materno.

   OBJETIVOS ESPECÍFICOS.

   1.   Ejecutará ejercicios de visualización y control muscular previos a la escritura.

2. Reconocerá y escribirá los símbolos gráficos de las vocales de su propia lengua en letra script.

3. Reconocerá y escribirá con letra script los símbolos gráficos de los sonidos consonánticos de su propia lengua en combinación con las vocales, formando enunciados con significado completo.

4. Reconocerá y escribirá vocales y consonantes en distintas combinaciones que se encuentren en cualquier posición dentro de la palabra.

5. Leerá de corrido y con la entonación correcta, textos sencillos y breves.

6. Responderá a preguntas de comprensión, acerca del contenido de relatos cortos.

7. Leerá expresiones breves en español que puedan formarse con las consonantes y vocales que va aprendiendo en su propia lengua.

8. Escribirá textos libres en su idioma, utilizando los símbolos gráficos conocidos.

9. Identificará y escribirá los símbolos gráficos de las consonantes y vocales del español que no existen en el idioma indígena. Los ejercicios se realizarán a base de palabras y expresiones con significado completo.

10. Escribirá en el idioma materno con la puntuación y separación correcta de las palabras cualquier texto dictado.

11. Interpretará mediante dibujos lo que comprenda de un texto escrito en su lengua materna.

Concluído el intento de adaptación del programa correspondiente al área del lenguaje, consideramos en orden de importancia hacerlo también con Ciencias Sociales. Para ello es necesario que los conocimientos que se impartan al niño sean nacidos de su propia realidad. Esto los hace sentir, pensar, y actuar como integrantes de una misma familia, unidos por un mismo ideal común de progresar social, cultural y económicamente.

El área de Ciencias Sociales está constituída por cinco unidades, pero se hace la enumeración de los objetivos de las unidades que tienen funcionalidad a nuestro medio.

OBJETIVOS ESPECÍFICOS:

-Describirá en lengua materna, su casa y los objetos que hay en ella.
-Observará los componentes humanos y materiales de su escuela.
-Identificará los lugares por donde pasa para ir a la escuela.
-Apreciará la importancia que su familia tiene para él.
-Demostrará actitudes de compañerismo con todos los alumnos para establecer lazos de amistad.
-Adoptará actitudes de comprensión y respeto para sus semejantes.
-Distinguirá que en la escuela se realizan actividades semejantes y diferentes a las de su hogar.
-Adoptará actitudes de comprensión y respeto para sus semejantes que viven dentro de su comunidad.
-Conservará y mantendrá limpios su casa, su escuela, el mobiliario y útiles escolares.
-Distinguirá las características ambientales de su comunidad.
-Comprenderá que los alimentos y el agua se aprovechan gracias al esfuerzo de los hombres.
-Comprenderá que las personas dependemos y necesitamos unas de otras para poder vivir.
-Conocerá algunas transformaciones que el hombre ha realizado en su propia comunidad.
-Se conservará aseado dentro y fuera de la escuela.
-Realizará sus obligaciones sin vigilancia de los demás.
-Cumplirá las normas establecidas por las personas mayores de su localidad.
-Deducirá lo que se puede aprender de una situación o en un momento dado.
-Aplicará experiencias positivas a situaciones de la vida cotidiana.
-Conocerá los medios de comunicación que hay en su comunidad y la forma de emplearlos.
-Conocerá las diversas ocupaciones a que se dedican los habitantes del medio en que se desenvuelve.

-Distinguirá el pasado del presente con hechos familiares, escolares y de la localidad.
-Relacionará el cambio de las personas y los objetos con el paso
del tiempo.
-Comprenderá que, en el transcurso del tiempo, algunos objetos y
costumbres han sido modificados y otros han desaparecido de
acuerdo con el progreso dentro de su propia comunidad.
-Conocerá las funciones que desempeña la autoridad de su comunidad.
-Distinguirá la relación de actividades presentes con las que
podrá realizar en el futuro.

Con estos objetivos extraídos de los Planes y Programas de
Educación pero ajustados al medio indígena, consideramos que el
educando estará en condiciones de comprender los conocimientos que
se le impartan y poco a poco en forma gradual, se irá proyectando
para conocer la integración del municipio, del estado a que pertenece y posteriormente a su país entero.

En un principio hubo muchas objeciones de parte del personal
para aplicar estos programas ya adaptados, puesto que venían trabajando conforme a los planes generales del sistema de educación
primaria. Pero al hacer un análisis de ello, y a través de una
conscientización constante, se está llegando a la conclusión que
esta es la mejor forma de preparar a nuestros congéneres.

Desde luego que el implantar estos nuevos lineamientos de
trabajo viene a repercutir en los educandos, los cuales se muestran más optimistas y entusiastas de asistir a sus clases puesto
que se les habla por medio de un idioma que ellos conocen y
hablan. Aprenden más rápido y principalmente comprenden lo que
leen y escriben, factor muy esencial en el desenvolvimiento del
ser humano. Comienzan a formular textos libres en su propio
idioma, propiciando así la redacción. Este es uno de los problemas que a menudo encontramos con más intensidad. Carecemos de los
mas mínimos principios de redacción y vocabulario, debido a que no
fuimos preparados y educados para tal fín por medio de una lengua
y una cultura ajenas a la nuestra. No obstante, hemos tratado
de superar estas deficiencias mediante la preparación contínua.

Hubo también, al iniciar este nuevo enfoque de trabajo,
oposición de los padres de familia, pues manifestaban que los
alumnos deben ser enseñados en idioma español y no en una lengua
que ya conocen. Sin embargo, una vez que se les hizo notar en

dónde estribaba el problema, quedaron convencidos y últimamente están deseosos de que sus hijos se eduquen en forma bilingüe y bicultural.

Los aciertos se han medido de tal forma que, tanto maestros, alumnos y padres de familia, han abrazado con especial interés esta nueva modalidad de trabajo. Desde luego no son solo aciertos los que tenido sino también fracasos. Se deben a que existen elementos del personal en servicio quienes no se ubican ni mucho menos consolidan lo que deben hacer en favor del indígena como partes integrantes del proceso, sino que se desligan asumiendo una actitud egoista animada por intereses mezquinos. Por tal motivo no ponen en práctica las recomendaciones que se les encargan. Para realizar en su totalidad, es necesario actuar por convicción propia y tener un gran espíritu de servicio.

Conclusiones Generales

1. Se toma muy en cuenta la cultura y el idioma del educando para educarlo en base a sus intereses y necesidades.

2. A través de la lengua vernácula, la educación tiene bases científicas y pedagógicas.

3. Es notoria la facilidad con que el niño aprende a leer y a escribir por medio de su propia lengua, porque los conocimientos parten dentro de una realidad tangible.

4. Facilita al educando a comprender lo que lee y escribe, porque lo hace a raíz de un idioma que conoce.

5. Propicia la redacción al expresarse con soltura y libertad en la elaboración de textos libres en su lengua materna.

6. Se toma participación activa de los padres de familia en la educación de sus hijos.

Referencias

1. Síntesis. "Proyecto Tarasco."

2. Consejo Nacional Técnico de la Educación. "Plan de estudios y Programas de Educación" (Primer Grado.)

3. Freinet, Celestin. "El Texto Libre."

4. De la Fuente, Julio. "Educación Antropología y Desarrollo de la Comunidad."

5. Pérez Gonzalez, Benjamín. "Enseñanza de la Lectura y Escritura." (Síntesis. D.G.E.E.M.I.)

6. Mastache Román, Jesús. "Didáctica General" (Primera parte.)

7. Luzuriaga, Lorenzo. "Antología Pedagógica." (Cuarta edición)

8. Redondo, Patricio. "La Escuela Experimental Freinet."
   SEPSTENTAS.

Development of Materials for Bilingual Education in Peru

inés pozzi-escot

The goals of the 1972 Peruvian General Law of Education are
to preserve and develop the native languages and, at the same
time, establish Spanish as a common language. The Bilingual
Education Regulations specify that both Spanish and the vernacular
languages are to be vehicles for instruction in the first cycle of
the Basic Level (children ages 7-10 and adults over 15). The
Curriculum for Bilingual Education, issued by the Ministry of
Education, lists objectives organized into Programmatic Units
which form the basis for the preparation of the Learning Units.
The Center for Applied Linguistics of the University of San Marcos
has developed materials for the teaching of Spanish. Work on
these materials was preceded by observations of the social-
geographic environment of children in Quinua, Ayacucho, and by

contrastive studies of Spanish and Quechua. The paper discusses
in detail the organization, content, and rationale of these materials, which are organized into units consisting of dialogue,
grammatical exercises, common expressions, pronunciation exercises, and recreative activities. The educated Spanish spoken in
Lima was selected as the "Standard Spanish" for several reasons,
one being that local varieties of Spanish are often mutually
unintelligible. Because rural dialects of Spanish can subject the
speaker to discrimination, special attention is given to pronunciation. The Center believes that learning Spanish should be
simultaneous with use of Spanish as a medium of instruction for
other subjects. The materials are prepared with this objective in
mind. Because of the paucity of materials in the indigenous languages, literacy is taught in Spanish; in the process students
learn that any language can be written so that later they can
learn to read and write in Quechua.

Preparación de Materiales para la Educación Bilingüe en el Peru

inés pozzi-escot

Quisiera tratar este tema como un estudio de casos: concretamente, del peruano. Para ello es preciso abordar ciertas discusiones previas que inciden en las decisiones finales sobre el contenido y el carácter de estos materiales.

1. Empecemos con la primera decisión que se le plantea a un país multilingüe y pluricultural: si acepta el reto de esta situación y aprovecha al máximo las posibilidades que ofrece para el desarrollo individual y colectivo; o si la considera un designio fatal, contra el que hay que esgrimir las armas más contundentes, a fin de lograr, a la postre, una homogeneidad lingüística y cultural.

El Perú, en la vigente Ley General de Educación, promulgada en marzo de 1972, ha expresado la firme voluntad de eliminar cualquier forma de discriminación, incluída, claro está, la discriminación en razón de lengua o de cultura. En las disposiciones fundamentales de la Ley se expresa la decisión de evitar toda forma de imposición cultural y de atender prioritariamente a las zonas y sectores sociales desfavorecidos y se establece: "La educación considerará en todas sus acciones la existencia en el país de diversas lenguas que son medios de comunicación y expresión de cultura, y velará por su preservación y desarrollo. La castellanización de toda la población se hará respetando la

personalidad cultural de los diversos grupos que forman la sociedad nacional y utilizando sus lenguas como vehículo de educación
(1)."

Este trascendental artículo 12 impone, de un lado, el compromiso de preservar y desarrollar las lenguas nativas; de otro,
implementar un aprendizaje del castellano que no sea traumatizante
para el individuo o su grupo y que respete la identidad cultural
de ambos. En el Documento de Política Nacional de Educación
Bilingüe promulgado en junio de 1972 se fijaron tres objetivos
para la educación bilingüe:

1. Propiciar, en las comunidades de lenguas vernáculas, la
    interpretación crítica de su realidad socio-económica
    para su participación espontánea, creadora y consciente
    en el proceso de cambio estructural orientado hacia la
    eliminación de los mecanismos de dependencia y domina-
    ción.

2. Contribuir a la formación de un nuevo hombre en una
    sociedad justa y digna mediante la reinterpretación de la
    pluralidad cultural y lingüística del país, con miras a
    la creación de la cultura nacional.

3. Lograr el uso del castellano como lengua común de la
    población peruana afirmando, al mismo tiempo, el respeto
    a la diversidad lingüística y la revalorización de las
    diversas lenguas vernáculas (2).

En consecuencia, el país se planteó dos metas que bien pueden
resultar irreconciliables: la preservación y el desarrollo de las
lenguas nativas, y la divulgación del castellano para su uso como
lengua común. El propósito era complementar la situación ya existente de bilingüismo nacional, conduciendo a los hablantes de
lengua vernácula a un bilingüismo individual y auspiciando, al
mismo tiempo, un deseable bilingüismo individual de lengua nativa
y castellano entre los hispano-hablantes.

Una lectura cuidadosa del artículo 12 de la Ley y de diversos
pasajes del Documento de Educación Bilingüe no da pie para sostener que lo que se propone es una educación bilingüe entendida en
su sentido literal: educación en dos lenguas, pues se habla de
utilización de las lenguas nativas como vehículos de educación y

de enseñanza <u>del</u> castellano pero no de enseñanza <u>en</u> castellano.
Inclusive el Documento de Política Nacional de Educación Bilingüe,
al hacer una breve reseña del inicio de la educación bilingüe en
el Perú, afirma: "...en determinadas áreas de población de lengua
vernácula de la Selva y la Sierra, se estableció la Educación
Bilingüe cuya modalidad es la enseñanza en lengua vernácula con
una simultánea y progresiva castellanización...(3)" Y el glosario
respectivo define la castellanización en estos términos: "Enseñanza sistemática del castellano a los no hispano-hablantes (4)."

Claro está que la Ley no señala que las lenguas nativas serán
<u>los únicos</u> vehículos de educación, limitándose a prescribir que
sean "vehículos de educación." Por lo tanto, cabe una lectura más
amplia del texto, coincidente con la interpretación dada en el
Reglamento de Educación Bilingüe que es la tercera base legal
sobre la cual se asienta la educación bilingüe en el Perú. El
artículo tercero del referido reglamento aclara que, en los centros educativos bilingües de nivel básico y en los programas
bilingües correspondientes: "El castellano y la lengua vernácula
serán las lenguas instrumentales para la educación en el primer
ciclo de Nivel Básico...(5)"

2.   Tomada la decision de tener educación bilingüe nos enfrentamos a una segunda opción: ¿queremos educación bilingüe transito-
ria, que cubra la etapa de la vida del educando en la cual no
puede seguir estudios en la segunda lengua o perseguimos una
educación bilingüe permanente para todas las fases del proceso
educativo? El artículo 12 de la Ley General de Educación, glosado
en la Introducción del documento de Política Nacional de Educación
Bilingüe y en el artículo primero del Reglamento de Educación
Bilingüe, parecería indicar la voluntad de tener educación bilingüe permanente al prescribir: "...la educación considerará en
todas sus acciones la existencia en el país de diversas lenguas...
(6)"

Sin embargo, la realidad hace imposible esta opción. La
mayor parte de las lenguas vernáculas habladas en el Perú cuentan
con números muy reducidos de hablantes y están irremediablemente
condenadas a la extinción como lo han hecho notar antropólogos y
lingüistas (7). Las únicas lenguas con perspectivas de supervivencia a largo plazo son el quechua y al aimará. Para adecuar
ambas a las exigencias del mundo científico y tecnológico que
informa la educación contemporánea tendrían que pasar por un

proceso de modernización que les permitiera ampliar su vocabulario
con nuevas creaciones, revitalizar palabras en desuso, etc. La
implantación de una educación bilingüe para todos los niveles y
modalidades exigiría una considerable inversión de esfuerzos y
dinero, a fin de crear series dobles de materiales en castellano
y, por lo menos, en las dos lenguas mayoritarias, el quechua y el
aimará. Por eso, el Reglamento de Educación Bilingüe a pesar de
reconocer la responsabilidad del Estado de atender la pluralidad
lingüística y cultural, cuando establece la norma que "...el castellano y la lengua vernácula serán las lenguas instrumentales
para la educación en el primer ciclo de nivel básico (8)." Este
ciclo comprende 4 grados en la educación básica regular dedicada a
los niños de 7 a 10 años preferentemente, y dos grados en la
educación básica laboral, dirigida a los mayores de 15 años.

Por lo expuesto, en el Perú existe el compromiso de preparar
materiales para una educación bilingüe que abarque cuatro grados
en la educación infantil y dos grados en la educación de adultos.
Esto constituiría el programa mínimo. Más allá de estos límites,
toda la educación regular de niños, y la de adultos, ya sea a través de la modalidad de educación laboral, de extensión educativa o
de calificación profesional extraordinaria, se deberá adecuar a
las culturas y lenguas propias de las áreas con monolingüismo de
lengua aborigen o con bilingüismo incipiente.

Queda pendiente una pregunta importante para la cual no hay
respuesta en los documentos de la reforma educativa peruana:
¿cuánto de cada lengua entra en la educación bilingüe? O sea,
¿qué se ha de enseñar en la lengua nativa y qué en castellano?

El Reglamento de Educación Bilingüe establece que todos los
textos y materiales didácticos utilizados en los centros y programas de educación bilingüe serán elaborados por el Ministerio de
Educación o bajo la supervisión de éste, lo cual significa que
deben ceñirse al currículo prescrito por el Ministerio.

3. En el Perú de hoy para satisfacer la necesidad revolucionaria
de crear un hombre nuevo "esencialmente transformador, crítico,
creador y comprometido con el cambio estructural (9)," el currículo ha experimentado una renovación total. Ha dejado de ser
meramente intelectualista para incluir cuatro dimensiones: conocimientos, actividades, capacitación para el trabajo y orientación
del educando; los contenidos se dirigen a dar al educando una

visión integral de la realidad y, en especial, de su realidad para
que participe en su transformación, ya que se trata de un proceso
educativo que se desenvuelve en la dinámica del cambio. Dentro de
la educación peruana actual el currículo es: "el conjunto de
experiencias que los sujetos de la educación viven, al participar
en las acciones normadas por el sistema y previstas y generadas
cooperativamente por la comunidad educativa, para contribuir al
desarrollo personal y social en un momento histórico concreto
(10)." A nivel nacional existe la estructura curricular básica
que norma y orienta la elaboración de los currículos flexibles y
diversificados que cada maestro concibe para la acción educativa
en su aula.

En el currículo de educación básica regular, primer ciclo,
que abarca los cuatro primeros grados, se consideran ocho líneas
de acción educativa, así llamadas para diferenciar su contenido de
las asignaturas habituales que eran meramente cognoscitivas.
Estas líneas son: Lenguaje, Matemática, Ciencias Sociales, Ciencias Naturales, Educación por el Arte, Educación Psicomotriz, Formación Laboral, y Educación Religiosa.

Se reconoce que en cada una de estas líneas el desarrollo de
los componentes de conocimientos, actividades, capacitación para
el trabajo, orientación del educando no entran en la misma proporción. Para Lenguaje la estructura curricular básica señala que la
meta prioritaria es proporcionar experiencias de valor formativo y
una dosis menor de conocimientos. Los objetivos de Lenguaje para
los cuatro grados del Primer Ciclo, que es el único nivel para el
cual se ha publicado un nuevo currículo, se refieren a las cuatro
habilidades lingüísticas básicas y son:

3.1. Transmitir con claridad y orden, mensajes sencillos que
      escucha, utilizando la lengua usual de su comunidad.

3.2. Expresarse oralmente utilizando la lengua usual de su
      comunidad, con espontaneidad y orden, participando en
      debates sencillos relacionados preferentemente con sus
      intereses, necesidades, experiencias y su realidad
      local.

3.3. Leer comprensivamente textos literarios e informativos
      sencillos con referencia a sus intereses y a la

realidad local, nacional y/o universal, interpretándolos críticamente.

3.4. Redactar cuentos, fábulas y relatos preferentemente de su creación, y composiciones preferentemente relacionadas con su realidad local (11).

En el segundo ciclo, que abarca los grados 5to., 6to., y 7mo. se mantienen en esencia los mismos objetivos pero esta vez, con el requerimiento de emplear la norma nacional y, sobrepasando la realidad local, abarcando la problemática regional y nacional. En el tercer Ciclo, grados 8vo. y 9no., se utiliza así mismo la norma nacional y se amplían los contenidos para llegar hasta la discusión de la problemática mundial.

Debemos aclarar que estos objetivos de lenguaje están explícitamente designados para la enseñanza-aprendizaje de los hispano-hablantes, lo cual abre la interrogante de cuál debe ser la estructura curricular básica del lenguaje para los hablantes de vernáculos. La Unidad de Educación Bilingüe del Ministerio de Educación ha circulado un documento de trabajo titulado "El Curriculum en la Educación Bilingüe," en el cual explica que la línea de lenguaje en la educación bilingüe abarca dos aspectos: el estudio de la lengua materna y la adquisición de la segunda lengua.

Este es un avance enorme en relación con la práctica habitual en la educación peruana de considerar que lenguaje es igual a castellano, cualquiera que sea la lengua de origen del educando. El documento de la Unidad de Educación Bilingüe se limita al primer grado y no incluye los objetivos ni las actividades que corresponden a la enseñanza del castellano como segunda lengua. En cuanto a los objetivos y actividades para las demás líneas, están todavía demasiado cerca de lo establecido para los hispano-hablantes.

4. Hemos señalado que el currículo ha sufrido un vuelco radical en la reforma de la educación peruana, pues parte de una concepción integral de la acción educativa y de un análisis de la realidad nacional que nutre los contenidos curriculares y perfila los objetivos para adecuarlos a los cambios estructurales.

El currículo está en función de los fines de la Revolución

Peruana: debe posibilitar la formación de un hombre y de una
sociedad nuevos.

Una característica que hay que resaltar por su implicación en
la educación bilingüe es que el currículo está organizado en términos de objetivos conductales, capaces de ser evaluados. Estos
objetivos se desegregan y se interrelacionan de acuerdo a sus
elementos comunes para formar Unidades Programáticas. En base a
éstos se preparan las Unidades de Aprendizaje que integran varias
o todas las líneas de acción y rigen el trabajo en el aula.

Las Unidades de aprendizaje comprenden los siguientes elementos: tema motivador, objetivos, actividades y evaluación. El
tema motivador es preferentemente un problema local; los objetivos
indican la conducta deseada; las actividades son los medios para
lograr los objetivos; y la evaluación es el proceso mediante el
cual se verifica si los objetivos han sido alcanzados.

Si bien el documento de currículo de básica regular para el
primer ciclo indica que el trabajo en el aula puede combinar el
aprendizaje integrado en unidades de aprendizaje con aprendizaje
no integrado, que sigue en secuencia el desarrollo de una línea de
acción educativa (12), en la práctica los maestros han considerado
la integración como una tarea obligatoria. Este hecho repercute
en la preparación de materiales pues impone la necesidad de
estructurarlos en forma tal que sean secuencias graduadas de actividades para el cumplimiento de objetivos.

5.   Insistiendo en el enfoque casuístico, quisiera referirme a la
preparación de materiales llevada a cabo por el Centro de Lingüística Aplicada de la Universidad de San Marcos, por encargo del
Ministerio de Educación.

5.1. Empezamos con la preparación de materiales para la castellanización. La realización de este encargo estuvo precedida
por trabajo de campo para conocer el ámbito geográfico-social en
el que transcurre la vida de los niños de los centros educativos
del Núcleo Educativo Comunal Núm. 05 de Quinua, Ayacucho, con
quienes íbamos a trabajar directamente. Se anotaron observaciones
sobre juegos, vivienda, alimentos, vestuario, animales y plantas
del lugar, actividades diarias y festivas u ocasionales, organización de la comunidad y datos sobre patrones de comportamiento.

Esta preocupación por el medio del niño no nos ha abandonado
nunca. Actualmente tenemos una antropóloga en el campo estudiando
el impacto de la educación en la comunidad y explorando las expectativas de los pobladores en relación con la escuela.

A las observaciones señaladas en el párrafo anterior, agrega-
mos las correspondientes a las dificultades que experimentaban los
niños quechua-hablantes en el aprendizaje del castellano: problemas de pronunciación ('ualda' por 'falda'), de gramática ('un
pelota' por 'una pelota'), cognoscitivos (un sistema distinto de
clasificación de colores, por ejemplo), etc. Este trabajo de
campo incluyó, asimismo, la aplicación de una prueba para medir el
vocabulario de producción en castellano y quechua de los niños
quechuas que inician su escolaridad en el primer grado, prueba que
se limitó al vocabulario básico referido a siete áreas semánticas
(13).

Revisamos, además, textos existentes para la enseñanza de una
segunda lengua a niños de la escuela elemental y examinamos
gramáticas del quechua ayacuchano con miras a establecer una lista
de los problemas de interferencia con el castellano standard que
podrían suscitarse.

Hemos dicho "con el castellano standard" porque esta fue otra
decisión que tomamos. En el debate nacional sobre qué modelo de
castellano seguir, optamos no por la norma local sino por el habla
educada de Lima. Algunas de las razones que nos guiaron fueron:

5.1.1. El niño no tiene suficiente conocimiento del castellano al llegar a la escuela como para que la norma de Lima cons-
tituya un tercer rubro en la línea de lenguaje. No se trata,
pues, de que como lenguaje practique la lengua nativa, o sea, el
quechua, el dialecto local de castellano y el dialecto de Lima,
porque lo que posee de castellano local es un léxico reducido que
comparten ambos dialectos salvo pocas excepciones ('daño' por la
'bola' a que juegan los niños, por ejemplo). A nivel de estructuras, casi no manejan nada.

5.1.2. La lengua usual de la comunidad que prescribe el
Currículo de Básico Regular, primer Ciclo, para los hispano-
hablantes, está en muchos lugares del Perú tan lejos del standard
que llega a ser incomprensible para hablantes de otras zonas.

Oigamos estos ejemplos de "la lengua usual de la comunidad" en el
distrito de Sicaya, provincia de Huancayo:

"-Capastra quipichando lo has traído a los chipches (tal
 vez trajiste a los pollos a las espaldas)

-Recienchá lo han llegado los padrecuna (¿recién llegaron
 los padres?) (14)"

Si una de las razones por las cuales se le enseña al niño
quechua el castellano es para que rompa el círculo de su marginación y pueda comunicarse con la sociedad nacional, no tiene
sentido enseñarle un dialecto del castellano que mantendrá su
incomunicación y la marginación que lo aísla.

5.1.3. El 60% de los niños peruanos abandona la escuela después del primer año de escolaridad y el promedio nacional de escolaridad es de tres años, o sea, que no podemos confiar que ese
niño quechua, a quien le hemos enseñado el castellano local,
reciba más enseñanza sistemática del castellano que la que se le
ofrezca en los tres primeros grados del primer Ciclo. La meta de
empleo preferente de la norma nacional para el segundo Ciclo,
según lo prescribe el currículo, podrá no cumplirse nunca para la
gran mayoría de ellos.

5.1.4. La migración es un factor cada vez más importante en
la vida de los pobladores andinos. Según las estadísticas de
1970, una de cuatro personas está involucrada en este fenómeno que
compromete al 27% de la población--sin contar las migraciones cortas, en espiral, etc.--y Lima, la capital, es la que recibe, en
cifras absolutas, el mayor número de migrantes, los que, a su vez,
provienen de los departamento andinos (15). En el Perú donde la
norma de prestigio es la de Lima, el migrante goza de mayor aceptación social si habla en el dialecto limeño.

5.2. Optamos por organizar el material para la castellanización en unidades compuestas de:

-un diálogo, urdido en torno a un tema motivador elegido
entre los que se habían detectado en el estudio del ambiente y la
vida de los niños del Núcleo;
-ejercicios gramaticales;
-expresiones usuales;

-ejercicios de pronunciación; y
-actividades recreativas.

5.2.1. Los diálogos presentan una situación que debe ser
clave por su poder motivador, por su representatividad en la vida
del niño, por su facilidad para ser dramatizada y permitir que los
niños encarnen los papeles de los personajes. En la primera serie
de diez unidades que tenemos mimeografiadas, algunos de los temas
son: "el primer día de clase," "en la clase," "camino a casa" que
constituyen una secuencia temática relativa a la comunidad escolar; "vamos a jugar al papá y a la mamá" que recoge el interés del
niño por imitar a sus mayores y "ayudando en la casa" que describe
un aspecto habitual de la vida del niño quechua: su temprana
entrada en el mundo del trabajo tanto en la esfera doméstica
como en el campo, participando en las faenas agrícolas y de pastoreo (16).

El centro de interés de cada unidad tiene que enlazarse con
el tema motivador de la unidad de aprendizaje que, de acuerdo al
currículo, integra las líneas de acción educativa. Por ejemplo,
al iniciarse las labores escolares de 1974, los maestros del
Núcleo de Quinua prepararon, con la colaboración de un miembro de
nuestro equipo, la Dra. Madeleine Zúñiga, la unidad de aprendizaje
Núm. 1, cuyo tema motivador era: "Organicemos nuestro trabajo
escolar." Dado que las unidades de aprendizaje están calculadas
para el trabajo de un mes, en ese lapso los maestros podían cubrir
las dos primeras unidades de castellanización cuyos temas, relativos a la vida escolar, quedaban fusionados con el de la unidad de
aprendizaje que los englobaba.

Cada diálogo incluye vocabulario y estructuras para uso
activo y para simple reconocimiento, a fin de mantener cierta
naturalidad y una aproximación al lenguaje real de la vida cotidiana. Por ejemplo, frases usuales en determinadas situaciones,
tales como: "¡Qué miedo!" y "¡Ay, mamita!" usadas en la Unidad 3
para expresar el temor de los niños ante la súbita presencia de
unos toros, se practican en esa Unidad sólo en la repetición y
dramatización del diálogo, pero no se incorporan a los ejercicios
gramaticales. Estas frases no necesitan ser entendidas en sus
elementos sino globalmente, en cuanto a su función comunicativa.

Los patrones estructurales y los temas gramaticales que serán
tratados en la unidad de castellanización se ejemplifican en los

diálogos. Para cada unidad hay un cuadro de contenidos que ilus-
tra cuál es el patrón que se incluye por primera vez o que se
ejercita en esa unidad y que indica, también, cuál es el tema gramatical de la unidad. Los temas gramaticales son las categorías
gramaticales y sus relaciones. Así en las Unidades 2 y 3 que
hemos mencionado, el tema gramatical es el artículo indefinido y
su concordancia con el sustantivo.

Como decimos en nuestras Guías Didácticas para la Enseñanza
del Castellano como Segunda Lengua, "Sin olvidarse que el tema
gramatical está siempre inserto en un patrón estructural, por
razones didácticas se pone a veces énfasis en el patrón mismo y
otras, en el tema gramatical." En la Unidad 3, por ejemplo, el
tema gramatical de los artículos indefinidos en plural es lo que
interesa especialmente. Estos artículos aparecen en patrones
estructurales ya conocidos como: Qué + Cópula y Cópula + Artículo
Indefinido + Nombre, pero que ahora se presentan en plural (17)."

Los diálogos son cortos: oscilan entre ocho y doce líneas e
incluyen de dos a cuatro personajes. En todos los diálogos los
personajes son los niños, salvo intervenciones de la maestra, del
papá y de la mamá. Pese a su corta extensión recomendamos que se
enseñen subdivididos en fragmentos con sentido. Utilizamos una
técnica audio-visual para presentarlos con la ayuda de láminas que
ilustran cada frase. Raras veces una lámina sirve para más de una
frase. Los pasos que se siguen en la enseñanza del diálogo son:

-motivación (conversación en quechua sobre el tema de la
 unidad para vincularlo con el tema de la unidad de aprendizaje; ambientación del tema, tal cual es tratado en el
 diálogo, adaptándolo a las peculiaridades geográficas y
 socio-culturales del medio del niño);

-presentación e identificación de los personajes (con
 láminas);

-presentación del diálogo (audio-visual, usando láminas);

-preguntas de comprensión (en castellano con respuestas
 cortas; se utilizan a partir de la Unidad 6);

-explicación (con el apoyo de mímica, entonación, ejemplos
 en contexto, etc.);

-memorización (por partes); y

-dramatización (vivencia de la situación, con ambientación
simple pero adecuada y producción más libre que en la
memorización).

5.2.2.1. Ejercicios

Su finalidad es automatizar el uso del vocabulario y las
estructuras presentadas en el diálogo. Considerando la utilidad
de una comparación entre el quechua y el castellano, se han tenido
en cuenta las transferencias positivas y las negativas--opcionali-
dad de la concordancia de sujeto plural y verbo plural en quechua
versus obligatoriedad de esta concordancia en castellano, por
ejemplo.

Hay ejercicios de repaso y ejercicios para presentar y practicar el material nuevo. Por el contenido que enfatizan, los
ejercicios son de vocabulario, de gramática o de pronunciación.
(Los ejercicios de pronunciación se han separado de las Unidades
para juntarlos en un manual especial.) Para que los ejercicios de
gramática y de vocabulario se realicen siempre en el contexto de
una situación, se les construye en base a un mecanismo de estí-
mulo-respuesta. Los estímulos pueden ser auditivos, visuales,
objetos o seres reales, etc. que provocan una pregunta seguida de
una respuesta, que simplemente generan una reacción. Por ejemplo, en la Unidad 3, al practicar los sustantivos plurales que se
han presentado precedidos del artículo indefinido, se muestran
láminas con vacas, ovejas, etc. mientras se pregunta: "¿qué son?"
Los alumnos responden de acuerdo con el estímulo: "Son unas
vacas, son unas ovejas, etc."

5.2.2.1. Los ejercicios para introducir material nuevo tienen las
siguientes fases: (a) presentación del ejercicio, hecha por el
maestro con el doble objeto de que comprendan la situación y el
mecanismo del propio ejercicio; (b) repetición hecha por los niños
siguiendo el modelo que da el maestro y (c) diálogo entre el maestro y los niños sólo entre los mismos niños. En esta tercera
fase se persigue que la producción esté a cargo de los niños, con
la mínima participación del maestro. Por ejemplo, en la Unidad 5,
ejercicio 1, el maestro enseña una lámina y pregunta: ¿Quién es?
La clase responde, identificando al personaje. Luego el maestro
hace un gesto referido al comentario que quiere oir sobre el

personaje: gordo, flaco, alto, bajo, etc. y la clase responde,
atendiendo al gesto. "¡Qué gordo!" o lo que convenga.

Utilizamos la técnica del diálogo dirigido, llevándolo al
punto en que una vez practicada la pregunta y la respuesta, el
maestro sólo necesita dar la orden: "X, pregúntale a Y." Usamos,
también, el ejercicio en cadena, en el cual el maestro se limita a
iniciar el ejercicio y luego deja su desarrollo en manos de los
niños quienes inclusive escogen los estímulos. Este tipo de ejercicio nos gusta porque permite que cada niño practique tanto preguntas como respuestas; que dé órdenes y que las ejecute. Claro
está que es responsabilidad del maestro cortar la cadena antes que
la clase se aburra e iniciar una nueva.

5.2.2.2. Aún cuando la organización del material no es por com-
partimentos estancos sino una espiral donde los vocablos y las
estructuras reaparecen, hemos preparado ejercicios especiales para
repasar el vocabulario y las estructuras gramaticales ya aprendi-
das.

Estos ejercicios adoptan las siguientes formas:
-Conversación de repaso, que aparece desde la Unidad 4 y en la que
el maestro pasa de la esfera del contenido del diálogo a la de la
propia vida de los niños. Por ejemplo, en la Unidad 5, luego que
los niños han dibujado a sus respectivas familias, el maestro toma
el dibujo de un niño y le pregunta, señalando a diferentes personajes, "¿quién es? ¿tu papá es alto o bajo? ¿cómo es tu hermano?
¿tú eres alto o bajo? etc.

-Conversación espontánea, en la que se intenta librar al niño del
control del maestro. Algunos niños se turnan para hacer de maestros y preguntar a los demás; el resto de los niños les preguntan
a su vez.

-Ejercicio narrativo, para medir cuánto comprenden los niños sin
ayudas visuales. Constituye una reelaboración de lo aprendido y
aparece desde la Unidad 11. El maestro cuenta algo y los alumnos
deben contestar preguntas sobre el tema y también recontar lo
escuchado. Conforme avanza el nivel de la clase, se les pide a
los niños que provean sus propias narraciones, ya sea apoyándose
en su propia creatividad o utilizando los argumentos de las canciones que saben.

5.2.2.3. Una de las formas más crueles de discriminación hacia el
hombre andino que ha aprendido el castellano es a través de la
mofa su acento. Nos hemos preocupado mucho, por eso, por los
ejercicios de pronunciación dirigidos a resolver las dificultades
que habíamos anotado en las observaciones hechas en clase y las
que habíamos detectado en las grabaciones así como las previstas
en el análisis comparativo de los sistemas vocálicos y consonánticos del quechua y del castellano. Era obvio que los mayores problemas se presentarían al enseñar a los niños el contraste entre
las vocales castellanas e/i y o/u; los diptongos 'ie' como en
'tiene', 'ue' como en 'nueve'; las secuencias vocálicas disilábi-
cas castellanas que no existen en el quechua ayacuchano (problemas
de pronunciación de 'leo', 'tía'); la 'f' del castellano que por
no existir en el quechua, recibe realizaciones distintas a la pronunciación del hispano-hablante.

Preparamos ejercicios de reconocimiento y ejercicios de producción. Los primeros basados en el principio del contraste: es
más fácil oir un sonido nuevo cuando lo oponemos a otro conocido.
Para las vocales, tomamos como elemento conocido la vocal 'a' que
es común al quechua y al castellano. Empezamos contrastando a/e,
a/i, etc. en pares mínimos de monosílabos de sílaba abierta, luego
de sílaba trabada y luego reconociendo el sonido nuevo en una
secuencia. La producción de lo reconocido se basaba en la imitación, apoyada por explicaciones articulatorias a manera de un
juego: "fíjate donde está tu lengua," etc.

El cuidado de la pronunciación era constante en todas las
fases del método: el diálogo, los ejercicios gramaticales, pero,
dada la persistencia de los problemas de pronunciación aún en los
adultos que han estado expuestos al contacto con hispano-hablantes
durante tiempo, creímos indispensable dedicar diez o quince minu-
tos diarios a una práctica específica.

5.2.3. Hemos señalado que las unidades incluyen una sección
de Expresiones Usuales para facilitar el uso del castellano como
lengua de comunicación dentro de la escuela. Hay otra sección
dedicada a actividades recreativas: dibujo (relacionado con los
temas de las unidades); canciones (originales o adaptadas); juegos
(originales o adaptados). Por último, llevan una pequeña sección
de aprestamiento para la lectura en la cual se sugiere que se
cuelguen en la sala de clase dibujos o láminas que ilustren

algunos de los animales u objetos cuyos nombres se han aprendido y
que se les ponga debajo del rótulo correspondiente.

5.3. Aunque el material que hemos descrito es para la
enseñanza del castellano como segunda lengua, el hecho de haber
recogido su temática de la realidad local, de incluir en su metodología una activa participación del niño, de incluir juegos, canciones, dibujos, dramatizaciones, desarrollo de la comprensión y
de la expresión, lo convierte en material para una educación en
castellano. De esta manera entra en las Unidades de aprendizaje
y cumple objetivos de diversas líneas de acción educativa. Por
ejemplo, el primer objetivo de la Unidad de Aprendizaje Núm. 1:
"Expresar oralmente pequeñas experiencias de su vida escolar y
familiar" recoge objetivos de Lenguaje y Ciencias Sociales. Este
objetivo se traduce en conductas mediante actividades en las que
se emplea tanto el quechua como el castellano; todas las actividades previstas en castellano para la realización del objetivo
corresponden a las Unidades de Castellanización 1 y 2. Una de las
actividades del primer objetivo es: "Representar por medio de una
dramatización a diferentes personas de la comunidad escolar." En
quechua se lleva a cabo mediante un juego dramático libre sobre la
matrícula; en castellano, mediante la dramatización del primer día
de clase usando el diálogo de la primera Unidad de Castellanización.

Otra actividad indicada para este primer objetivo es la dramatización de un juego con los objetos de la clase. Este se
realiza en castellano con el diálogo y el juego "Adivina qué es"
de la segunda Unidad de Castellanización.

El quinto objetivo de la Unidad de Aprendizaje 1 es: "Dis-
criminar auditivamente algunos sonidos conocidos" y con él se cumplen objetivos específicos o desagregados de Lenguaje, Matemática
y Ciencias Naturales. Las dos actividades señaladas para poner en
práctica este objetivo corresponden a los ejercicios de pronunciación del material de castellanización: a) Escuchar atentamente
sílabas con las vocales /a/, /e/ y b) Reconocer auditivamente las
vocales /a/ y /e/, dando una señal convenida.

La enorme importancia de convertir la castellanización en un
proceso de educación en castellano estriba en probar a los maestros algo en lo cual no creen: que es posible enseñar los materiales escolares en castellano al niño indígena monolingüe, desde

el comienzo de su escolaridad; y que es posible hacerlo con efectividad. Claro está que para lograr ese fin, es preciso contar
con materiales graduados, suficientemente amplios en su concepción
para que puedan contribuir a un proceso de formación integral.
Esta ha sido una de las metas básicas de nuestros materiales de
castellanización: hacer que el proceso de aprender el castellano
sea simultáneamente un proceso de aprender en castellano contenidos de diversas líneas educativas.

Para facilitar la tarea de los maestros que usan nuestros
materiales hemos laborado con ellos en la preparación de las Unidades de Aprendizaje que operativizan el currículo. Indicamos
para cada objetivo de Unidad, las actividades que permiten cumplir
el objetivo y la lengua en que cada actividad puede realizarse.

5.3. En cuanto a la alfabetización, nosotros creemos que, no
habiendo evidencia incontrovertible de que la alfabetización en
una u otra lengua--la nativa o la segunda--sea más eficaz y siendo
el caso que no se utilizan las lenguas nativas para leer y escribir actualmente y que no hay material de lectura en esas lenguas,
el mejor camino es el de enseñar a leer en castellano primero
sobre la base del castellano oral que el niño va adquiriendo.
Hemos preparado lecciones de lectura elemental en castellano y
lecciones de escritura, correlacionadas con las Unidades de castellano oral. Por ejemplo, en la segunda Unidad de Castellanización
practican la pregunta: "¿qué es?" y la respuesta: "Es un ____."
Las tres primeras lecciones de lectura reiteran esta pregunta:
con referencia a objetos locales: "es un molle (árbol del e
lugar)," "es una tuna (fruta local)."

Insistimos en que, en el proceso de enseñarles a leer en castellano, se les muestre que cualquier lengua puede ser transcrita.
Además en el análisis silábico y la generación de palabras a base
de las sílabas conocidas, se les pide a los niños que generen
palabras no sólo en castellano sino también en quechua. La práctica intensiva de la lectura y escritura en quechua se posterga
para una etapa posterior.

5.5. Con miras a resguardar el uso del quechua, estamos trabajando ahora en materiales de apoyo a los cuales puede recurrir
el maestro para afianzar su enseñanza en esta lengua. Tenemos
listos dos cuentos: "Wistu Chillicu" (del folklore peruano) y
"Warmapa Kaman" (adaptación de un cuento tradicional), los que ya

han sido empleados con muy buena acogida. Están presentados en
forma de lecciones que señalan los objetivos que se cumplen.

Además hemos traducido al quechua las indicaciones que los
maestros deben hacer a los niños para la utilización de los materiales de matemática moderna del primer grado, y hemos adaptado al
medio quechua de Ayacucho las actividades sugeridas.

Conclusiones

En resumen, quisiera destacar:

1. Que la preparación de materiales para la educación bilingüe en el Perú está encuadrada dentro de los parámetros fijados
por los documentos normativos respectivos y por la concepción del
currículo y la estructura básica curricular que se diseña desde el
Ministerio de Educación. La adaptación a las necesidades locales
se hace a nivel de las propias escuelas y de los organismos que
las agrupan; esto es, los Núcleos Educativos, y se nutre de las
sugerencias que emanan de maestros, padres de familia y de la
comunidad. Son currículos flexibles y en constante evaluación;

2. Los materiales de castellanización preparados por el
Centro de Investigación de Lingüística Aplicada de la Universidad
de San Marcos son simultáneamente materiales para la educación en
castellano y constituyen una prueba de que se puede educar en una
segunda lengua desde el inicio de la escolaridad del niño indígena;

3. Los materiales de lectura en castellano se basan en los
materiales de castellanización y refuerzan el principio que se
enseña a leer solamente lo que ya se conoce a nivel de habla.
Practicamos con el uso de estos materiales, el principio de la
transferencia de las habilidades de lectura y escritura para que
el niño practique la lectura y escritura en quechua posteriormente.

El equipo que ha preparado estos materiales de castellanización está compuesto por los siguientes miembros del Centro:
Madeleine Zúñiga, Minnie Lozada de Bravo, e Inés Pozzi-Escot. Los
materiales de quechua están a cargo de Lourdes Gálvez de Herrera y
dirige la evaluación Clara Hidalgo de Muñoz.

Referencias

1. Artículo 12 de la Ley General de Educación Núm. 19326.

2. Política Nacional de Educación Bilingüe, p. 10.

3. Ibid, p. 13.

4. Ibid, p. 30.

5. Reglamento de Educación Bilingüe, p. 29.

6. Ley General de Educación, p. 29.

7. Albó, Xavier. "El Futuro de los Idiomas Oprimidos en los Andes."

8. Reglamento de Educación Bilingüe, Artículo 3ro., p. 29.

9. Currículo de Educación Básica Regular, 1er. Ciclo, 1974.

10. Ibid, p. 18.

11. Ibid, pp. 25-26.

12. Ibid, p. 12.

13. Ponencia presentada al XLI Congreso Internacional de Americanistas, celebrado en México en septiembre de 1974.

14. Jorge Chacón Sihuay, 1973.

15. Martínez, Héctor et al, 1973.

16. Glisée Pacheco, alumna de la Universidad Nacional San Cristóbal de Huamanga en Ayacucho ha preparado un informe sobre "La Educación como Trasmisora de Ideología en Huamanguilla" y ha anotado el número de alumnos que trabajan en faenas domésticas, agrícolas y de pastoreo después de las horas de clase.

17. Guías Didácticas para la Enseñanza del Castellano como Segunda Lengua, 1973, p. 3.

18. Chacón Sihuay, Jorge. Quechua Wanka (Transcripción Fonética, Fonémica y Grafémica de Textos) I, CILA, UNMSM, Documento de Trabajo Núm. 22, octubre de 1973.

19. Martínez, Héctor, William Prado y Jorge Quintanilla. El Exodo Rural en el Perú. Lima: Centro de Estudios de Población y Desarrollo, 1973.

20. Ministerio de Educación, Lima, Perú. Ley General de Educación Núm. 19326, 1972. Política Nacional de Educación Bilingüe, 1972. Reglamento de Educación Bilingüe, 1973. Curriculum de Educación Básica Regular 1er Ciclo, 1974.

Sociolinguistic Considerations for Bilingual Education Materials

eduardo hernández-chavez

With the only exception of American Indians, Chicano students --among all other minority groups in the United States--have the lowest achievement level within the educational system. This paper proposes that the reasons are due to stereotyping and mistaken attitudes on the part of educators. The Chicano child--and the Mexican and Latin American by extension--is characterized as passive and lazy with no goals in life other than being a peasant or a factory worker. This image establishes an educational dichotomy enabling the Anglo group to receive the education necessary for intellectual tasks and deprives the Chicano of the same quality education.

The same applies to teachers: Anglo groups get the best qualified, while Chicanos get inferior teachers who have no preparation in the arts of bilingual education. Chicano schools are also at a disadvantage economically with respect to income and to teacher-student ratio.

Assimilationist programs of bilingual education that tend to destroy the Chicano culture in an effort to Anglicize are criticized. Priority sociolinguistic considerations are proposed for successful bilingual education programs for minority groups.

Consideraciones Sociolingüísticas en Materiales para la Educación Bilingüe

eduardo hernández - chavez

En comparación con otros grupos étnicos, el estudiante chicano ocupa uno de los niveles más bajos dentro del sistema educativo norteamericano. No importa cual sea el índice de aprovechamiento educativo que se emplea, bien sea el promedio de años escolares obtenido, o el nivel de aprendizaje en materias elementales, o el número de bachilleres que ingresan a universidades--sin mencionar el escaso número de los que logran obtener algún título profesional--el estudiante chicano invariablemente se encuentra en una posición inferior, no sólo a la del anglosajón, sino también a la del promedio del resto de los grupos minoritarios que sufren discriminación racial, social, económica y política, con la única excepción de los indígenas norteamericanos.

El ínfimo aprovechamiento del chicano dentro del sistema educativo norteamericano es un resultado obvio de suposiciones y prácticas erróneas empleadas por los educadores norteamericanos. Quizás el estereotipo más dañino que se tiene del chicano entre los norteamericanos--estereotipo que también abarca a mexicanos y a latinoamericanos en general--nos representa como a gente pasiva, de una mentalidad fatalista. Dicen que a nuestros padres no les interesa nuestro adelanto escolar, y por lo tanto, carecemos de ambición por el estudio. Dicen que nuestras aspiraciones vocacionales se limitan a empleos en la agricultura o en las plantas industriales. Y es de esta manera precisamente que se justifica

la existencia de dos sistemas pedagógicos paralelos, en los cuales
un grupo escolar, generalmente anglosajón, recibe preparación
adecuada para su ingreso universitario, mientras que el otro, compuesto predominantemente por los indígenas, los negros, y los chicanos, atraviesa las escuelas del país más rico de la tierra,
obteniendo una raquítica educación. El consejero escolar, quien
ocupa un lugar importantísimo en las instituciones educativas norteamericanas, puesto que es él quien orienta, estimula y guía las
aspiraciones profesionales de los alumnos, es poco visible y generalmente inepto en aquellas escuelas donde se encuentran grandes
concentraciones de chicanos. Lo mismo sucede con el personal
docente. En las escuelas chicanas, no sólo padecen los maestros
de una preparación inferior, sino que también la proporción de
estudiantes a maestros es mucho mayor allí que en las escuelas
donde predominan los anglosajones. Además de todo esto, las
escuelas chicanas generalmente poseen uno de los ingresos económicos más bajos del país.

Como se ha dicho, la preparación educativa que recibe el chicano se desprende directamente del estereotipo bajo el cual se
juzgan las normas culturales latinoamericanas. La supuesta supre-
macía cultural norteamericana impide distinguir la gran importancia que nuestros pueblos dan a la educación, tanto en sus aspectos
académicos como en las normas culturales apreciadas por todos
nosotros, ya sea el respeto, la cooperación, o la responsabilidad
familiar.

Asimismo se ignora en aquel sistema educativo el imperativo
cultural del niño chicano a aprender en un medioambiente de armo-
nía y cooperación, y no de constante competencia y rivalidad como
es la norma entre los anglosajones. Para el niño chicano, la
motivación intelectual está íntimamente ligada a su sentido de
responsabilidad y lealtad, tanto a sus padres como a su comunidad.
El niño anglosajón, por otra parte, muy temprano aprende a apreciar el esfuerzo individual, con el objeto de lograr el éxito
personal. No es, pues, para sorprendernos que la orientación com-
petitiva de la pedagogía norteamericana estimule a los niños
anglosajones en su aprovechamiento escolar, y por otra parte pro-
duzca resultados catastróficos en el estudiante chicano.

Otro error prevalente tanto en la pedagogía como en el pensamiento popular norteamericano, consiste en creer que el niño
chicano sufre una gran desventaja debido a su conocimiento del

español. Se piensa que si el educando chicano supiera inglés (y
además no fuera tan perezoso) podría gozar de todas las ventajas
educativas de sus condiscípulos anglosajones. Aunque parezca
increíble hoy en día, el educador norteamericano aún posee la
noción de que el bilingüismo produce confusión psicológica y
retraso académico. Hasta se teme que el apego a formas culturales
no anglosajonas y en especial a una lengua no inglesa estimule
actitudes políticas subversivas. Estas premisas explican las
advertencias que se hacen a los padres de hijos hispanohablantes
para que no hablen a sus hijos en español, así como los severos
castigos en las escuelas para aquellos niños que osan hablar en su
lengua materna. ¡Y todo esto se justifica con el argumento de que
se trata de proveer al niño, llamado desventajado, la mejor educación del orbe terrestre!

Recientemente se han instituído en gran número de escuelas,
programas donde se intenta rebasar la llamada barrera lingüística
por medio de cursos de enseñanza de inglés como segundo idioma o
de enseñanza bilingüe. En realidad, esos programas sólo son aparentes soluciones cuyo verdadero objetivo consiste en transformar
al niño chicano en un ser predominantemente angloparlante. Desde
el punto de vista de las instituciones educativas, estos programas
han tenido éxito en haber logrado el objetivo implícito. El niño
chicano, sin embargo, adquiere pocas ventajas al aprender inglés,
puesto que la introducción de los programas bilingües o de inglés
como segundo idioma no ha alterado en lo más mínimo las prácticas
discriminatorias hacia los chicanos que ya hemos descrito en
párrafos anteriores. Dichos programas lingüísticos de enfoque
transicional en realidad crean una multitud de problemas educativos, psicológicos, sociales, y culturales para los chicanos.

Primeramente, a menos que el niño esté matriculado en el
raro programa bilingüe en que se emplea el español con consistencia y através de un período suficientemente largo como único medio
de instrucción, sufrirá un retraso académico posiblemente irreme-
diable. Esto es debido a que una vez retrasado en la adquisición
de los conceptos educativos elementales, los cuales forman la base
de todo el aprendizaje subsecuente, el niño va quedándose cada vez
más atrás. Adicionalmente, a medida que el estudiante aprende
inglés, y a pesar de los intentos ineficaces de enseñarle español
en los llamados cursos bilingües, el niño chicano aceleradamente
pierde su manejo del español, hasta que llega al punto, dos o tres
años después, de haber perdido casi totalmente la facilidad de

usar su lengua materna. Este fenómeno es común en decenas de
millares de niños participantes en este tipo de programas. La
pérdida del lenguaje materno tiene resultados desastrosos no sólo
para el individuo sino para su familia y su comunidad. Solamente
habrá de imaginarse el efecto psicológico producido en un niño que
ya no puede comunicarse ni mantener una interacción efectiva con
los miembros de su familia. Por otra parte, esta destrucción de
lazos familiares no implica que el niño chicano se identifique con
sus compañeros anglosajones. El trágico resultado de estas prácticas pedagógicas es la enajenación del niño de su comunidad y la
ausencia total de relaciones significativas en el ámbito anglosajón. Cuando se trata de uno de esos pocos casos en que el
estudiante chicano logra obtener su diploma de bachiller, su
enajenación de la comunidad en la que se ha criado, será casi completa.

Esto tiene una consecuencia destructiva al dividir la comunidad chicana en dos grupos incompatibles: los de habla hispana sin
educación y los angloparlantes educados. Aun aquellos que retie-
nen el manejo de la lengua materna suelen utilizar predominantemente el inglés, al haber sido educados, naturalmente, en dicho
idioma. Dada esta situación, es indudable que la próxima generación chicana habrá perdido la más valiosa herencia cultural mexi-
cana--el idioma español.

He presentado este cuadro desilusionante y deprimente después
de haber presenciado la corriente trágica que marcha por lo largo
de nuestro Aztlán--lenta y engañosa en el sur de Tejas, ganando en
velocidad en partes de Nuevo México y en Arizona, hasta precipi-
tarse desaforadamente en el norte de California.

¿Cómo habremos de tornar, o al menos detener este caudal que
nos amenaza? ¿Qué papel podremos tomar los lingüistas con nuestros conocimientos de la sociolingüística, y las escuelas con sus
programas bilingües? El panorama sociolingüístico general señala
que el fraude educativo perpetuado contra el chicano no es el
único factor que amenaza la supervivencia de nuestro bello idioma
y la integridad de nuestras comunidades. Culpables también son
las demás instituciones norteamericanas que velada o prominente-
mente contribuyen al genocidio cultural de nuestro pueblo--tales
como el sistema jurídico, las instituciones gubernamentales, la
industria, el comercio, los sindicatos, la prensa y demás medios
de comunicación, etc. Podría ser que en su conjunto, estas

instituciones ejerzan mayor influencia en la aculturación del chicano que lo que efectúa el sistema educativo. Más, es el sistema
educativo que posee una de las mayores influencias al imprimir sus
efectos en la totalidad de los habitantes de un país.

Tampoco hemos de olvidar las actitudes que nosotros mismos
tenemos hacia nuestro idioma. Me refiero no solamente al interés
por parte de los chicanos en utilizar y preservar la lengua, sino
asimismo a la actitud por parte de nuestros hermanos mexicanos
quienes en ocasiones muestran desprecio o indiferencia hacia nuestra manera de hablar.

Para muchos norteamericanos, el español chicano es idéntico
al que se habla en México y, debido a que ambos difieren del español de La Real Academia, ninguno de los dos pasa de considerarse
como una jerga o un "slang" con formas gramaticales y pronunciaciones incorrectas. En contraposición, el mexicano apenas considera nuestra manera de hablar como idioma legítimo. Entre los
mexicanos se dice de los chicanos que ni hablamos español ni
hablamos inglés. Enfrentados con estos conceptos negativos,
muchos chicanos también miramos nuestro vernáculo como un idioma
ilegítimo, e indigno de ser escrito excepto en una forma "pura,"
concepto que queda indefinido.

Una de las contribuciones más importantes de la sociolingüística para la enseñanza será precisamente en domestrar que la
noción de la pureza de un idioma es un mito sin fundamento. Todo
idioma incorpora rasgos lingüísticos que fueron introducidos como
resultado del contacto cultural. De este modo, por ejemplo, el
español mexicano incluye un extenso léxico proveniente del Náhuatl.
Además de esto, los movimientos históricos culturales y sociales
dan ímpetus a la variación dialectal y sociolingüística, efec-
tuando dentro de un mismo idioma diferencias muy naturales.

Es así que en el español chicano se ha desarrollado una gran
variedad de diferencias, especialmente en comparación con el español mexicano hablado por personas cultas. Sin embargo, el habla
chicana es esencialmente una variante regional del español hablado
en México, aunque posiblemente difiera de éste más que cualquier
otro dialecto mexicano. No es para sorprendernos, entonces, que
nuestras hablas compartan un sinnúmero de similitudes léxicas,
gramaticales y fonológicas.

De hecho, en cuanto a la gramática, las formas usadas en ambos lados de la frontera norteña son prácticamente idénticas. Lo mismo se puede decir de la pronunciación, ya que en gran parte del suroeste estadounidense, existen muy pocas pronunciaciones que difieren significativamente de la pronunciación mexicana. Una de estas, que actualmente parece estar ensanchando el territorio que abarca, es la [y] que se pierde en contacto con una de las vocales palatales [i] y [e] como en las palabras botella pronunciada [botea] o tortilla pronunciada [tortía]. Pero esta es una de las muy pocas diferencias entre el español mexicano y el chicano.

De igual manera, la mayor parte del léxico usado por nuestros pueblos lo tenemos en común con el resto del mundo hispánico. Además, existen centenares de vocablos netamente mexicanos que también forman parte del léxico chicano, palabras tales como banqueta, llanta, tienda, puro--sin hablar de la multitud de aztequismos que amplían y enriquecen nuestra lengua, como ejote, guajolote, hule, molcajete, o atole, y muchos, muchos más.

En el español chicano, además, existe otra clase de mexicanismos, que para el mexicano de las clases alta y media llevan implicaciones de lenguaje de provincia o del habla de personas iletradas e incultas, mientras que entre los chicanos estas formas son las más normales y regulares, sin connotación social o dialectal. Me refiero no sólo al léxico de origen español que en México se usa por personas consideradas incultas, palabras como suelo por 'piso', retrato en vez de 'foto', almuerzo con el sentido de 'desayuno' o repollo por 'col', sino también a préstamos del inglés, integrados aun en el habla de ciertos mexicanos, especialmente en el norte del país, tales como troca 'camión', dipo 'estación', traque 'vía ferroviaria', chaqueta 'saco', o suera 'suéter'.

Dentro de esta misma clasificación, que para el propósito de esta exposición podremos denominar la norma chicana neutral, entran ciertas formas morfo-fonológicas tales como haiga o quedrá en vez de 'haya' y 'querrá'. Una de las mas prevalentes tanto en el habla no estandar en este país como en el lenguaje de los chicanos, consiste en la regularización del acento paradigmático dentro del presente del modo subjuntivo, dando como resultado formas como váyamos, sálgamos, quiéramos, puédamos, etc. reemplazando a 'vayamos', 'salgamos', 'queramos' y 'podamos'. A propósito de esas formas, es notable que la vocal acentuada mantiene su carácter de diptongo, precisamente de acuerdo con las reglas

fonológicas del español común. En cuanto a la sintáxis se encuentran muy pocas formas dentro de la norma neutral chicana que
difieren del español estandar. Un ejemplo podría ser las expre-
siones tautológicas <u>salir para afuera</u>, <u>entrar para adentro</u> y <u>bajar</u>
<u>para abajo</u>, pero se necesita mucho más estudio de los fenómenos
sintácticos para poder determinar cuáles son las meras variantes
usadas en las comunidades chicanas, y cuál es el valor sociolingüístico que tienen.

Una tercera clasificación de locuciones abarca palabras y
formas gramaticales que dentro del habla chicana misma muestran
variación sociolingüística, ya sea porque son usadas por distintos
grupos sociales, o porque son variantes regionales, o porque su
uso varía de acuerdo con el contexto social. Por ejemplo en algunas zonas rurales todavía se oyen expresiones como <u>arrear un carro</u>
o <u>chuparse un cigarro</u> (en vez de 'manejar' y 'fumar'). Ciertos
grupos intercambian, según el contexto, formas como <u>siéntensen</u> ~
<u>siéntesen</u> ~ <u>siéntense</u> ~ o <u>comprábanos</u> ~ <u>comprábamos</u>. Se emplean
cantidades de anglicismos que coexisten con sus equivalentes de
origen español: <u>puchar</u> 'empujar', <u>shainear</u> 'lustrar', <u>un nicle</u>
'un cinco', <u>el cho</u> 'el cine', etc.

Podemos distinguir por lo menos una cuarta clasificación
sociolingüística principal en el habla chicana que es lo que denominamos el caló, o la jerga carcelaria. Es importante para esta
discusión no sólo porque es usada por numerosos jovenes chicanos
de cierta clase social, sino porque algunas de las expresiones de
esta jerga han llegado a ser usadas más generalmente en el habla
informal de la juventud y en especial de los studiantes. Ya pala-
bras como <u>bato</u> 'joven', <u>ruca</u> 'mujer', <u>gava</u> o <u>gavacho</u> 'anglosajón',
<u>chale</u> 'no' son de uso muy general.

En todos estos casos, grandes números de chicanos están concientes de que el uso apropiado y adecuado de estas variantes
depende de la situación y del contexto en que se emplean, lo cual
tiende a contradecir el estereotipo que tienen muchos, de que el
habla de los chicanos--de los "pochos" como nos dicen aquí--es una
mezcla indiscriminada y promiscua de inglés y español que no tiene
ni regla ni sentido.

La regla está exactamente en la adaptación de las formas
según las exigencias contextuales. El sentido lo tendremos que
buscar en el carácter del chicano. Casi el cien por ciento de

nosotros somos hijos de mexicanos. No entraré aquí en una discusión sobre las complejidades de las inmigraciones a los Estados
Unidos--será suficiente decir que la gran mayoría de ellos eran
gentes humildes, generalmente obreros o campesinos que buscaban
mejorar su condición económica. Y del carácter de aquellos inmi-
grantes--nuestros padres--en confrontación con una cultura mayoritaria anglosajona, tomamos nosotros los chicanos nuestros rasgos
distintivos, nuestra cultura y nuestra lengua. Hoy en día, hay un
creciente número de nosotros que reconoce que el despreciar nuestra lengua equivale a despreciarnos a nosotros mismos, que el
estar concientes de nuestros orígenes, por humildes que hayan
sido, nos sirve para definir nuestra identidad y nuestro destino
como parte de la raza.

Por estas razones, me parece importantísimo reconocer la
existencia y la legitimidad de una norma lingüística chicana tal
como la que he denominado neutral. Como se ha notado anteriormente, muchas de esas formas son de uso actual en México, pero en
este país tienen un valor sociolingüístico inferior y un mínimo de
prestigio, mientras que para el chicano el lenguaje representado
por esa norma es completamente adecuado. Hay quienes nos aconse-
jan que olvidemos esa manera de hablar y que aprendamos la norma
culta mexicana. Yo respondo con una pregunta--¿Por qué y para
qué, si no somos mexicanos?

Si los chicanos vamos en camino de perder nuestro idioma
ancestral, todo lo que precede tendrá solamente interés académico,
valorado únicamente por los historiadores y los filólogos. Por
otra parte, si tenemos la esperanza y la voluntad no sólo de con-
servar nuestra herencia lingüística sino también de insistir en
que se les enseñe el español a nuestros hijos y que se utilice
dicho idioma en todos los niveles de la educación como medio de
instrucción, entonces nos es de lo más urgente establecer programas verdaderamente bilingües en todas las escuelas donde asisten
estudiantes chicanos.

Tales programas, si es que realmente van a tener efectos
positivos y significativos en la educación que tanto desea la
familia chicana, no podrán llevarse a cabo por medio de una lengua
extraña y ajena a las experiencias del niño, sea esta el inglés o
un español importado de otro país. Esto sería decirle al niño que
la lengua que habla su comunidad y que aprendió de los labios de
su madre no es digna de usarse como medio de instrucción, y que si

aspira a ser persona educada la tiene que rechazar, ¡Qué es más importante, la supuesta pureza de un idioma, o la preservación de una cultura y la educación de los niños?

The Radio as a Free Expression of Aymaran Speech

xavier albó and nestor hugo quiroga

Traditional education of the Quechua and Aymara in Bolivia poses serious problems. However, education through radio presents new opportunities, since it overcomes the geographic isolation, linguistic and cultural diversity, and illiteracy which have frustrated traditional approaches.

This paper presents a theoretical and methodological discussion of the educational possibilities of pedagogy based on mass communication, outlines the linguistic, social, and cultural questions to be considered, and proposes guidelines for designing and carrying out such a program. What is discussed is not really new, but rather the application of some basic pedagogical principles to a new kind of mass communication within socially oppressed and marginal cultures. Priority is given to horizontal,

rather than vertical communication. For this approach to succeed,
an educational situation must be created which stimulates active
participation and offers possibilities for self-instruction. Many
aspects of such a system are under experimentation in the Aymara
area in Bolivia. The success of this approach should eliminate,
in time, the barriers that impede dialogue within and across the
different sectors of society, bringing about structural changes
which will benefit the indigenous cultures.

La Radio como Expresión Libre del Aymara

xavier albó y nestor hugo quiroga

Hace un año en una reunión semejante, también en México, ya se señalaron los defectos que presentaba la educación sistemática escolar en el medio quechua y aymara de Bolivia, y por otro lado, se mostraron las nuevas oportunidades para una educación asistemática, tal como aparecía, en forma espontánea, en las radios, especialmente en las de índole más popular. Algunas características propias de la situación boliviana, tanto en las mismas radios como en la audiencia quechua y aymara, hacían todavía más apetecible esta oportunidad: se saltan las barreras del aislamiento geográfico y de la diversidad lingüístico-cultural, superándose al mismo tiempo los bloqueos del analfabetismo, que frustran tantos intentos que utilizan los esquemas tradicionales (1).

Partiendo de tal diagnóstico, en el presente ensayo ofrecemos una reflexión teórica y metodológica sobre las posibilidades educativas que se abren en este campo. El propósito es poner a prueba una visión pedagógica fundamentada en los medios de comunicación, que se contraponga a la concepción de una mera acumulación informativa. Para poder lograr este objetivo, se debe crear una situación educativa que estimule la participación activa y que brinde posibilidades de auto-educación. Evidentemente, lo que aquí presentamos tiene más proyecciones programáticas que descripciones de una realidad ya lograda. Pero en muchos aspectos, este enfoque ya se está experimentando en el medio aymara de Bolivia.

Por otra parte, no se trata de algo realmente nuevo, sino de
la aplicación de algunos principios fundamentales de la pedagogía
activa a nuevas situaciones de comunicación masiva en un medio
cultural y socialmente oprimido y marginado. En síntesis, se
trata de dar prioridad pedagógica a la comunicación horizontal,
surgida de las bases, más que a la comunicación vertical, surgida
de arriba, de una fuente educadora distinta de los grupos educandos (2).

1. Principios Teóricos

Antes de entrar en los aspectos radiofónicos y lingüísticos
propiamente dichos, conviene precisar algunos conceptos fundamentales que definan el nuevo enfoque. Estos se refieren tanto al
nuevo esquema educativo como a la clarificación del concepto de
comunicación subyacente en el mismo.

1.1 Una Pedagogía de la Expresión

La educación debe basarse ante todo en la expresión libre y
radical del llamado "educando". Este es el presupuesto básico del
que surgirá la creatividad y la pedagogía activa.

Cuando hablamos de "expresión libre", nos referimos a dos
aspectos de la misma. Una es la expresión exterior--vital y comu-
nicativa--que relaciona al individuo con el medio y que se encuentra condicionada por la sociedad a la cuál pertenece. El otro
tipo de expresión, es la interior, la cuál sufre un proceso más
complejo de desenvolvimiento y responde a una sicología más
íntima. Aquí radica la verdadera autenticidad del individuo.
Esta expresión puede quedar sepultada viva, si no se le ofrecen
estímulos y un ambiente propicio para su desarrollo.

El término "libre" se debe identificar con una verdadera
auto-educación, en el sentido de que el propio individuo debe
tomar la iniciativa, y el medio, en nuestro caso la radio, debe
facilitar y ayudar a expresar su potencialidad.

Todas las formas de expresión facilitan la autoexpresión de
ideas y sentimientos, normalmente inhibidos y reprimidos en el
hombre campesino. Pero la autoexpresión nunca llegará a ser creadora, si no es a través de la comunicación o encuentro con los
demás.

Se puede confirmar que esta forma de "expresión libre" debe
configurar una educación radical, que debe reflejar un espíritu
crítico, opuesto a una actitud cerrada, que siempre es castradora.
Brota así una actitud radical caracterizada por la audacia con que
se enfrenta la realidad, por la disposición a escuchar, a dejar
cualquier sectarismo y al esfuerzo para transformar la realidad
objetiva. Una educación radical debe ser esencialmente dialógica,
total, manifiesta, profunda, crítica y creativa; por lo tanto,
liberadora.

De esta forma, la educación a través de la expresión libre y
radical es una manera de realizarse, de irradiarse, de construirse.
Es hacerse. Es estar en acto.

Como consecuencia de ello, toda tarea pedagógica deberá partir de una expresión poco académica y hasta veces incierta, para
ir llegando, poco a poco, a expresiones más precisas, más compren-
sibles y hasta cierto punto, más compartidas.

1.2. Una Pedagogía de la Comunicación

Dentro de esta nueva pedagogía uno de los primeros problemas,
y al mismo tiempo una de las metas prioritarias, es solucionar a
través de la propia experiencia las dificultades con que tropieza
el diálogo de los propios sujetos-objetos de la educación a los
diversos niveles. Si no hay diálogo, no hay proceso educativo.

Ya no cabe hablar de un educando receptor pasivo de nuevas
normas y conocimientos. La relación que se establece entre el
juego del docente y el alumno es el de dos personas distintas, una
más realizada y otra en vías de realización, pero ambas activa-
mente implicadas en el intercambio. El acto pedagógico debe
transformar y promover al educando, pero sólo en la medida en que
aquel que lo dirige también se modifique y se promueva a sí mismo.
En alguna forma todos resultan educadores y educandos. A lo más,
habrá algún "animador" que empuje, catalice y sistematice el creciente procesamiento de información generado por el diálogo.

Donde quiera que quepa diálogo, cabe generar un proceso educativo, y donde quiera que el diálogo se encuentre bloqueado, se
bloquean las posibilidades de una verdadera educación. Por lo
mismo, los problemas y las metas de la nueva educación activa se
presentan donde haya problemas de comunicación, sea en el nivel

familiar, en el nivel social--comunitario o nacional--o en
cualquier otro. Y viceversa, cuanto mejor se consiga el flujo de
comunicación sin interferencias, tanto mejor se educan los impli-
cados en ésta comunicación.

Haciendo un análisis más particularizado de la problemática,
podemos pensar en innumerables casos. En nuestra gran comunidad
latinoamericana se habla mucho para no decir nada, pero nadie
escucha a los socialmente marginados y nadie los llama para
hablar. La mayoría de las veces la idea de contentación es la de
ocuparlos, guiarlos, dirigirlos y darles órdenes. Visto desde la
perspectiva contraria, aparecen las condiciones de existencia en
que permanecen grandes grupos sociales marginados, atrapados por
las dificultades económicas, inquietos por el problema de su
futuro y traumatizados por un pasado escolar oscuro. Ahora bien,
si muchos niños, jóvenes y adultos, sobre todo en estos grupos
sociales oprimidos, escriben, hablan e incluso piensan de manera
confusa y desarticulada, ello se debe con frecuencia a que, desde
el principio, no han sido entrenados para hablar ni para escuchar,
o dicho de otra forma, no han tenido iguales oportunidades de
comunicación y de diálogo verdadero. Como subraya Beltrán (1974),
uno de los grandes problemas de la población rural latinoamericana
es que ésta vive incomunicada y que la estructura de poder dominante no favorece el cambio de esta situación de incomunicación.

1.3. Una Pedagogía Integral

Dado todo lo anterior, surge la dimensión totalizante de esta
pedagogía que aquí propugnamos. El proceso educativo debe afectar
todos los niveles en que se efectúa la socialización. La educación debe ser integral. Su sentido de totalidad debe abarcar toda
la interacción e intercomunicación social en sus diferentes aspectos: la rutina familiar, la vida en la comunidad o en el barrio,
los centros culturales o recreativos, la radio, los otros medios
de comunicación social, las ferias y también--pero sólo en este
contexto más amplio--la escuela. Esta concepción de totalidad se
contrapone a la ilusoria concepción de una pedagogía especiali-
zada, parcial o separada, que enseñe intensamente, sin tener en
cuenta el conjunto de determinaciones que gobiernan la vida del
hombre y de la sociedad.

De ahí se siguen una serie de consecuencias, tanto a nivel de
contenidos como al de instrumentos educativos. Debe partirse de

las necesidades y motivaciones reales de la comunidad que educa y
se educa. El proceso educativo debe desarrollarse en el medio
natural en que transcurre la vida rural aymara. El contexto verbal y no verbal debe adecuarse a este medio natural.

Una consecuencia más honda de este sentido totalizante, y de
los otros principios ya señalados, es que la educación liberadora
resultante será también por necesidad una educación transformadora
de estructuras. Puesto que la estructura existente de hecho blo-
quea muchos diálogos, hay que tomar conciencia de que este tipo de
educación supone un cambio total en los esquemas vigentes; lleva a
promover cambios en vez de apoyar pautas sociales establecidas
(3).

Dentro de ello, el punto quizás más significativo es que
estimula el diálogo horizontal entre los grupos educandos--en
nuestro caso entre grupos aymaras oprimidos--en vez de fortalecer
dependencias verticales.

Aunque se asienta el principio totalizante de nuestro enfoque, no se puede esperar que una pedagogía de conjunto se organice
con rapidez. Hay que ir paso a paso, examinando primero lo
prioritario y lo factible del proceso total. Por eso nos hemos
esforzado en definir las líneas y los objetivos de fuerza de una
pedagogía de la expresión y de la comunicación activa. A través
de estas líneas aparecerán opciones de orientación que den sentido
y significado a la totalidad.

Pero, además, hay que ir buscando la forma para que estos
esquemas provisionales vayan encajando dentro de una sistematiza-
ción más global. También hay que tantear posibles caminos
aceleradores y multiplicadores del proceso, dadas las urgentes
necesidades de los grupos oprimidos que deben beneficiarse. La
integración de los principios anteriores dentro de un sistema
abierto de comunicación masiva puede proporcionar una ruta produc-
tiva para esta búsqueda.

1.4. Educación Contínua

Esta nueva idea introducida como alternativa sería nuestro
objetivo último: concebir la educación a lo largo de toda la
existencia con la ayuda de las más modernas técnicas de comunica-
permanente tiene sus bases teóricas en la Sicología Evolutiva,

pues pretende abarcar el ciclo total de la vida humana, desde su gestación en el seno materno hasta la muerte. A primera vista, esta idea expresada parecería simplemente una yuxtaposición al sistema vigente; pero no es así, puesto que ésta está presentando una nueva alternativa al sistema, sabiendo las explicables resistencias a abandonar los viejos esquemas de educación. Esta perspectiva, debe ser entendida con sentido crítico, y concebir la educación como una Gestalt, o sea, como un proceso contínuo, permanente y total.

Esta alternativa tiene sus fundamentos basados en las deficiencias de la educación sistemática recibida en la niñez; o en el caso de los campesinos altiplánicos que no recibieron antes esa educación o que perdieron la poca educación recibida (analfabetismo por desuso).

La vieja concepción estática y elitista de la educación hace que nazca este nuevo enfoque que puede llegar a romper todos los esquemas tradicionales que permanecen todavía vigentes en todo el continente latinoamericano. Es necesario aclarar que este tipo de educación permanente o contínua se funde con la otra idea de ver a la educación como un sistema abierto que estimule y oriente la capacidad de autoeducación de toda la sociedad.

1.5. Sistemas Abiertos de Comunicación (4)

Sistema abierto significa un modo de organizar una pluralidad de elementos, de modo que adquieren una nueva significación al interactuar entre sí, llegando a ser interdependientes en razón a un propósito general que los incluye, y en donde el equilibrio de su funcionamiento se ve regularmente controlado, realimentado y reajustado por constantes ingresos de información externa.

El primer punto que se debe precisar, dentro de tal tipo de sistema es el elemento que unifica a la multitud de elementos componentes, para determinar qué está dentro y qué queda fuera de dicho sistema. Lo que queda dentro se llama el ambiente del sistema, lo cual queda circunscrito por unos límites que dividen este ambiente de los otros sistemas. Por supuesto que muchos sistemas son, a su vez, subsistemas de sistemas más envolventes y algunos ambientes pueden ser compartidos por más de un sistema. En el caso que nos ocupa, podríamos decir que el ambiente que define el sistema abierto de comunicación que propugnamos es la vasta comunidad aymara, la cual a su vez es parte de ambientes más amplios como el campesinado boliviano, el estado boliviano, etc.

Otro elemento identificante del sistema es el propósito general que incluye a todos sus componentes y que orienta el tipo de procesamiento de la información que pasa por el sistema. Este propósito es el que moviliza al sistema. El móvil puede ser simplemente el decodificar un mensaje, u ordenar los componentes para fines definidos, o transformar una estructura, etc. En nuestro caso, el propósito claro del sistema abierto sería asegurar plena fluidez de comunicación en todo el ambiente (aymara) para facilitar la expresividad, creatividad y--a través de ello--también la receptividad dinámica frente a la información externa que entra en el sistema procedente del mundo no aymara, esperando que con todo ello se vaya transformando la estructura existente y se vaya gestando una nueva estructura desbloqueada y participante activa en el proceso de desarrollo. Es decir, el propósito es poner en marcha una pedagogía de (y a través de) la comunicación, sobre todo horizontal.

La propiedad más importante de un sistema abierto, para los fines que pretendemos, es su autorregulación a través de la retroalimentación (feedback). El sistema es abierto y en consecuencia recibirá un constante feedback del ambiente. Por eso su propia estructura se halla en permanente transformación. De lo contrario, perdería su eficiencia al proveer un producto tal vez no requerido por el medio ambiente.

Consiguientemente, el sistema abierto tiene constantemente una doble fuente de información: la que procede de fuera del sistema, y la que procede de dentro del sistema a través del "feedback." La información externa se parece algo a la comunicación de tipo vertical o a la instrucción de tipo bancario, propia de los sistemas más tradicionales. Pero incluso ésta, al pasar por el sistema, se hace cíclica e intervalizada, con lo que desaparece el aspecto de verticalismo (5).

Con todo esto por delante, la fluidez del sistema dependerá en gran parte de la manera en que tenga establecidos subsistemas internos. En nuestro caso, podemos distinguir dos claros subsistemas: el comunicador y la audiencia. El primero es el que canaliza la información a todo el sistema a través de sus propios subsistemas (como por ejemplo, la programación, la organización

interna, etc.). El segundo, recibe en principio esta información,
pero a su vez, a través del "feedback," devuelve la información
pertinente, ya procesada de acuerdo a su percepción y necesidades,
con miras a que el producto final esté cada vez más de acuerdo con
las exigencias del ambiente (la comunidad aymara) y con el propósito general del sistema (la dinamización a través de la fluidez
de la comunicación). De esta forma, la información irá circulando
de canalizador a audiencia y viceversa en forma cíclica, de modo
que, junto al constante ingreso de información externa, todo el
sistema se siga alimentando y autoregulando.

Para el perfecto funcionamiento del sistema es esencial un
último subsistema, no reducible a los anteriores, que asegure la
constante evaluación de procedimientos y del producto final, de
acuerdo a las necesidades del ambiente y al propósito general del
sistema.

2. Metodología de la Nueva Educación Radial

El siguiente paso será la aplicación de todos estos principios teóricos a la tarea concreta de crear un sistema abierto que
procese y genere intercomunicación (y que, por tanto, eduque y
autoeduque), en un ambiente definible como la vasta comunidad
aymara, a través de un subsistema comunicador específico llamado
radio (6).

Al hacer tal intento, tropezamos desde un principio con un
problema serio. Hasta aquí, hemos insistido en el valor educativo
de la comunicación del educando (pedagogía de la expresión) y de
la comunicación entre educandos - educadores (pedagogía del diálogo). Esta clase de comunicación es relativamente más fácil para
conseguirla en grupos pequeños y físicamente presentes cara a
cara. Tal es, por ejemplo, el método propugnado por Freire. Pero
cuando se intenta aplicar los mismos tipos de comunicación horizontal a los medios de comunicación social uno se encuentra con el
problema de que éstos son, ante todo, medios para transmitir
información generada en un centro transmisor a una audiencia más o
menos pasiva. En otras palabras, la pedagogía de la expresión y
de la comunicación se basan en la comunicación horizontal y libre
"de" y "entre" los grupos educandos (que de esta forma son al
mismo tiempo educadores). En cambio, la técnica de los medios de
comunicación masiva tienden a limitarse a una comunicación vertical "a" dichos educandos. Si no se tiene un cuidado especial, la

educación a través de un medio masivo de comunicación repite los errores de una pedagogía tradicional meramente transmisora de informaciones, de tipo "bancario," en vez de ser liberadora (9).

En último término, el problema se centra en la dificultad de asegurar que un sistema canalizado a través de un medio masivo como es la radio, tenga un proceso eficaz y sistemático de retro-alimentación, procedente de la audiencia y del ambiente en general. Es decir, el problema consiste en buscar las estrategias eficaces que vinculen la información directa de la radio con el ambiente o mundo aymara y que generen un intercambio constante en ambos sentidos.

Tales estrategias deben buscarse en la organización interna de todo el sistema abierto de comunicación radial, tanto en el diseño del subsistema comunicador (por ejemplo, en la programación) como en el del subsistema audiencia (por ejemplo, organizando una red de radioescuchas). Para ello es también importante que las fuentes de información, que dan origen a todo el proceso, provengan ya del propio medio. Es decir, debe lograrse que la radio, en su labor comunicativa, se alimente sistemáticamente de los sentimientos, expresiones, incentivos, etc. del ambiente aymara al que busca servir. Ello supone tener bien montado un subsistema de investigación que asegure un buen conocimiento del ambiente y de la audiencia concreta.

2.1. Diseño de la Programación en el Subsistema Comunicador

Prescindiendo de otros detalles de procedimiento, dadas las características concretas de la audiencia aymara, la organización interna de la radio tendrá que tener en cuenta puntos como los siguientes:

a) Hay que combinar una transmisión secuencial de contenidos y una transmisión reiterada de los mismos contenidos para asegurar que el mensaje llegue a transmitirse eficazmente. La razón es que la audiencia aymara, como todo grupo adulto poco dinamizado, por procesos educativos, tiene fuertes bloqueos de comunicación, incluso a nivel de receptividad de información. Para especificar esta combinación entre la organización interna de los contenidos y el reforzamiento de los mismos, se deben tener en cuenta aspectos como los siguientes: la selección de los contenidos, su propósito, la forma de su procesamiento, su aplicación, la selección de

horarios, etc. Supongamos, por ejemplo, un programa diseñado para
que el campesino conozca las leyes que le defienden y que señalan
sus obligaciones (7). Un primer punto de la estrategia a seguir,
será seleccionar las leyes más pertinentes dadas las necesidades
objetivas y subjetivas del campesino. Después habrá que ordenar-
las no sólo en una secuencia lógica (de las leyes más generales y
simples a las más concretas y pormenorizadas), sino también en una
secuencia sicológica (partiendo de las leyes que respondan a necesidades más urgentes y sentidas). Este último punto es importante si buscamos crear un sistema abierto. La selección de un
determinado horario y de la duración de cada programa es otro elemento importante de la estrategia. Dada la finalidad del programa, debe averiguarse a qué hora estará más disponible el tipo
de campesino adulto interesado en este tema, qué dosis de contenido puede asimilar y durante cuánto tiempo. Todo ello asegura
una transmisión secuencial de contenidos. Pero, además, en el
diseño mismo del programa debe asegurarse la transmisión cíclica
reiterativa, hasta un nivel que--según standards no campesinos ni
aymaras--parecería de redundancia excesiva generadora de hastío.
Una primera forma, la más simple, es la mera repetición de un
mismo programa en otra fecha u horario. Otra, es la introducción
de capítulos-resumiendo cada dos o tres capítulos secuenciales.
Una tercera manera es la introducción del elemento cíclico dentro
de la estructura misma de cada capítulo, quizás a través de un
"repris" de la parte inicial o central del programa, antes de que
este finalice (por ejemplo, repitiendo el contenido clave de
una ley, sea en forma genérica debidamente popularizada, sea a
través del ejemplo o episodio de la vida real mediante el cual se
haya explicado). La introducción de elementos de apoyo relacionados con programas precedentes es otra forma importante para
asegurar la transmisión cíclica y, a través de ella, la internali-
zación de conceptos y de nuevas interrogantes estimuladoras de
creatividad, etc. Pero todo ello se comprenderá mejor en los
párrafos siguientes.

b) Hay que multiplicar los canales de comunicación. Aunque
el sistema esté centrado en la radio y en la radio se incluyan
reiteraciones de los mismos mensajes condimentados de diversas
formas, hay que tener en cuenta, también, otros canales. He aquí
algunos: el canal escrito, a través de boletines de programación
mensual, libros de textos, un servicio de correspondencia personal
o grupal, distribución de folletos complementarios, etc. Otro
canal es el contacto físico directo entre la audiencia y la radio,

por ejemplo, a través de frecuentes visitas al medio rural aymara,
y de un servicio de visitas de grupos aymaras a la radio, cursillos sistemáticos de radioescuchas, contacto organizado entre
grupos de radioescuchas, estimulados, por ejemplo, a través de
técnicas de dinámica de grupo en los cursillos mencionados.

c) Dar preferencia a programas radiales que en sí mismos
incluyan como elemento constituyente situaciones concretas de
retroalimentación o "feedback." Este punto es central en nuestro
planteamiento. Ya no cabe hablar realmente del comunicador como
de la "fuente" del mensaje. Se convierte literalmente en un
"canal" que "retransmite" informaciones generadas y elaboradas, al
menos parcialmente, en la propia audiencia aymara. A través de
técnicas específicas los propios programas se alimentan con información proveniente de la audiencia. Las técnicas pueden variar de
programa a programa. A modo de muestra, mencionaremos las
siguientes: En el programa ya citado, "El Campesino y la Ley", la
retroalimentación se consigue a través de un sistema de consultas
sobre aspectos legales, a las que se responde por medio de la
radio, incluyendo además, dado el caso, las reacciones y opiniones
de otros campesinos a una determinada consulta o problema. En
cambio, en otro programa sobre comercialización, el mero hecho de
anunciar semanalmente los precios de los principales productos
campesinos en la ciudad (contrastados a veces con los precios
pagados por los intermediarios en el campo), puede crear una reacción automática para conseguir precios más convenientes, e
incluso puede generar organizaciones comercializadoras. Estas
reacciones se incluyen después como un aspecto informativo del
programa.

Un medio importante para canalizar sistemáticamente el "feedback," podría ser la formación de una red de correspondencia con
cartas, formularios, etc. relacionados con determinados programas,
de modo que las respuestas enviadas pasen a formar parte de los
programas de apoyo y reiteración cíclica de contenidos.

Con todo, en una situación en la que domina el analfabetismo,
no conviene centrar excesivamente los procedimientos de "feedback"
en una mediación de tipo escrito. Hay que incluir otros elementos
más directos, como por ejemplo, la creación de una red análoga a
través de grabaciones hechas por los campesinos, aprovechando contactos físicos con la radio, como los mencionados en el párrafo
anterior. Otro camino puede ser el de convocar concursos

relacionados con la problemática de un determinado programa. Hay
por ejemplo, un programa llamado "Cuentos del Achachila", consistente en cuentos concientizadores, cuyo "feedback" reside en un
concurso de cuentos y de interpretación de estos cuentos, de
acuerdo a la problemática de la vida diaria (8).

En la práctica, aspectos como los señalados no deben aparecer
en forma aislada, sino en combinación articulada. Por ejemplo,
los programas mencionados hasta aquí quedan todos ellos encuadra-
dos dentro de una referencia común y permanente a unos mismos
personajes bien caracterizados. Estos personajes a su vez aparecen relacionados con una comunidad típica, llamada Pangar marka,
que caricaturiza e idealiza las situaciones reales del mundo
aymara y que es, a su vez, el objeto de una radio novela en torno
a la cual se forman grupos de discusión entre los oyentes, con
técnicas semejantes a las de los radioforums (9). Todo el conjunto queda reforzado por otros canales, a través de la organización de un sistema de preguntas, discusiones en grupos, concursos,
materiales escritos, complementarios, cartas y formularios de
respuesta, y otros medios que aseguren la perfecta alimentación
del programa a partir de la audiencia.

En una situación como la del aymara de Bolivia en la que
abundan los contactos entre los mundos rural y citadino, son posibles éstos y otros medios. De hecho, la posibilidad de acceso
físico al micrófono ha generado ya en Bolivia movimientos de base,
en buena parte espontáneos, como la creación de programas e
incluso de emisoras en manos de aymaras (1).

Más aún, una de las organizaciones de base más importantes en
todo el mundo aymara ha debido su origen, se ha capitalizado centavo a centavo y mantiene su creciente popularidad gracias a sus
programas diarios radiales, alimentados exclusivamente por los
propios aymaras, miembros de la organización.

2.2. La Organización al Nivel de la Audiencia

Las explicaciones precedentes suponen que, como contrapartida
del diseño de la programación, conviene también introducir otros
tipos de mecanismos propios del subsistema "audiencia." Esta
debe tener también su propia organización interna con miras a que
el sistema abierto de comunicación radial logre su cometido.

Proyectivamente la audiencia tendría que ir llegando a identificarse con el ambiente total del sistema, es decir, con toda la
colectividad aymara. En cuanto este ambiente es a su vez parte de
ambientes más vastos, como la colectividad boliviana, etc. la
tarea es aún más árdua. Pero el hecho es que, en la práctica la
audiencia es un grupo mucho más reducido. Aún suponiendo que
todos sintonizaran sus radios simultáneamente, sólo se llegaría a
un veinte por ciento que tiene radio en buen estado y con pilas
cargadas. Por ello es importante la organización interna de esta
audiencia aún reducida, con la esperanza de que a través de ésta
organización se alcance más rápidamente su expansión a toda la
colectividad aymara.

La experiencia de radioforums, estimulada por la UNESCO
(1968) en varias zonas rurales del mundo da mucha importancia a
la organización interna de la audiencia. Ahí estriba precisamente
la clave del éxito del sistema (3). A través de esta organización
se facilita la penetración de los contenidos educativos transmiti-
dos por muchos canales, incluyendo el contacto físico y mutuo de
los grupos organizados de oyentes, quienes a través de sus discusiones toman conciencia de sus propios problemas.

Pero la formación de grupos organizados de radioforums es
costosa. Supone una red vasta de auxiliares que con su presencia
física vayan estimulando la formación y subsiguiente supervisión
de los centros. Por otra parte, en ciertos contextos culturales
la formación de un grupo de radioforum puede resultar tan artificial e impuesta como la formación de una radio-escuela formal
(10).

Para obviar esta dificultad deben buscarse nuevos caminos
más naturales y congruentes con las posibilidades económicas y las
expectativas culturales de la audiencia y ambiente del sistema.
Este es un punto que aún se halla en estudio. Pero en un mundo
como el aymara se vislumbran vías de solución como las siguientes:
aprovechar las ocasiones y motivos de asociación ya existentes
para la formación de grupos de escuchas y--con ayuda de los estímulos dados en el mismo programa radial--provocar las discusiones
y acciones de dichos grupos naturales. Por ejemplo, hay muchos
grupos religiosos de diversas denominaciones que se reúnen semanalmente, cada sábado o domingo, para pasar juntos prácticamente
toda la jornada entre cánticos, rezos y esparcimiento. Asimismo,
son muchos los grupos que se forman para campeonatos de fútbol,

trabajos colectivos, asambleas comunitarias, etc. Con la debida investigación y tacto, la radio puede insertarse dentro de esta estructura de asociaciones tradicionales, sin exigir demasiadas distorsiones a la rutina diaria. Quizás la misma ausencia de receptores puede aprovecharse como un estímulo para la formación de grupos basados ante todo en lazos de parentesco, amistad, etc. La inclusión de elementos recreativos, de concursos, etc. en el esquema puede ayudar a este proceso.

Otra forma de organización de la audiencia, más difícil, pero a la larga quizás de efectos más duraderos y profundos podría ser la simulación de forums o diálogos de discusión entre grupos dispersos a lo largo y a lo ancho del altiplano aymara, por ejemplo, procesando grabaciones de grupos distantes que se refieran a las mismas problemáticas. De hecho los concursos son en el fondo otra forma de diálogo intercomunitario, con tal que se sepan escoger temáticas generativas y que se minimice el aspecto competitivo.

Técnicas como las sugeridas pueden paliar el problema de crear una costosa red de supervisión, pero nunca llegarán a eliminar la necesidad de mantener un intenso contacto físico entre el subsistema comunicador y el subsistema audiencia. Los frecuentes viajes de la radio al campo y del campo a la radio seguirán siendo un pilar fundamental de todo sistema abierto de comunicación horizontal.

Sobra decir que para la organización interna del subsistema audiencia, la colaboración con instituciones que trabajan en la dinamización del campo será sumamente conveniente. Pero incluso en este punto deberá tenerse un criterio selectivo, dando prioridad a la colaboración con instituciones surgidas de la base y con las que cuenten con fuerte apoyo de las bases y al mismo tiempo estimulen la participación activa de las mismas. En cambio puede ser que convenga prescindir positivamente de otras agencias que se rigen excesivamante por criterios de imposición vertical.

3. La Dimensión Lingüística

Todo el enfoque y metodología delineados hasta aquí tienen una serie de implicaciones de tipo lingüístico y paralingüístico que deben ser apuntadas a modo de corolario. En general se refieren más a la "forma" que a los "contenidos." Pero, sin negar importancia de los contenidos, es ya cosa sabida que la forma, al

tocar la estructura misma de la comunicación, puede tener tanta o
mayor importancia como los contenidos en cualquier proceso educativo. La forma es en sí misma una clase de mensaje que se trans-
mite, quizás incluso con mayor eficacia al pasar casi inadvertida
al nivel de conciencia.

3.1. La Selección del Idioma

La primera consecuencia que se sigue de todo lo dicho es que
la cuestión de la educación bilingüe, en la forma en que suele
presentarse, es tal vez un falso problema o al menos un problema
secundario (11). Muchas veces se plantea solo en el sentido de
qué idioma es técnicamente el medio más eficaz para "meter" en la
mente del educando determinados conocimientos. A veces se plantea
incluso como la búsqueda del idioma más eficaz para que el alumno
llegue a adquirir y a adoptar habitualmente el idioma oficial
dominante. No negamos aquí la necesidad de que se adquieran
determinados conocimientos e incluso idiomas. Pero, si nos mante-
nemos en planteamientos como éstos, nos movemos sólo en el campo
de la "instrucción". En cambio lo que en el fondo nos interesa es
la "educación" en el sentido más hondo (y etimológico) de la palabra: educere, ayudar a que salga a la vista lo que está dentro en
forma aún implícita. Ahora bien, si se toma en serio este fin, es
evidente que el problema no se plantea ni siquiera al nivel de
educación "bilingüe". La utilización de la lengua nativa resulta
simplemente lo obvio. No se cuestiona, claro está, la necesidad
paralela de adquirir la competencia (al menos al nivel de
"instrucción") en otros idiomas empezando por el oficial, precisamente para ampliar el flujo de comunicación a nuevos ambientes.
Pero al nivel de "educar" de dentro afuera, lo materno es lo
básico. Si debe buscarse la comunicación horizontal, sí debe
estimularse la expresividad y creatividad del aymara, y si se
aspira lograr que la comunidad aymara sea al mismo tiempo el
objeto y el sujeto del proceso educador, es evidente que el idioma
--expresión del alma de un pueblo--debe ser el que habla habitualmente dicho pueblo.

Incluso al nivel de enseñanza del castellano presupuestos
como los de la presente discusión pueden ser útiles en la selección del método. La mayoría de las emisoras se limitan a usar de
hecho el castellano, sin ninguna preocupación pedagógica de
hacerlo comprensible al oyente que no lo sabe. Varias emisoras
educacionales han dado un paso más adoptando sistemáticamente un

esquema bilingüe en que el mismo mensaje es repetido en castellano
y en una o dos lenguas nativas. En 1974 una emisora ha lanzado un
programa diseñado expresamente para la enseñanza del castellano
por el método oral (12). Sin embargo incluso en estos casos suele
olvidarse un aspecto importante relacionado con la presente discusión. Nos referimos a la utilización del principio sociolingüístico de la diferenciación funcional en el uso de cada lengua.
El aymara bilingüe usará el castellano en determinados contextos y
funciones (por ejemplo, en sus viajes a la ciudad o en trámites
oficiales), pero mantendrá el aymara en otros contextos, como el
familiar. Ahora bien, en muchos programas castellanizadores se
usan ambos idiomas indiscriminadamente, o incluso se insiste en
usar inicialmente frases propias para situaciones, como en el
hogar, en que el segundo idioma que se pretende enseñar es disfun-
cional. Este método de empezar por situaciones familiares sería
útil para otros casos, como el de alfabetizar en lengua materna.
Pero resulta difícil que tal enfoque despierte motivaciones
eficaces para que el aymara adulto utilice, por ejemplo, el castellano en su cocina...a menos que se pretendiera positivamente la
plena transición a un monolingüismo castellano, contra los presupuestos de todo este trabajo.

3.2. Selección de Dialectos

El aymara de Bolivia y del sur del Perú tiene, como cualquier
idioma, una serie de variables regionales y al menos dos dialectos
sociales bien definidos. Pero la fragmentación dialectal no llega
a los niveles del quechua del Perú o del maya en Mesoamérica. En
ningún caso impide la mutua comprensión entre los que hablan
diversos dialectos.

Dentro de los dialectos geográficos el que se habla en el
campo cercano a La Paz es el que de hecho tiene mayor prestigio y,
probablemente por lo mismo, es el que presenta un ritmo más acelerado de innovación. También es el que de hecho se difunde más por
las radios, situadas mayormente en la capital. Por todo ello, si
llega- a crearse algún tipo de aymara standard radial, es probable
que éste sea cercano al dialecto paceño. Con todo en un enfoque
educativo que surja de la base tiene poca importancia el asunto
de la standardización, al menos como punto de partida. Más bien
resulta deseable que cada grupo llegue a expresarse tal como habla
realmente. La sensación de llegarse a entender bien con individuos y grupos que, por su dejo, son obviamente de otros lugares

puede llegar a crear el sentido de solidaridad pan-aymara y al
mismo tiempo logra mantener el sentido de identidad de cada grupo.
Las variantes dialectales subrayan la unidad dentro de cierto
pluralismo de un modo semejante a lo que sucede en los centros de
peregrinación donde las variantes regionales de indumentaria se
confunden y al mismo tiempo se diferencian dentro del sentido
unitario creado por la fiesta compartida, o como sucede en los
encuentros latinoamericanos en que cada uno habla "su" castellano.
En Bolivia este criterio se ha utilizado también en la elaboración
de materiales escritos educativos realizados por las propias comunidades (16) (1).

En cuanto a los dialectos sociales dentro del aymara, los dos
más claramente diferenciados podrían llamarse el jaqi aymara y el
q'ara aymara; jaqi significa "persona" (i.e., el individuo
aymara); q'ara es el nombre dado al blanco o mestizo. El primer
dialecto lo hablan los campesinos y también muchos ex-campesinos
emigrados a la ciudad. El segundo, lo hablan los bilingües de
origen no aymara que quizás desde la niñez han necesitado el aymara
para determinado tipo de relaciones habituales; es el aymara del
patrón, del "vecino" en los pueblos mestizos, etc. En Oruro y
Potosí, las variedades regionales paceñas pueden causar un efecto
social parecido al del q'era aymara. En la región de La Paz, y
también en las demás, uno de los principales rasgos diferenciado-
res de este dialecto "patronal" del aymara es la pronunciación de
préstamos del castellano que ya son de uso corriente en aymara.
Por ejemplo, en q'ara aymara se pronuncia Pedro, libro, mientras
que en jaqi aymara se dice piru, liwru. Hay además un sinfín de
detalles en el uso de sufijos libres, construcciones sintácticas,
etc., en los que aparece el sustrato castellano del q'ara. Si el
diseñador de los programas radiales aymaras no tiene en cuenta
estos detalles, es fácil que encargue la transmisión de programas
a locutores que hablan el q'ara aymara. Más aún, es posible que
un locutor ex-campesino que se maneje bien en ambos dialectos
sociales tiende espontáneamente a escoger el dialecto q'ara para
demostrar mayor status. En un enfoque educacional tradicional de
tipo verticalista, de arriba a abajo, este hecho no presentaría
mayor problema. Dadas las relaciones de tipo paternalista que
caracterizan al sistema vigente, el campesino radio-escucha tampoco tendría mayor problema en aceptar sumisamente consejos y
mensajes que le llegan con una clara señal identificante del grupo
q'ara. Pero en una pedagogía activa surgida de la base, la selección de uno u otro dialecto tiene sus ecos. Si se usa el dialecto

q'ara, automáticamente se crea cierto distanciamiento social entre
locutor y audiencia. Si se usa el dialecto jaqi, y un sinfín de
variedades regionales, es más fácil crear un clima de igualdad y
de sintonía dialogante entre iguales pero distintos. El recurso
a radionovelas populares, entrevistas con gente de base, uso de
locutores de claro origen campesino, etc. ayudan a crear este
clima, entre otras razones porque facilitan la proyección de
corrientes sociales populares.

3.3. Aspectos Paralingüísticos

Para concluir, una observación sobre el uso de libretos
escritos en aymara. En el mundo de la radio se trata de un standard mínimo para controlar la calidad y los contenidos. Esta
razón sigue siendo válida en el caso de programas aymaras. Pero
al usarlos en este contexto cultural, surgen también otras circunstancias que podrían desaconsejar su uso. A fin de cuentas los
libretos son un elemento propio de una cultura escrita, mientras
que el aymara sigue viviendo en gran parte en una cultura ágrafa
debido en parte a la política escolar castellanizante. En este
caso lo que se ganaría en control de calidad a través del libreto
escrito, se pierde en espontaneidad y, por tanto, en comunicación
eficaz, no sólo en la lectura del libreto, sino también en su
misma redacción. Además la dependencia de la letra escrita puede
empujar más fácilmente al uso del dialecto q'ara. Por todo esto,
excepto en el caso de locutores y libretistas debidamente entre-
nados--escasos, pero existentes--a veces resulta preferible utilizar simples esquemas, quizás redactados en castellano y olvidarse
de libretos muy elaborados. Por lo mismo, es también conveniente
multiplicar las transmisiones en directo, más aún si hay participación directa de aymaras de base que no son radialistas profesionales, a pesar de que todo ello vaya en contra de los presupuestos
mínimos de calidad, según los criterios de las emisoras urbanas
no-aymaras.

Notas

1. Es una ampliación de un primer esbozo (Quiroga y Albó 1974)
presentado en el simposio de sociolingüística del 41 congreso de
americanistas reunido también en México en septiembre del mismo
año.

2. Un recuento reciente y muy bien documentado de la literatura
sobre la comunicación en América Latina (Beltrán 1974: 21-22)
reconoce la falta de iniciativas para una comunicación horizontal
entre campesinos y la falta de estudios sobre este aspecto. Casi
toda la comunicación es de tipo vertical más o menos impuesta,
incluso en los esfuerzos de teleducación, abundantes en Latino-
américa. Este es el módulo, por ejemplo, en la mayoría de las
intervenciones en los diversos seminarios de teleducación organizados por el Instituto de Solidaridad Internacional. Incluso en
la reciente evaluación de las escuelas radiofónicas de Bolivia
(ERBOL 1974a, 1974b) y en la práctica actual del Instituto Nacional de Teleducación del Perú (INTE) el elemento comunicación horizontal apenas aparece como criterio evaluativo. Sin embargo, la
búsqueda de nuevos caminos basados en la intensa participación
popular en el proceso de comunicación educativa va apareciendo en
un número creciente de estudios y de proyectos como los señalados
en Duhourq (1972), Gerace (1972a, 1972b), Ruiz (1972), INDICEP
(1973), e incluso en proyectos de tipo nacional como los surgidos
de los congresos de lenguas nacionales en Bolivia (Albó et al,
1974) y en las recomendaciones de expertos en una reciente reunión
de trabajo de UNESCO (1974).

3. Superando de esta forma la crítica principal que se hace a la
mayoría de los enfoques en la comunicación de masas vigente en el
continente, e incluso a las teorías de comunicación, sobre todo a
las de las escuelas norteamericanas.

4. En esta parte tenemos en cuenta los elementos más esenciales
de la conceptualización desarrollada por Lafourcade (1972) y Quiroga (1973) en sus esquemas educativos para ambientes suburbanos
y rurales argentinos. Estos elementos vienen de la cibernética y
la teoría de la información, pero aquí se hace hincapié especial
en la cualidad de "abiertos" como característica de estos sistemas.

5. En las fases iniciales de la dinamización de un grupo oprimido
y socialmente marginado debe mantenerse inevitablemente una cierta
tensión entre la comunicación horizontal o interna surgida de la
base (que debe aumentar cada vez más) y la comunicación vertical o
externa. Ello se debe a que al principio el individuo que siempre
ha vivido oprimido dificilmente consigue expresar lo que realmente
siente y lo que realmente necesita sea por cierto mecanismo de
autodefensa, sea porque la situación de opresión limita su propio
horizonte. Una comunicación exclusivamente horizontal en el punto

de partida podría perpetuar la situación de marginación. Pero es
claro que incluso esta información externa, a través del "feedback," debe interiorizarse e irse haciendo cíclica a través de la
comunicación horizontal, por intermedio quizás de los llamados
líderes de opinión existentes en las propias organizaciones de
base.

6. Aunque aquí nos concentramos en el uso de la radio, es evidente que los principios apuntados son también aplicables a otros
medios de comunicación masiva. Por ejemplo, Gerace (1972) ha
sugerido la organización de una red vía cassettes, Ruiz (1972) ha
sugerido la elaboración de textos y literatura creada en y por las
bases, el Centro Portales está experimentando con el uso de
títeres y el Instituto de Cultura Aymara de Puno experimenta con
una red de comunicaciones intercomunitarias a través de proyección
de diapositivas locales. De hecho, como veremos más adelante,
conviene la utilización simultánea de diversos canales y medios de
comunicación masiva. En principio ninguno de los medios de comunicación queda excluído; pero, en aquellos que suponen mayor costo
y una tecnología más compleja, como el cine, resulta también más
difícil establecer una comunicación realmente horizontal. Hemos
insistido en el ejemplo de la radio por ser el de aplicación más
inmediata en un mundo como el de los aymaras y quechuas actuales.
Pero desarrollos como la popularización del "videotape" en
"cassette" están abriendo rápidamente el camino hacia nuevos usos.
Quienes planean la utilización de medios más ambiciosos, como la
televideo-educación vía satélite, deberían, con todo, tener también en cuenta los principios de una comunicación horizontal. De
lo contrario la utilización de técnicas más sofisticadas puede ser
profundamente antieducativa, al limitarse a imponer verticalmente
nuevos conocimientos y actitudes, probablemente reforzadores de
una dependencia y un status quo injusto.

7. La mayoría de ejemplos proceden de las experiencias realizadas
conjuntamente por CIPCA y Radio San Gabriel, una de las emisoras
filiales de ERBOL.

8. Entra aquí otro elemento de posible utilidad en programas para
un ambiente como el aymara: el juego constante entre el mito y la
realidad. El mito estimula el pensamiento creativo no sólo para
comprender las situaciones reales, sino también para transformar-
las.

9. Para mayores detalles sobre la mecánica de la radionovela
Pangar Marka, que sintetiza elementos desmenuzados después en
otros programas, vea el folleto explicativo de Hugo Fernández
(1974).

10. Con frecuencia las radioescuelas decaen después de los primeros años. La vida de los radioforums también es limitada. Una
de las razones puede ser que, a pesar de que con esta técnica se
enfatiza más la participación activa del oyente, muchas veces el
método es aún demasiado vertical, de arriba a abajo, sobre todo
cuando los radioforums se diseñan primordialmente para acelerar la
adopción de innovaciones técnicas, inexistentes en el horizonte
cultural del oyente.

11. En su análisis exhaustivo de los estudios realizados sobre
educación bilingüe, Paulston (1973) ha llegado por otra vía a la
misma conclusión: el verdadero problema no es usar uno u otro
idioma en la educación, sino impartir buena educación, sea cual
sea el idioma empleado.

12. Con todo, este programa no utiliza criterios lingüísticos de
enseñanza de idiomas, como el de hacer análisis contrastivos entre
el castellano y el aymara.

Referencias

1. Albó, Xavier. "Idiomas, escuelas y radios en Bolivia." Cuaderno Investicación CIPCA Núm. 2. La Paz, 1974. (Aparecerá
también en las actas del simposio sobre sociolingüística y
planeamiento lingüístico de PILEI y CONACYT, México, 1973).

2. _____, Pedro Plaza, Juan de D. Yapita y Luis Rojas.
"Sociolingüística y educación en Bolivia." La Paz, 1974.
(Policopiado: proyecto de investigación)

3. Beltrán, Luis R. "Radio forum y radioescuelas rurales en la
educación para el desarrollo." Bogotá: IICA, 1971.

4. _____. "Communication Research in Latin America: The
Blindfolded Ínquiry?" Trabajo presentado en la International
Scientific Conference on Mass Communication and Social Consciousness in a Changing World. Leipzig, 17-20 septiembre
1974.

5. Duhourq, Carlos A. "Proyecto DEYCOM, un intento de comunicación popular." Revista del CIAS. Argentina, 1972, 21(215): 17-29.

6. ERBOL. "Evaluación de las escuelas radiofónicas de Bolivia." Santiago de Chile: SEDECOS, 1974a.

7. _____. "Diagnóstico de los materiales pedagógicos de ERBOL." La Paz, 1974b.

8. Fernández, Hugo. "Pangar Marka." Cuaderno CIPCA No. 4. La Paz, 1974.

9. Freire, Paulo. Pedagogía del Oprimido. Montevideo: Tierra Firme, 1970.

10. Gerace, Frank. "Hacia una tercera comunicación." Lima: Centro Latinoamericano del Lenguaje Total, 1972a. (Policopiado)

11. _____. "Participación y comunicación." Lima: Centro Latinoamericano del Lenguaje Total, 1972b. (Policopiado)

12. INDICEP. "La dinamización cultural." Publicaciones especiales en educación popular, Serie B, doc. 1. Oruro: 1973.

13. Instituto de Solidaridad Internacional. Sociología y pedagogía de teleducación. IV Seminario Latinoamericano para profesores de teleducación, Lima, (Cieneguillas) 1970.

14. Lafourcade, Pedro D. "Hacia una teoría molar del curriculum." Universidad del Cuyo, fac. de pedagogía, San Luis, Argentina, 1972.

15. Paulston, Christinne B. "Implications of Language Learning Theory for Language Planning." Trabajo presentado en el simposio sobre sociolingüística y planeamiento lingüístico de PILEI y CONACYT, México, 1973. Arlington, Va.: Center for Applied Linguistics, 1974.

16. Plaza, Pedro y Juan de D. Yapita. "La discriminación lingüística y social." INEL, La Paz, 1974. (Policopiado; proyecto de investigación)

17. Quiroga, Néstor H. "Una experiencia educativa: la escuela-
     taller." San Luis, Argentina, 1973. (Proyecto de investiga-
     ción)

18. Quiroga, Néstor y Xavier Albó. "Nuevos horizontes en educación
     radial aymara." Trabajo presentado en el 41 congreso de
     americanistas, México, septiembre 1974. (Aparecerá en las
     actas)

19. Ruiz Durán, Jesús. "Con una antena en la cabeza y los pies
     en el suelo." Textual No. 4. Lima, Perú, 1972.

20. UNESCO. "An African Experiment in Radio Forums for Rural
     Development: Ghana 1964-1965." Reports and Papers on Mass
     Communication, No. 51. Paris: UNESCO, 1968.

21. _____. "Informe final de la comisión de expertos para
     un proyecto sobre culturas autóctonas." México: UNESCO,
     1974. (Policopiado)

Personnel problems in bilingual programs

Historical Perspective of the Status of Bilingual and National Education

ruth moya

This paper reviews and analyzes the language situation and policies in Ecuador, as they affect the education provided for the marginal vernacular-speaking groups from pre-Inca times to the present. Both Inca and Spanish colonial expansion made use of vernacular languages, especially Quichua, to achieve economic and political domination. From this perspective, the educational process is the historical development of a dependency mechanism. The unrecorded development of socioeconomic areas during the colonial period determined, broadly speaking, the following linguistic distribution: (1) urban areas, with schools, mainly Spanish monolingual or bilingual and (2) rural, agricultural areas, without schools, mostly vernacular monolingual or incipiently bilingual.

During the Republic (until 1930, approximately), education is characterized by urban orientation, centralism, training students for production, and disregard of linguistic diversity. From the late 1930's on, a certain "democratization" of education begins. This paper outlines the present efforts in bilingual education, including those of the Summer Institute of Linguistics, the Inter-Andean Development Institute, "radio schools," and reports on Ecuador's Five Year (1973-77) Plan for the Development of Education. The author concludes by saying that present Ecuadorian educational plans and structures do not yet meet the popular interests and waver between an incipient nationalism and an increasing dependency.

Panorama Histórico de la Situación de Bilingüismo y de la Educación Nacional

ruth moya

Epoca preincaica

Siguiendo al padre Juan de Velasco (1) la ciudad de Quito fue la capital del Reino de Quito. Este reino fue conquistado por los caras o shyris. Esta nueva dinastía, más tarde, hizo una alianza con los puruháes. Todos estos pueblos se enfrentaron más adelante con el Inca Huayna-Capac. El matrimonio del Inca Huayna-Capac con la princesa quiteña Paccha permitió la consolidación de la conquista incaica en lo que actualmente corresponde al territorio serrano de la República del Ecuador.

Antes de la llegada de los Incas, el Reino de Quito presentaba una gran variedad de lenguas. El mismo historiador J. de Velasco nos dice que el quichua fue introducido por los caras en el Reino de Quito antes del arribo oficial de los incas. La lengua de Quito no fue otra cosa que la mezcla de la lengua original o quito, la cara o shyri y la lengua puruhá (1). Longacre (2) piensa que la penetración del quichua precede a la conquista incaica.

Durante la colonización incaica el quichua fue impuesto en todo lo que era el Reino. Se usó en la tarea colonizadora y las lenguas vernáculas se limitaron cada vez más para los usos

domésticos. Las lenguas preincaicas, actuando como sustrato, han
dejado huellas en todo el quichua serrano.

La Colonia

     Durante los primeros años de la colonización española algunas
lenguas vernáculas sobrevivieron y hasta coexistieron con el
español. Cordero Palacios (4) señala que la lengua quichua se
habló hasta 1692 y se sabe que la lengua cañari se habló hasta
bien avanzada la época colonial. Jijón y Caamaño (5) dice que en
la zona interandina y oriental del país se hablaban las lenguas
caranqui, panzaleo, murato, esmeraldeño, huancavilca, puneño,
jíbaro, palta, rabona, bolona y han sobrevivido todavía las
lenguas cayapa y colorado.

     Desde el punto de vista educativo las grandes masas y muy en
particular las comunidades de lengua vernácula no fueron objeto de
interés para el gobierno colonial. La iglesia usó las lenguas
indígenas solo para sus fines sectarios.

     Las reducciones, mitas y obrajes oficializaron la pauperiza-
ción del indio. Ciertos privilegios que la corona hizo a la
realeza indígena, sólo tuvieron por fin afianzar los mecanismos de
poder, pero la riqueza de la sociedad indígena fue acaparada por
los conquistadores.

     A mediados del Siglo XVI, se fundó en Quito, el Colegio de
San Juan Evangelista (más tarde llamado Colegio San Andrés) que se
dedicó especialmente a los "naturales." Los pocos maestros indígenas que se formaron en el mismo colegio reemplazaron a los
maestros españoles (6). El colegio además reclutó indígenas de
varias provincias para adoctrinarlos y convertirlos en auxiliares
de doctrineros.

     Se usó el español y el quichua para su capacitación (6). La
meta era, como es obvio, la catequización de las comunidades a las
cuales los frailes no habían llegado.

     Aparte de la religión, el canto, la gramática y la música, se
enseñaron (aunque aislada y esporádicamente) algunas artesanías
y oficios, con lo cual estos mismos ladinos se convertían en las
primeras víctimas "educadas" de la segregación ocupacional que
persiste hasta el presente.

Con el espíritu del Sínodo de 1570 (inspirado a su vez en el Concilio de Trento), la iglesia propagó a las comunidades las enseñanzas doctrinarias y las técnicas artesanales, pero al mismo tiempo facilitó la recaudación de diezmos y primicias.

Las primeras misiones religiosas que se establecieron en la región oriental utilizaron la lengua quichua para la catequización. Las comunidades de diferentes hablas vernáculas que no aceptaron en principio la religión católica se fueron replegando hacia el interior. Las misiones contribuyeron a la destribalización gracias al establecimiento de reducciones. El uso de las lenguas vernáculas en la catequización fue legislado por el Capítulo Provincial de la orden dominicana, celebrado en Quito en 1598 (6).

El brote de educación algo popular iniciado por el Colegio San Andrés pronto pasó a segundo plano porque los estudios de "latinidad" atraían tanto a los españoles como a la naciente élite criolla. El historiador Juan de Velasco dice que los primeros 53 años que siguieron al establecimiento de los españoles en Quito "pueden llamarse sin agravio los años de la ignorancia (8)." Se podría añadir que la educación de la Colonia fue todo un período de ignorancia, humillación y segregación.

La Independencia (1822) y la Gran Colombia (1822-1830)

Con la independencia de España se afianza la burguesía criolla, que ya desde la Colonia trató de rebelarse de la metrópoli (revolución de los encomenderos) porque veía amenazados sus intereses económicos. En la Gran Colombia la educación elitista en su contenido y cerrada en la elección de sus beneficiarios no dio paso sino a pocos individuos provenientes de estratos populares.

La República (1830)

En 1833, el Presidente Flores expidió un decreto de ley favoreciendo la educación de los indios. El artículo primero estipula que todas las parroquias del Estado deberán tener al menos una escuela para indígenas, y en lo posible, una dedicada a las niñas indígenas. El artículo segundo establece que los indígenas aprendan—de manera gratuita—moral, cívica, lectura y escritura, aritmética y la Constitución del Ecuador. Sin embargo el decreto fue derogado porque aparentemente afectaba los intereses de las comunidades religiosas (9).

El Conservadorismo. García Moreno (1860-1875)

En la presidencia de García Moreno se crea en los establecimientos de los Hermanos Cristianos una sección donde se preparan maestros indios para enseñar a los de sus comunidades (9). Vargas (6) señala que se estableció una Escuela Normal para indígenas que llegó a contar con 12 alumnos, de Loja, Otavalo, Perucho y Saquisilí.

Pese al verdadero impulso dado a la educación por García Moreno la educación popular de los niños de otras "razas" continuó y continúa siendo un vacío en la educación nacional.

El Progresismo (1875-1895)

La instrucción pública se mejoró notablemente; sin embargo, la de los marginados de lenguas vernáculas continuó en la desatención. La idea predominante tanto en los círculos estatales como religiosos era la de "integrar a la civilización" a estos "salvajes." La iglesia y los colonos hicieron que todos los grupos socio-lingüísticos del oriente (yumbos o quichuas, shuaras, secoyas, cofanes, tetetes...) se replegaran más y más.

Actualmente la presencia de las compañías norteamericanas ha obligado a las culturas selvícolas de cazadores y pescadores (secoyas, cofanes se Shushufindi y Tiputini) a usar espacios vitales mínimos, todo esto además con grave prejuicio para la ecología, amén del aniquilamiento cultural de estos grupos.

El Liberalismo, Alfaro (1895-1925)

El impulso dado a la educación por Rocafuerte y García Moreno se intensificó con el advenimiento del liberalismo de Alfaro, pero, como en los regímenes precedentes, la educación del indio no mejora ni cuantitativa ni cualitativamente.

En 1919, Francisco Andrade Marín, Encargado del Poder Ejecutivo, expidió un decreto a favor de la educación del indígena. Se señalaba en los considerandos el atraso y la ignorancia de la "raza" indígena; la igualdad de derechos de todos los ciudadanos y

el deber que tiene el Estado de difundir la instrucción primaria
entre todas las clases sociales. Se decretó la formación de
escuelas para educar a la "raza indígena" y capacitar a maestros
dedicados especialmente a este ramo. El Instituto Normal de Varones de Pichincha debería establecer un curso especial para el
efecto. El decreto se diluyó por los vericuetos burocráticos y
políticos, como se diluyen todos los brotes de una acción fiscal
socializada.

En 1916, se reunió el Primer Congreso Catequístico, con el
objeto de estudiar un proyecto de difusión de la religión que
llegara a todas las clases sociales. Con respecto al indígena se
concluyó (12):

1. Establecimiento de escuelas permanentes, ambulantes o
dominicales en las poblaciones indígenas, costeadas por el
gobierno o por los propietarios de fundos, tanto para adultos como
para niños;

2. Nombramiento de un indio caracterizado para que integre
la Junta Parroquial, con el objeto de que coopere al incremento de
la instrucción en la raza indígena;

3. Fundación de las Escuelas Normales para indios, bajo el
régimen de internado;

4. Aumento del 25% del sueldo a los profesores competentes
que se dedicasen a la enseñanza de indios;

5. Establecimiento periódico de cursos para la preparación
de maestros indios en el caso de que los normalistas no vayan al
campo;

6. Dar la enseñanza forzosamente en castellano;

7. Hacer que la escuela se adapte a las necesidades y a la
psicología del indio;

8. Hacer que la escuela sea placentera en todos sus aspectos
y de una sola sesión para evitar que los padres sufran los perjui-
cios con la ausencia de los hijos;

9. Provisión de materiales y útiles de estudio;

10. Fomentar el acercamiento de los indios y blancos en las escuelas para que ellos tomen las nuevas formas de civilización;

11. Establecimiento obligatorio de la enseñanza de agricultura en las escuelas de niños y de economía doméstica, cocina, lavado, planchado, tejido, crianza de animales, puericultura, etc., en las escuelas de niñas;

12. Creación de becas especiales para indios en las escuelas agronómicas dentro o fuera del país;

13. Crear premios municipales a familias de indios que se hubieren distinguido (entre otras cosas) en la instrucción.

El proyecto católico también se diluyó.

Epoca Contemporánea

De 1926 a 1938 funcionaron, según informes oficiales, 225 escuelas prediales a cargo de los propietarios de fundos y bajo el control de las Direcciones Provinciales de Educación. La enseñanza se hacía en castellano (11).

A partir de 1938, bajo el gobierno del General Enríquez, se expidió una nueva Ley Orgánica de Educación y en el capítulo VI (Art. 66 a 70) se legislaba la modalidad de las escuelas prediales que tendrían el carácter de agrícolas e industriales. Los fondos para su sostenimiento deberían provenir de impuestos sobre proprietarios de predios, establecimientos industriales, asientos mineros.

La facilidad para escamotear las riquezas (las tierras principalmente) y los impuestos impidió la continuación regular de las escuelas prediales.

Instituciones Que Trabajan en Educación Bilingüe

Instituto Lingüístico de Verano (ILV)

Hace 20 años el gobierno nacional celebró un convenio con el ILV y posteriormente concedió a esta institución 1400 hectáreas de terreno, por 50 años, para establecer la base de Limoncocha. En 1963, bajo un convenio con el Ministerio de Educación, se creó el Plan Piloto de Educación Bilingüe con los grupos étnicos de

shuaras, quichuas, secoyas y cayapas. El plan contenía básicamente: (1) Diseño de materiales didácticos; (2) Selección, entrenamiento y capacitación de Promotores Bilingües; (3) Realización
de cursos de verano de capacitación para Promotores. La administración de las escuelas depende de una Oficina de Coordinación,
que es la encargada de dar, además, supervisión técnico pedagógica.

En el año 1973 se contaba con 36 escuelas bilingües entre los
cofanes, shuaras, cayapas y quichuas del Oriente y de la Sierra.
El ILV está también entre los colorados (sin escuela) y los aucas
(sin escuela). Por Decreto Supremo No. 221 del 13 de marzo de
1973, los Promotores Bilingües capacitados por el ILV se incorpo-
raron con la primera categoría a la ley de escalafón del magisterio nacional. Al ILV le cabe haber iniciado un programa de educación bilingüe, basado en presupuestos lingüísticos. Su labor sin
embargo deberá ser analizada y evaluada por las autoridades educativas del país.

Instituto Interandino de Desarrollo (IIAD)

Esta organización se estableció en Otavalo, Provincia de
Imbabura, bajo la dirección de Luisa Stark (1972).

La primera escuela bilingüe de El Cercado tuvo su primera
promoción del primer grado en junio de 1973. Entre 1973-74 el
IIAD estableció tres escuelas en Imbabura y dos en Loja. Para
1974-75 se planea establecer cinco escuelas en las mencionadas
provincias así como iniciar nuevos programas en Chimborazo, Coto-
paxi y Tungurahua.

El programa está en parte en manos de voluntarios americanos
del Cuerpo de Paz y ha recibido ayuda de USAID. Mantiene relaciones con el Ministerio de Educación, especialmente con la Dirección
Provincial de Educación de Imbabura. Tiene a su cargo la preparación de materiales didácticos así como la capacitación del profesorado bilingüe.

Una de las principales diferencias con el ILV consiste en la
selección de los profesores. El ILV tiene un programa acelerado
de capacitación profesional puesto que los profesores completan
en cursos de verano su propia escolarización (primaria), mientras
que el IIAD incorpora profesores con título de normalista.

Escuelas radiofónicas

En 1959 el obispo de Riobamba, Mons. Leonidas Proaño, empren-
dió una campaña de alfabetización entre los campesinos quichua
hablantes de la provincia de Chimborazo. Pensó que el mejor medio
sería la radiodifusión. En 1960 las "Escuelas Radiofónicas"
salieron al aire. En 1962, se complementó la labor de la radio
con el periódico Jatari Campesino (Levántate, campesino). El
mismo periódico en 1963 publica el decreto que establece el salario legal mínimo de 15 sucres diarios (US 0.60 aprox.), lo que
atrae el repudio de los hacendados. El mismo año se crea el
Instituto Tepeyac, para la formación de líderes indígenas. En
1964, a los dos días de promulgada la Ley de Reforma Agraria,
Monseñor entrega al IERAC (Instituto Ecuatoriano de Reforma Agraria y Colonización) las haciendas de la diócesis. En 1965,
construye en la Hacienda Santa Cruz un "centro de reflexión" para
indígenas. En 1966 prohibe que se cobre por las confirmaciones.
En 1967 prohibe el cobro de diezmos. En octubre de 1974, va a la
cárcel.

Este proyecto genuinamente nacional y orientado especialmente
a la educación de adultos ha provocado polémicas y sin duda alguna
ha hecho aportes para la orientación de la educación nacional.

La Conferencia Episcopal Ecuatoriana

A través de las escuelas fiscomisionales ha promovido la
educación en las comunidades indígenas quichua hablantes. En las
Escuelas Indigenistas se hace uso de materiales bilingües (aunque
de manera restringida). La misión de Madres Lauritas especialmente ha desarrollado una labor de investigación dialectal.

Organismos gubernamentales

Fuera del Ministerio de Educación, el Ministerio de Agricultura y el de Salud, a través de sus departamentos de promoción en
el campesinado, han desarrollado materiales didácticos bilingües,
especialmente en quichua y castellano.

Plan de Desarrollo de la Educación (1973-77)

Filosofía

Dentro del plan general de desarrollo del país para el quin-
quenio 1973-77 consta el Plan de Desarrollo de la Educación.   En
él se traza una política de reorientación basándose en el reconocimiento de los siguientes aspectos básicos (12):

- la crisis de la educación del país está motivada por su
  inadecuación a las aspiraciones y necesidades nacionales;

- su programación es anacrónica;

- el sistema educativo carece de eficiencia para vincularse
  al proceso de producción y a las condiciones sociopolíticas;

- la educación no responde a los requerimientos de desarrollo
  del país.

Situación económica del país

El Ministerio de Educación reconoce que "El Ecuador está en
condiciones sociales y económicas de país subdesarrollado y con
manifestaciones de dependencia externa."   De la población nacional
la población mayoritaria y marginada es rural y acusa un 80% de
analfabetismo (12).

El ingreso per cápita del 95% de la población está bajo los
140 dólares (12).   El Ministerio señala la existencia de un tre-
mendo desequilibrio en la distribución del ingreso total nacional,
pues el 1.8% de la población económicamente activa recibe el 24%
del ingreso nacional mientras que el 54.2% de la misma población
absorbe el 9.5% del ingreso (12):

El 50% de la población percibe USA   42.00
El 45% de la población percibe USA   137.00
El 3% de la población percibe USA   537.00
El 2% de la población percibe USA   1,167.00

En resumen "la tierra, el capital y el comercio están en manos de
una minoría (12)."

Política educativa

Tenderá hacia la consecución de una reforma educativa integrada a otras áreas de reforma (agraria, tributaria, financiera,

administrativa) y con miras al desarrollo general del país (12) y
en especial a la vigorización del aparato productivo (12). La
transformación educativa deberá reflejar la transformación en la
tenencia de la tierra (reforma agraria y colonización) (12).

Para este efecto las instituciones educativas propenderán
hacia la incorporación de los grupos marginados a través de una
movilidad vertical, una relación interclasista (?), fomento del
cooperativismo (?) así como a través de la creación de mecanismos
de acción (en salubridad, agricultura, cultura) que permitan la
eliminación gradual de los grupos marginados y su incorporación
al aparato productor (12).

Estos objetivos pueden llevarse a cabo gracias a la formación
de un pensamiento investigador y crítico y a la presencia y desarrollo de una tecnología nacional (12).

Grado de escolarización formal en el país

Se reconoce que la mayoría de la población ecuatoriana no
tiene ni siquiera la escuela primaria y que el grado más alto de
deserción escolar ocurre en los dos primeros grados de la escuela
(12). Por lo tanto es necesario reestructurar la programación
educativa total (12).

Organización

La reforma educativa concibe la educación regular (formal)
y la educación extraescolar. Dentro de la primera está la educación básica con 9 grados (6 de primaria y 3 de ciclo básico).

Para los dos niveles de educación se prevé la capacitación
de maestros y como el plan enfatiza en la "educación rural" y en
la "educación para el desarrollo de la comunidad," se establece la
capacitación de "maestros rurales y de la comunidad (12)." Como se
reconoce que la escuela difícilmente retiene la población escolar
y no facilita la promoción, el Ministerio se propone minimizar las
dificultades en el proceso enseñanza-aprendizaje y establecer
centros asistenciales (salud, alimentación) para los escolares
(12). El foco de la educación sin embargo será la comunidad en
sí y una de las metas de la escuela será la de integrar a la comunidad al proceso educativo así como contribuir a la superación

de la actual estructura interna del poder económico, político y de promoción sociocultural (12).

Primer Seminario Nacional de Educación Bilingüe:
Oficina de Coordinación de Educación Bilingüe

Uno de los resultados de esta reorientación en la política educativa y especialmente el interés de algunas instituciones e individuos, permitió la organización del Primer Seminario de Educación Bilingüe orientado hacia las lenguas vernáculas y el español. Dicho Seminario estuvo constituido de cinco comisiones: Educación, Lenguas Vernáculas, Lingüística, Desarrollo de la Comunidad y Antropología. Las resoluciones y recomendaciones del seminario de octubre del 1973 se publicaron en octubre del 1974.

Actualmente el Ministerio ha establecido una Oficina de Coordinación de Educación Bilingüe que será la encargada de planificar todas las actividades relacionadas con esta área específica de la educación. Con el objeto de obtener asesoramiento dicha oficina prevé convenios con las universidades del país así como con otros organismos afines, nacionales e internacionales. Además ha organizado un sondeo sociolingüístico que se llevará a cabo en el área serrana quichua hablante.

Resumen y Conclusiones

Cuando se hace historia, como en este caso historia de la educación, no solo es necesario hacer la recolección de datos sino la interpretación de los mismos. El análisis nos permite ver más allá de lo explícito: nos hace comprender las motivaciones subyacentes, pero que accionan de manera determinada y coherente los hechos que se dan en un aspecto cualquiera de la vida de un país.

A través de la historia crítica se ven los problemas, pero al mismo tiempo se vislumbran las soluciones. La historia como recopilación de datos por el contrario es simplemente alegórica. Bajo esta orientación, la situación de bilingüismo y de educación en el país, puede resumirse así:

1. Con la expansión colonial* del incario se difundió la lengua quichua para propósitos de dominación económica y política.

2. Cuando el quichua no se difundió por motivos políticos
(dominación inca), fue por motivos de expansión económica
(usufructo de áreas ecológicas alejadas de un núcleo; comercio).

3. En la Colonia se usó la lengua española con idénticos
propósitos coloniales.

4. Con la introducción del español se minimizaron o extin-
guieron las lenguas vernáculas.

5. En la Colonia se usó el quichua (misiones religiosas)
para afianzar la estructura político-económica. Este proceso
puede visualizarse por ejemplo a través de las contradicciones:

reducciones/doctrina
mitas/doctrina
obrajes/doctrina
diezmos/doctrina

6. Económicamente la Colonia en el Ecuador presenta dos
grandes momentos:

primero, industrialización nacional incipiente (texti-
lería), más el movimiento de importación/
exportación orientado a la metrópoli;

segundo, decaimiento del movimiento comercial colonia-
metrópoli (conflictos de España por la piratería
inglesa). La "madre patria" reafirma su economía a través de la tenencia feudal de la tierra.

7. Al primer momento económico colonial, corresponde en
educación la orientación hacia las "artes y oficios." Al segundo
momento corresponde la ausencia de orientación en la educación

---

* Por colonización se entiende aquí explotación económica, social,
moral y política del pueblo colonizado a través de todos los mecanismos de dependencia, incluso la educación. Esto implica además
de la dominación externa una dominación interna.

que afianza la estructura latifundio/minifundio. Se usa la lengua quichua.

8. La Colonia implica: urbanización, destribalización y automáticamente desarrollo inarmónico de las áreas. Esta situación facilitaba el arraigo de la política importadora/exportadora primero y la versión feudal (tardía en América con respecto a la misma época en España) de latifundio/minifundio.

9. A la Colonia corresponde una educación centralizada, elitista y "latinizante."

10. Los factores (8) y (9) unidos permiten--grosso modo-- este tipo de distribución lingüística:

a) áreas urbanas, exportadoras, = áreas bilingües
   con planteles de educación

b) áreas periféricas, agríco- = áreas monolingües
   las, sin planteles de edu-   o menos bilingües
   cación

11. La Independencia es una "reinterpretación" elitista del modo de redistribuir la riqueza.

12. La Independencia no aporta en nada a la educación popular (marginados urbanos y rurales, monolingües y bilingües).

13. En los primeros años de la República el Estado y la iglesia ensayan amagos educativos, que son humanitaristas y por lo tanto racistas.

14. Durante el conservadorismo republicano se afianza la dependencia técnico-educativa iniciada en la Colonia. Las misiones extranjeras americanas y europeas dirigen, orientan y estructuran la educación.

15. Económicamente el liberalismo reafirma la dependencia mediante el énfasis dado a la importación/exportación; profundiza el desequilibrio urbano vs. rural (el ferrocarril "beneficia" las áreas urbanas), facilita la migración campesina a las ciudades de Quito y Guayaquil.

16. Educativamente, el liberalismo afianza la dependencia técnico-educativa; "urbaniza" la educación y, como en las épocas precedentes, prepara a la población para la producción (otra vez artes y oficios para los marginados de la escolarización).

17. La época contemporánea, a partir de los años de la década del 30, influída por el socialismo, tiende hacia la popularización de la educación, aunque sin cambios estructurales (fracaso de las escuelas prediales).

18. De los años del 1940 en adelante:

   a) la educación no distingue de manera explícita urbano de rural ni rural de bilingüe;

   b) es inadecuada para los intereses populares;

   c) enfatiza cómo hacer del sujeto marginado un mejor productor (a mejor preparación técnica mejor mano de obra calificada, pero en una relación de trabajo enajenada);

   d) es racista y elitista;

   e) es culturalista y transaccionalista. Maximiza por ejemplo las barreras lingüísticas y culturales y minimiza las barreras socioeconómicas. Cree posible tender un puente entre una lengua y otra (con razón), entre una cultura y otra (con menos razón) y entre un grupo económico y otro (¿tiene razón?); y

   f) se debate entre un nacionalismo incipiente y la dependencia creciente.

Finalmente solo quiero añadir que todos estos factores en su dimensión histórico-crítica hacen pensar que es urgente una verdadera transformación a todo nivel. Con respecto a la educación diremos con Barreiro (13):

Una educación popular que no sirve como instrumento para que el pueblo se organice y movilice para establecer un nuevo sistema de relaciones sociales sirve solo para que los sistemas opresores permanezcan en nuestras sociedades.

Referencias

1. Velasco, Juan de. Historia del Reino de Quito, Historia Natural (citamos por la edic. esp. de 1844), Tomo I, Parte I. Quito: Imprenta del Gobierno, 1789-I, 1; 156; 231.

2. Longacre, R.E. "Proto-Quechumaran: An Ethnolinguistic Note." Ethnohistory 15:4, 1968, 403-413.

3. Murra, John V. El "control vertical" de un máximo de pisos ecológicos en la economía de las sociedades andinas. Huánuco-Perú: Universidad Hermilio Valdizan, 1972, 429-476.

4. Cordero Palacios, Alfonso. Léxico de vulgarismos azuayos. Cuenca-Ecuador: Casa de la Cultura Ecuatoriana, Núcleo del Azuay, 1957, 280; XXI.

5. Jijón y Caamaño, Jacinto. "Contribución al conocimiento de las lenguas indígenas que se hablaron en el Ecuador Inter-andino y Occidental, con anterioridad a la Conquista Espa-ñola." (Ensayo provisional.) Boletín de la Sociedad Ecuato-riana de Estudios Históricos Americanos 2:4, 1919, 340-413.

6. Vargas, José María. Historia de la cultura ecuatoriana. Quito: Casa de la Cultura Ecuatoriana, 1965, 19 ff.; 22; 28; 30-31; 37; 38 ff.; 76; 344; 374.

7. Escuela de Sociología de la Universidad Central. Los quichuas del Coca y el Napo. Serie Documentos y Estudios Sociales, 1. Quito: Edit Universitaria, 1969, 119.

8. Velasco, Juan de. Historia del Reino de Quito, Historia Moderna (Juan Campuzano, ed., 1842), Tomo III, Parte III. Quito: Imprenta del Gobierno, 1789-III, 58; 252.

9. Uzcategui, Emilio. L'obligation scolaire en Equateur. Col. Etudes sur la scolarité obligatoire, VII, UNESCO, 1951, 14; 15; 63.

10. Anónimo. Voyage d'exploration d'un missionaire dominicain chez les tribus sauvages de l'Equateur (avec une preface du T.R.P. Magalli des freres-precheurs, Provincial de la Pro-vince de l'Equateur et Prefet apostolique de la nouvelle

mission). Paris: Bureau de l'Année Dominicaine, 1889,
319-21; 322.

11. Murgueytio, Reinaldo. Tierra, cultura y libertad, Edit
     Minerva, Quito, 1961, 13; 15-17; 21.

12. Ministerio de Educación, Secretaría Técnica del Plan de Edu-
     cación (Documento provisional, distribución limitada), El
     plan de desarrollo de la educación 1973-1977, (Ensayo de
     interpretación de sus bases doctrinarias), mim., Quito, 1974.

13. Barreiro, Julio. Educación popular y proceso de concientiza-
     ción. Argentina: Siglo XXI, 1974, 30; 161.

The Preparation on of Bilingual Teachers

george m. blanco

The focus of this paper is on recommendations for teacher preparation at the undergraduate level. Although federal and state legislation has provided funds to implement bilingual programs, teacher training responsibilities have, for the most part, been left up to local education agencies to carry out through in-service activities. Colleges and universities are beginning to establish programs to train bilingual education teachers; however, many problems are evident. The discussion of this paper revolves around four major components which the author feels are necessary in the training of bilingual education teachers: (1) development of attitudes, (2) development of skills, (3) acquisition of knowledge, (4) application or practice in a real situation. Future teachers need to develop positive attitudes toward minority chil-

dren in regard to their intellectual ability, their culture, and
their language. They must also be provided with ample language
training which allows them to carry out instruction in two languages. Pedagogical skills needed range from classroom management
to teaching in all subject areas to interaction analysis. Some
issues which the teacher-training program must address are suggested. The paper is presented from the point of view of the
Spanish-speaker, primarily the Mexican-American.

La Preparación de Profesores Bilingües

george m. blanco

Los programas tradicionales para la preparación de profesores se han basado en la suposición que todos los estudiantes de los profesores aspirantes proceden de la misma cultura y que todos hablan el inglés a la perfección. A la vez, estos programas han promovido entre el profesorado la noción de que la única cultura viable procede de la clase dominante anglosajona. Ahora, la educación bilingüe está desafiando no sólo éstas sino otras ideas tradicionales acerca de nuestra sociedad y de nuestra filosofía educativa.

En 1968 el Presidente Lyndon B. Johnson promulgó la Ley de la Educación Bilingüe, la cual proporcionó los fondos necesarios para el establecimiento de programas educacionales que proponían el uso de otras lenguas además del inglés como medio de instrucción. No es nuevo el concepto de la educación bilingüe en EE.UU., ya que se establecieron algunos programas bilingües en alemán, en francés y en español a partir de 1839. En 1963, las escuelas públicas de Dade County en la Florida iniciaron un programa bilingüe para educar a los miles de niños cubanos que se habían trasladado a Miami. En la década del '60 surgieron programas de educación bilingüe en Texas, California, Arizona, Nuevo México y Nueva Jersey. La promulgación de la Ley de la Educación Bilingüe representa el comienzo de una nueva época de dimensiones nacionales en la educación de los niños pertenecientes a grupos minoritarios lingüísticos. Se proporcionaron millones de dólares para establecer y

administrar programas bilingües, para el desarrollo de materiales
didácticos y para el adiestramiento del profesorado de estos programas. Hoy en día los planteles docentes están estudiando con
mayor detalle y esmero a su estudiantado con la idea de precisar
la viabilidad de iniciar un programa de educación bilingüe. Esta
misma legislación ha estimulado gran interés nacional en el bilingüismo y en la educación bilingüe, lo cual se comprueba con los
siguientes ejemplos: (1) La promulgación de leyes adicionales a
favor de la educación bilingüe al nivel estatal en varios estados;
(2) el establecimiento de departamentos u oficinas en varias sec-
retarías de educación con el motivo de promover la educación
bilingüe; (3) la creación de la Asociación Nacional de la Educación Bilingüe y la creación de semejantes organizaciones correspondientes al nivel estatal y local. Actualmente la educación
bilingüe está cobrando un auge nunca visto como tema de interés en
muchas de las organizaciones profesionales existentes, como la
Asociación Americana de Profesores de Español y Portugués, la
Asociación de Profesores de Inglés a Hablantes de otros Idiomas,
el Concilio Americano para la Enseñanza de Idiomas Extranjeros, el
Concilio Nacional de Profesores de Inglés, etc. Además, este
mismo interés se empieza a manifestar en algunas universidades en
la creación de programas al nivel subgraduado y al graduado para
el entrenamiento de profesores de educación bilingüe.

    Sin embargo, a pesar de toda esta actividad, la educación
bilingüe aún se encuentra en un estado incipiente y por tanto la
implementación de la educación bilingüe dista mucho de lograr la
calidad de los programas educacionales regulares. La carencia de
dicha calidad se debe en gran parte a la preparación inadecuada de
los profesores bilingües. En lo que se refiere a la preparación
del profesorado, la mayor parte de los programas bilingües se han
valido y aún siguen valiéndose casi exclusivamente del adiestramiento al nivel local, utilizando consultores en las varias
disciplinas que figuran en el currículo bilingüe.

    Las universidades, a su vez, han empezado lentamente a crear
programas, destinados al entrenamiento de profesores bilingües y
de esta manera se ha tratado de cumplir con la demanda tan enorme
de profesores capacitados para enseñar en dos lenguas. El Centro
de Diseminación para la Educación Bilingüe Bicultural de Austin,
Texas llevó a cabo una encuesta nacional para averiguar el número
y la índole de los programas existentes dedicados a la preparación
de profesores bilingües. Los siguientes datos representan algunos

nos resultados de la encuesta. Debemos recordar que algunas universidades cuentan con más de una clase de programa. También debemos tener presente que algunas universidades aún no habían contestado la encuesta cuando se escribió esta ponencia:

1. Tres programas de adiestramiento para la preparación de asistentes del profesor.

2. Cuatro programas que culminan en la licenciatura en letras o en la licenciatura en ciencias en educación bilingüe.

3. Dieciséis programas que culminan en la licenciatura en letras o en la licenciatura en ciencias con una concentración en educación bilingüe.

4. Doce programas que culminan en la maestría en educación bilingüe.

5. Treinta y cinco programas que culminan en la maestría con una concentración en educación bilingüe.

6. Dos programas que confieren el doctorado en educación bilingüe.

7. Ocho programas que confieren el doctorado con una concentración en educación bilingüe.

8. Trece programas que confieren el certificado de profesor de educación bilingüe.

9. Treinta y seis programas relacionados con la educación bilingüe, por ejemplo estudios chicanos o puertorriqueños.

Aunque el número y la diversidad de estos programas universitarios demuestra interés y entusiasmo en la educación bilingüe existen, no obstante, muchos problemas, entre los cuales cito algunos de los más obvios:

1. La falta de fondos para emplear suficientes profesores y para becar a los estudiantes con escasos recursos económicos

2. La disponibilidad de suficientes profesores capacitados para enseñar en dos lenguas

3. El antagonismo del profesorado monolingüe que a veces se siente amenazado por el bilingüismo

4. La creencia de parte de algunos profesores y, a veces, también de parte de la administración, que la educación bilingüe es un capricho de poca duración

5. La noción de una gran parte del público de que la educación bilingüe constituye una amenaza a la unidad del pueblo norteamericano

En vista de que el profesor es el elemento clave en cuanto al éxito o al fracaso de cualquier programa docente, la calidad de la preparación del profesor es de suma importancia, sobre todo al nivel subgraduado. La Comisión de Derechos Civiles de los EE.UU., en su Reporte Núm. VI, Toward Quality Education for Mexican Americans (7), afirma esta idea:

El papel del profesor...es de suma importancia. Es el profesor el que dirige las actividades pedagógicas en las que participan diariamente los alumnos de 5 a 6 horas. Es el profesor el que presenta el currículo y es precisamente el profesor el que tiene la responsabilidad de motivar, ayudar y evaluar a sus estudiantes. Sin profesores eficaces, el equipo, los programas y los materiales por muy avanzados que sean, serán incapaces de asegurar una educación de calidad superior. (Traducción de este escritor)

Por esta razón pondré el énfasis de este trabajo en la preparación pedagógica al nivel subgraduado, ya que es precisamente este nivel el que estudia las técnicas, metodología y muchos otros conceptos que empleará después el profesor. Esto se comprobó en el caso de los profesores de idiomas extranjeros, muchos de los cuales no pudieron o no quisieron cambiar su concepto o su metodología de la enseñanza de un idioma al cabo de un instituto de 6 semanas. El adiestramiento que proporcionan las escuelas locales es muy importante, pero sólo como una adición, es decir, como una manera de actualizar la eficacia pedagógica del profesor, pero no como la manera de proporcionarle al profesor las habilidades y los conocimientos básicos de su profesión.

La Preparación de Profesores Bilingües

Los programas pedagógicos de la educación bilingüe deben con-
sistir en cuatro componentes principales: (1) El desarrollo de
actitudes, (2) El desarrollo de habilidades, (3) La adquisición de
conocimientos o de información, (4) La aplicación de lo antedicho
a una situación real. A seguir, quisiera tratar cada uno de estos
conceptos.

Todo profesor aspirante tiene ciertas ideas preconcebidas en
cuanto a lo que es o debiera ser la educación; acerca de la naturaleza de la materia que se le va a impartir al educando; y acerca
del educando mismo. Gran parte de la preparación del profesor
consiste en averiguar hasta qué punto están de acuerdo estas ideas
con las de los programas actuales. Para empezar, quisiera hacer
hincapié en la necesidad absoluta de una actitud positiva de parte
del profesor aspirante en lo que se refiere a los niños, y aún más
específicamente, en cuanto a los niños de grupos minoritarios. La
noción de una actitud positiva hacia los niños de grupos minoritarios encierra la idea de que todos los niños, cualquiera que sea
su nivel socio-económico, cuentan con ciertas potencias entre las
cuales se pueden citar las siguientes:

1. La habilidad de todo niño normal de aprender, dados la
motivación y el ambiente necesario.

2. Un sistema de conducta que le permite al niño funcionar
como un ser social y como miembro de un ambiente cultural determinado.

3. La habilidad de funcionar en más de un ambiente cultural
sin resultados desfavorables.

4. El dominio, por lo menos, de un idioma completamente
estructurado y con la capacidad de expresar todo lo que le
requiere su cultura.

Todo aspirante a ser profesor bilingüe debiera abrazar estas
actitudes positivas ya que la educación bilingüe constituye un
concepto positivo. El proceso de la educación bilingüe se basa en
la idea de que todo niño puede aprender, aunque proceda de un
hogar donde se hable una lengua y donde se practique una cultura
diferente de las de la escuela. Se pueden identificar estas
actitudes básicas por medio de una entrevista o por un cuestiona-
rio. Aunque se puede defender la idea de que un profesor

aspirante puede cambiar de parecer, con suficiente tiempo y entrenamiento, no intentaré indicar las pautas para la selección de los
candidatos a los programas pedagógicos. Este tipo de juicio,
dadas las ramificaciones inherentes, le pertenece a la institución
pedagógica. Una actitud positiva hacia el estudiante no implica
una actitud de superioridad, sino una de comprensión y de empatía.
La importancia de una actitud positiva se concreta en el Reporte
Núm. V de la Comisión de Derechos Civiles de los EE.UU., Teachers
and Students (6):

> ...los profesores elogian o alientan a los niños anglo-
> sajones el 36% más que a los niños méxicoamericanos.
> Utilizan las contribuciones de los niños anglosajones el
> 40% más que las de los niños chicanos. Al combinarse
> toda la conducta de aprobación de parte del profesorado,
> los maestros reaccionan de una manera positiva hacia los
> anglosajones el 40% más que hacia los estudiantes chica-
> nos...Además los estudiantes méxicoamericanos reciben
> menos atención del profesor...El cuadro que surge de este
> estudio de la interacción en el aula es uno que indica
> el desaire con que se trata al estudiante méxicoameri-
> cano al compararse con sus condiscípulos anglosajones.
> (Traducción de este escritor)

Una actitud positiva es entonces, sin duda alguna, la cualidad
primordial y tal vez la más importante que debieran poseer los que
aspiran a ser profesores.

El campo del desarrollo de habilidades en la preparación del
profesor bilingüe se puede dividir en dos componentes principales:
habilidades lingüísticas y habilidades pedagógicas. Examinemos
primeramente el campo de las habilidades lingüísticas. En vista
de la carrera relativamente corta que requiere la preparación del
profesor, sería lógico que un candidato que no tuviera
cierto dominio de las dos lenguas antes de ingresar en el programa
de preparación, le estaría ocasionando un perjuicio a la causa de
la educación bilingüe. Esto no quiere decir que el programa de
preparación no pueda o no deba proveer al candidato la oportunidad
de ampliar su conocimiento y dominio de las dos lenguas. El programa de preparación debe brindarle al candidato un sinnúmero de
oportunidades de aumentar su conocimiento de las dos lenguas.

En cuanto al español en el sudoeste y en otras partes de los

EE.UU., nos enfrentamos con la labor y el esfuerzo de convertir lo
que hasta recientemente había sido casi exclusivamente el idioma
del hogar a uno que tiene un uso mucho más amplio que el que se le
había destinado anteriormente. De la noche a la mañana, se le
requiere al profesor de educación bilingüe obrar como si hubiera
cursado todos sus estudios usando el español como medio de
instrucción. Cada vez más, los profesores se quejan de lo frus-
trados que se sienten debido al vocabulario técnico que requiere
la enseñanza de las matemáticas, las ciencias sociales y naturales
mediante el español.

Se sabe que el español como vernáculo en el hogar constituye
un sistema de comunicación potente y eficaz. Hasta recientemente,
algunas leyes estatales prohibían el uso del español en las escuelas como lengua de enseñanza y por lo tanto las ocasiones para el
uso de este idioma se limitaban a la intimidad del hogar y de la
amistad. Ahora, las instituciones pedagógicas tienen la responsabilidad de asistir en la labor de proporcionarles a los profesores
aspirantes la oportunidad de aumentar su conocimiento del español.
Hay que recalcar que esta responsabilidad no es solamente la del
departamento de español sino que le atañe a cualquier departamento
o facultad que tenga que ver con los estudios del profesor aspirante. Solamente de esta manera podremos acercanos a la meta de
producir profesores adecuados que no sólo comprendan, hablen, lean
y escriban el español y el inglés, sino que puedan enseñar las
varias disciplinas en las dos lenguas.

Apartándonos del dominio lingüístico al ramo estrechamente
vinculado de la enseñanza y aprendizaje del lenguaje, nos enfrentamos de nuevo con la cuestión de las actitudes. El profesor
aspirante debe reconocer y aceptar el concepto de la variación
lingüística y debe respetar el vernáculo y la forma universal como
sistemas legítimos de comunicación que tienen su uso determinado.
El profesorado debe tener presente el hecho de que un idioma que
goza de tantos hablantes como el español o el inglés necesariamente tiene que variar no sólo social sino regionalmente también.
El profesor tiene la obligación no solamente de aceptar el vernáculo del niño sino de usarlo para aumentar su conocimiento de este
medio de comunicación. A la vez, el programa de preparación tiene
que capacitar al profesor para formar juicios en lo que se refiere
a lo universal y a lo regional. En un caso extremado, me contó
con cierto orgullo una profesora que sus estudiantes ya todos usaban la palabra _rojo_ mientras que previamente usaban solamente la

palabra "incorrecta" <u>colorado</u>. La profesora formó este juicio, indudablemente, a base de muchos de los libros que salen de la América Latina y que prefieren el vocablo <u>rojo</u> en vez de <u>colorado</u>. ¡De cualquier manera, esperemos que los habitantes de Denver, Colorado, no se enteren de su desgracia!

El profesor también debe estar enterado de las fuerzas que causan el cambio lingüístico, sobre todo en un sitio geográfico en que coexisten dos idiomas. Mientras el programa bilingüe tenga que enfocar el aumento del dominio de las dos lenguas de parte del educando, el profesor tiene que comprender que las mismas fuerzas lingüísticas que dieron su origen a palabras como <u>wachar</u> (to watch), espelear (to spell), y al intercambio de las dos lenguas como, <u>Fui al town con mi girlfriend y se compró un new outfit</u>, son precisamente las mismas fuerzas que enriquecieron la lengua española con el gran número de préstamos árabes como <u>almohada</u>, <u>alcohol</u>, <u>acequia</u>, etc. Son las mismas fuerzas que dieron origen en México a préstamos del náhuatl como <u>tecolote</u> y <u>guajolote</u>, los cuales los usa toda la gente, desde el más humilde hasta el más culto. Hoy en día en México el mismo fenómeno ocurre y se le permite al locutor de la Ciudad de México hacer la siguiente presentación, "Damas y caballeros, en el <u>show</u> de esta noche tenemos el grandísimo placer de presentarles a la incomparable Irma Serrano." En vez de decirle al niño de habla española de EE.UU., "No se dice así" sería mucho más provechoso psicológica y lingüísticamente decirle, "Se puede decir de esa manera y también de esta otra." En otras palabras, el profesor no sólo tiene que sensibilizarse a impartirle al estudiante la habilidad y los recursos de usar más de una sola variedad de cada lengua, sino que también tiene la obligación de mostrarle el uso de cada variedad conforme al contexto.

Ya se mencionó la importancia de la habilidad lingüística del profesor y ahora quisiera enfocar el desarrollo de esta habilidad de parte del estudiante que estará bajo la tutela del profesor aspirante. Puesto que el lenguaje desempeña un papel de importancia singular en el programa bilingüe, la preparación pedagógica tiene que impartirle al candidato la metodología adecuada para aumentar en el estudiante su dominio de la lengua materna y también la metodología correspondiente para enseñarle el segundo idioma, o el inglés. Suponiéndose una actitud positiva de parte del candidato en lo que se refiere al vernáculo del niño, el programa pedagógico tendría que favorecer un método multidisciplinario para que la expansión de este medio de comunicación se efectuara mediante la necesidad del estudiante de comunicarse con el profesor y sus condiscípulos.

Esenciales también en la preparación del profesor son la teoría y la práctica en la construcción de unidades para la extensión del primer idioma y para la enseñanza del segundo. Le incumbe al programa tratar problemas como los siguientes: (1) ¿Cómo precisamos el nivel lingüístico e intelectual del niño? (2) ¿Cómo se adapta la enseñanza a una variedad de niveles lingüísticos en dos idiomas? (3) ¿Cómo se puede utilizar con mayor provecho lo que ya sabe el estudiante de manera que pueda participar plenamente en el proceso educativo? (4) ¿Qué clase de materiales se puede usar o adaptar para asegurar el mayor beneficio para el estudiante? (5) ¿Qué clase de métodos se deben usar para ampliar en el niño el conocimiento de la lengua materna y para enseñarle el inglés? (6) ¿Qué tipo de instrumentos o procedimientos diagnósticos se usará para precisar el desarrollo lingüístico e intelectual del estudiante? (7) ¿A qué punto en el proceso educativo se inicia la lectura en el segundo idioma? (8) ¿Se pueden usar eficazmente los ejercicios lingüísticos en disciplinas como los estudios sociales o las ciencias naturales? (9) ¿Se debe favorecer una separación completa de las dos lenguas o se deben mezclar? (10) ¿Tiene el intercambio de las dos lenguas una función legítima en el proceso educativo? Estas y muchas otras preguntas tienen que tratarse en el programa pedagógico.

Además de la capacidad para enseñar un idioma extranjero, el profesor aspirante tendrá que desarrollar otras habilidades pedagógicas. El Center for Applied Linguistics, en su documento titulado Guidelines for the Preparation and Certification of Teachers of Bilingual-Bicultural Education, hace las siguientes recomendaciones tocante a algunas de las competencias o capacidades esenciales para los profesores de educación bilingüe:

1. Aplicar las estrategias de enseñanza conforme al modo distintivo y al nivel de desarrollo del niño...tomando en cuenta el impacto cultural sobre estos y otros elementos variables.

2. Organizar, planear y presentar lecciones determinadas en el currículo usando la terminología adecuada en el idioma o idiomas del estudiante...Los elementos y métodos más adecuados a la enseñanza de la lectura y del lenguaje, matemáticas, estudios

sociales, ciencias naturales, como un mínimo, se especificarán y
se aplicarán en el idioma o idiomas del alumno.

3. Desarrollar la enseñanza de una manera en que la cultura
del estudiante se pueda incorporar en el currículo.

4. Utilizar de una manera eficaz técnicas innovadoras en las
varias disciplinas, específicamente:

   a. La formulación y evaluación de objetivos realistas
      en términos observables

   b. Estrategias de averiguación y de descubrimiento

   c. Instrucción individualizada

   d. Centros de interés o de aprendizaje

   e. Uso de materiales y equipo audio-visuales

   f. Métodos sistemáticos para la enseñanza de la lectura
      y de las matemáticas

   g. La enseñanza en equipo

   h. Análisis de la interacción del profesor y de los
      estudiantes.

La mayoría de los programas pedagógicos le exigen al candidato ciertos conocimientos en diversas disciplinas como las matemáticas, los estudios sociales, las ciencias naturales, el arte y
la música, pero el tiempo no me permite profundizar en estos campos. Sin embargo, un campo--el de la cultura--merece un comentario. En cuanto a la cultura y su incorporación en el programa
educacional, los profesores aspirantes se enfrentan con un dilema:
reconocen la importancia de este componente y del impacto que
puede tener en el autoconcepto del niño y a la vez se dan cuenta
que hay relativamente poco material disponible de esta índole.
Desafortunadamente, lo que usualmente se pone en relieve es lo
colorido y muchas veces las manifestaciones superficiales de la
cultura. La razón por la cual se la da tanta importancia a la
construcción de las piñatas y a la decoración de las aulas con
sarapes y maracas es que estas manifestaciones culturales son las

más fáciles de identificar y de obtener. Aquí me estoy concre-
tando a hablar del méxicanoamericano, pero lo mismo se pudiera
decir de otros grupos étnicos. Los profesores se alientan y se
inspiran con México y por tanto a menudo le presentan al niño una
imagen del Calendario Azteca y le dicen, "Esta imagen debe ser
motivo de mucho orgullo para ti porque forma parte de tu cultura
y de tu patrimonio." El niño tal vez se queda perplejo o aún pas-
mado al enfrentarse con ese artículo que jamás ha visto en su
vida. Aunque lo mexicano debe figurar hasta cierto punto en el
programa bilingüe, la verdad es que la cultura mexicana no es
igual a la méxicoamericana. Al elogiar desmesuradamente lo puramente mexicano, sobre todo durante el primer año del programa
bilingüe, el profesor corre el riesgo de darle al niño una idea
errónea de su cultura.

Esta crítica no quiere decir que el profesor no deba incluir
elementos folklóricos mexicanos en la enseñanza, sino que sen-
cillamente quería recalcar la noción de que el profesor tiene la
obligación de sensibilizarse y de desarrollar la habilidad de ayu-
darle al niño de un grupo minoritario a formar un buen concepto de
sí mismo, de su familia, y de su grupo étnico. Aquí me refiero a
lo que Nelson Brooks llama cultura profunda. La información
acerca de la cultura profunda y de su utilización en el programa
de estudios debe formar una parte integral de la preparación del
profesor. Esto incluirá información acerca de la conducta del
grupo, por ejemplo: su concepto del humor, sus valores, su concepto de la masculinidad y de la femineidad, la estructura de la
familia, etc., todo esto es vital, sin embargo está ausente de una
gran parte de los materiales en uso actual. La diversidad de los
grupos étnicos como los méxicoamericanos, los puertorriqueños y
los cubanos requiere que se emprendan investigaciones de la cultura y que se incorporen los resultados en los materiales de enseñanza. Hasta que se realice esta meta, los programas pedagógicos
tendrán la obligación de proveer a los profesores aspirantes la
información necesaria acerca de la naturaleza de la cultura y la
oportunidad de desarrollar las estrategias adecuadas para que el
niño de un grupo minoritario sepa más de sí mismo como un ser
social y como miembro valioso de la sociedad.

Como vemos, el adiestramiento del profesor bilingüe es una
responsabilidad de dimensiones imponentes. El profesor bilingüe
no sólo tiene que poseer los conocimientos y las habilidades que
le corresponden al profesor regular, sino que tiene que demostrar

una competencia lingüística y cultural que supere a la de éste.
Todavía hay relativamente pocos programas pedagógicos que cuentan
con los recursos necesarios para preparar a profesores bilingües
al nivel que se ha propuesto en esta ponencia. Por lo tanto las
universidades no se pueden dar el lujo de una actitud superior en
el entrenamiento de los profesores bilingües. Los departamentos
de educación harían bien en solicitar la ayuda del personal de los
programas de educación bilingüe del nivel local, ya que son precisamente estas instituciones docentes las que tienen mayor experiencia en este campo. Los departamentos de educación también harían
bien en solicitar la ayuda de la comunidad en vista de que el
apoyo del pueblo es absolutamente necesario para el éxito del programa. Y como se dijo previamente, es esencial la cooperación de
los otros departamentos o facultades de la universidad.

Se puede ver que el profesor de educación bilingüe representa
una síntesis de una multiplicidad de disciplinas desde la antropología, hasta la lingüística, la pedagogía, las ciencias sociales y
naturales y las humanidades. Yo propongo que el elemento clave en
la preparación del profesor bilingüe es la colaboración...la colaboración de un gran número de entidades dentro y fuera de las mura-
llas universitarias. Se le requiere al profesor bilingüe tener un
conocimiento mucho más profundo de varias disciplinas que a cualquiera de sus colegas monolingües. Es como si le estuviéramos
pidiendo al profesorado de educación bilingüe que se convirtieran
en hombres y mujeres renacentistas....Pero, ¿no es justo este
requisito en vista de que estamos presenciando un renacimiento de
los grupos minoritarios bilingües en los EE.UU.?

Referencias

1. Andersson, Theodore and Mildred V. Boyer. Bilingual School-
    ing in the United States, Vol. 1. Washington, D.C.: U.S.
    Government Printing Office, 1970.

2. Brooks, Nelson. "Culture and Language Instruction." Teach-
    er's Notebook in Modern Foreign Languages. New York: Har-
    court, Brace and World, 1966.

3. Center for Applied Linguistics. Guidelines for the Prepara-
    tion and Certification of Teachers of Bilingual-Bicultural
    Education. Arlington, Virginia: The Center, 1974.

4. Dissemination Center for Bilingual Bicultural Education.
    Guide to Teacher Education Programs for Bilingual Bicultural
    Education in U.S. Colleges and Universities. Austin, Texas:
    Dissemination Center, 1975.

5. Saville, Muriel R. and Rudolph C. Troike. A Handbook of
    Bilingual Education. Washington, D.C.: Teachers of English
    to Speakers of Other Languages, 1971.

6. U.S. Commission on Civil Rights. Teachers and Students,
    Report V: Mexican American Education Study. Washington,
    D.C.: Superintendent of Documents, March 1973.

7. _____. Toward Quality Education for Mexican Ameri-
    cans, Report VI, Mexican American Education Study. Washing-
    ton, D.C.: Superintendent of Documents, February 1974.

Un Acercamiento Orientado hacia la Comunidad para un Entrenamiento Técnico

jon p. dayley y jo froman

Más de la mitad de la población guatemalteca habla el idioma a cabo en español, con consecuencias obvias. Este escrito describe el entrenamiento de personas con un mínimo de instrucción formal en materias que generalmente se relegan solamente al ámbito académico.

Primeramente se enumeran las necesidades aparentes para que se usen los idiomas mayas en las áreas de la educación, desarrollo y producción de materiales para la enseñanza. Para resolver estos problemas se creó en 1970 el Proyecto Lingüístico Francisco Marroquín. Esta es una asociación privada, autónoma, secular que con la asistencia del Ministerio de Educación y otras instituciones internacionales, ha creado un programa cuyos objetivos y filosofía se exponen detalladamente.

En 1971 se creó también el Programa de Desarrollo Lingüístico
para entrenar técnicos permanentes y para producir documentación
básica sobre cada idioma maya. Se describe el programa del
período escolar y el de investigación en las localidades selec-
cionadas.

La función que cumplen los estudiantes en el Programa de
Desarrollo Lingüístico está de acuerdo con los objetivos del
Proyecto Lingüístico Francisco Marroquín: que la presencia de los
profesionales y técnicos es sólo para proveer información y entrenamiento en las áreas especializadas pero no para desarrollar
programas o decidir qué clase de materiales educativos debe repro-
ducirse.

Por último, el exponente da a conocer los problemas que se
presentan cuando se enseña lingüística a personas que no han sido
entrenadas en una forma de pensamiento analítico verbal o en el
uso de una metalengua muy abstracta para la descripción de su
propio idioma u otro. A pesar de estos problemas, el P.D.L. ha
logrado que los estudiantes tengan un conocimiento técnico de sus
idiomas lo cual los ha capacitado para desarrollar materiales de
enseñanza y programas educativos. Otros han llegado a hacer trabajos básicos de investigación y han jugado un papel muy importante en la escritura de la gramática de sus idiomas. Más aún

sus críticas y observaciones en muchos casos han sido cruciales

en el análisis gramatical de los idiomas bajo estudio.

A Community-oriented Approach to Technical Training

jon p. dayley and jo froman

In Guatemala today, there are approximately 20 Mayan languages,
many of which have a number of distinct dialects. Native speakers
of Mayan languages account for more than half of Guatemala's
population (most of these people are monolingual), while the rest
speak Spanish as a second language with varying degrees of proficiency. Historically, education and development programs have
been carried out almost exclusively in Spanish. There has never
been a formal training program to provide Mayan speakers with the
basic technical preparation they need to work competently,
creatively, and independently in their own languages in education,
development, and the production of written materials.

In order to make use of Mayan languages in these areas
certain needs are apparent: (1) Native speakers need to learn
general linguistic skills so that culturally relevant and linguistically accurate written materials can be produced in their languages, and so that technically qualified persons native to the
communities can act as catalysts in the use and distribution of
these materials through community-oriented educational programs.
(2) Written bilingual materials need to be produced in the major
languages in sufficient quantities to meaningfully supplement
present and future national education-oriented activities.
(3) A maximum effort must be made to involve native speakers with
language skills in community action programs and in decision-

making within agencies and institutions whose work affects their
communities.

Proyecto Lingüístico Francisco Marroquín (PLFM)

To deal with these problems within an institutional framework,
the Proyecto Lingüístico Francisco Marroquin was established in
1970, with the following objectives: (1) to train speakers of
native languages of Guatemala in the linguistic skills necessary
for the development and distribution of written materials in their
languages; (2) to initiate programs using these languages in communication, education, and rural development; (3) to provide a
forum through which technically qualified speakers of native languages can influence decisions and contribute to policies and
activities which concern their languages and communities; and
(4) to serve as a permanent national technical resource center for
the native languages of Guatemala.

PLFM Philosophy

In seeking to achieve these objectives, the PLFM has tried to
avoid an externally generated approach to development as much as
possible and to incorporate community-based ideas into its working
philosophy. This philosophy emphasizes:

1. The development, primarily by native speakers, of practical
   materials with the potential for immediate application in
   their communities.

2. Careful selection of persons with strong community ties to
   provide some assurance that participants will continue working
   and living in their own towns.

3. Training of students with little or no formal education in
   skills usually reserved for university-level study.

4. Work carried out independently by the students in their own
   communities without the presence of foreign professionals in
   order to encourage the students' independence.

5. Training in management skills concurrent with linguistic
   training so that students will eventually be able to run the
   institution.

6. The development of the PLFM as a long-term institution con-
    trolled and operated by community-oriented Mayans who have
    received training at the PLFM. The institution would provide
    the means for the integration and distribution of ideas from
    a large number of culturally and linguistically diverse rural
    groups.

7. Maintaining a friendly working relationship with the govern-
    ment of Guatemala through the Ministry of Education in order
    to promote the exchange of ideas between native communities
    and the government and other institutions.

8. The financial independence and self-sufficiency of the insti-
    tution and the accomplishment of programs at the lowest
    possible cost.

The PLFM is a private, autonomous, nonprofit, secular,
Guatemalan association. A Spanish school and other activities
within the PLFM provide most of the resources needed for its programs in linguistic development. Assistance from the Ministry of
Education and from a variety of international foundations and
agencies further supplement the PLFM's resources. This financial
autonomy lends stability and permanence to the organization and
is an important factor in its eventual control and management by
Mayans.

The Linguistic Development Program (LDP)

To create a permanent technical staff and to produce basic
documentation for each Mayan language, a program of resource
development, called the Linguistic Development Program, was
initiated in August 1971. This program has begun: (1) the
training of native speakers of each language in linguistics and
related language skills; (2) the production of basic materials
for each language, including bilingual reading materials, dic-
tionaries, and grammars; and (3) the practical application in
rural communities of the skills acquired and the materials produced during the program.

The LDP covers all of the major languages of Guatemala in a
series of phases, each of three years duration. Languages for
each phase were chosen for their relative importance, based on
the number of speakers. Phase I (1972 through 1974) has trained

12 speakers of the Cakchiquel, Mam, and Quiché languages. Phase
II (begun in 1974) is training 30 speakers of Acatec, Aguacatec,
Chuj, Kanjobal, Kekchí, Pocomchí, and Tzutujil. Phase III (to
begin in 1976) will train 50 speakers of Caribe, Chortí, Itzá,
Ixil, Jacaltec, Mopán, Pocomam, Sacapultec, Sipacapa, Teco, and
Uspantec.

During each phase, the participants are divided into language
teams whose work is restricted to a single language or language
zone. Each team includes one full-time linguist and four to six
students speaking the same Mayan language. (Linguists are either
PhDs or PhD candidates.) The students in each team usually
include representatives of two major dialects of the team's language. They are supported by modest scholarships.

Intensive one-month courses in linguistics with emphasis on
Mayan languages are given twice a year. Topics for these courses
include: historical Mayan linguistics, phonology, morphology,
syntax, and semantics. Courses include general lectures for
students of all languages during the mornings. In the afternoons,
each language team works independently reviewing the morning
lectures and discussing examples from their own languages. These
sessions allow the linguist working with each group to give more
individual attention to each student.

During the 10 months of each year when courses are not being
given, students work independently three weeks each month in their
own towns, and they spend one week each month at the linguistic
center in Antigua in consultation with the team's linguist. The
students' work is checked, further training is given, and future
work is planned and assigned. The week of consultation provides
students with a further opportunity for individual attention and
instruction.

When not participating in courses and consultations, students
are working in their own towns on the production of basic materials in their languages. This gives them the opportunity to
begin to work independently, to learn from their own mistakes, to
develop their own ideas, and to rely on their own abilities. It
also reinforces their image as competent independent technicians
within their towns, rather than merely assistants of outsiders.
For this reason, none of the linguistic training is carried out
in the villages.

Over half of the students' time is devoted to the production of materials. Apart from the value of the materials themselves, this aspect of training is emphasized for the following reasons: (1) to perfect writing skills in the languages; (2) to reinforce the linguistic training; (3) to provide a systematic context in which students can organize and study various aspects of their languages; and (4) to give students the opportunity to participate in decisions about how their languages should be written.

The LDP is an ambitious and time consuming program, especially during the first two years. Nevertheless, the students often undertake programs on their own, such as the production of written materials (e.g. primers, pamphlets, local newspapers, and translations of works in Spanish), the development of literacy courses, and the training of literacy instructors. These projects of practical application are carried out on the students' own initiative and are created, organized, implemented, and evaluated by the students themselves.

This is in keeping with one of the most fundamental views of the PLFM: that the function of outside professionals and technicians is only to provide information and training in specialized skills not normally available to rural communities, but that the use and application of these skills and information is a matter for the people to decide themselves. In other words, it is not the role of outside professionals to develop programs or decide what written materials should be produced, but only to offer professional advice.

The participation of the linguists is usually limited to the first two years of the program, after which the students themselves take over responsibility for work in their languages, although linguists may continue as advisors for a short time thereafter. Thus, beginning with the third year of their traineeship, students have considerable freedom in their activities and spend most of their time developing programs and producing written materials of their choice with only minimal participation of the linguists.

The Selection Process

Recruitment and selection of the linguistic students is quite possibly the most crucial aspect of the program, since these are

the people who will eventually be in charge of work in their own
languages and of the institution itself. Therefore, a great deal
of attention has been given to the development of a selection
methodology.

Towns are selected on the basis of linguistic and sociodemo-
graphic criteria, e.g. intelligibility and dialectal convertibil-
ity with other towns, number of speakers, and dialect prestige.

Since the purpose of the PLFM's linguistic training is to
educate community-oriented people who can act as technical linguistic resources, great care is taken in choosing people who will
be less likely to leave their towns. Therefore, within each town,
the PLFM seeks students who are: (1) bilingual and literate in
Spanish, but with no more than six years of formal education;
(2) community-oriented, i.e. people who have contributed in some
way to community activities in the past and who have strong
community ties with a sincere interest in working for the benefit
of their people; and (3) adults, usually no less than 20 and no
more than 40 years old.

The search for candidates for the LDP begins from six to
eight months before the training itself. A representative of the
PLFM (normally a student with previous experience in the linguistic program) visits each of the towns from which students will
be selected. He meets with local authorities, organizations,
and leaders to explain the program and to ask them to suggest
possible participants. He then interviews each candidate individ-
ually and invites those who meet the program's criteria to apply.
Candidates fill out a written application which deals with their
background and motivation for working with their language. A
selection committee of several experienced linguistic students
and a PLFM administrator goes over the questionnaires and invites
potential candidates to Antigua for another series of interviews.
At this stage, the committee selects final candidates to participate in a one-month course, in which they are taught to read and
write in their own languages and are given a chance to see what
their future work will be like. After the course, the linguist
in each language team recommends those candidates that he feels
are most suited for participation in the training. These people
then go before the selection committee again and a final decision
is made from the candidates who wish to continue in the program.

It should be noted that a major part of the selection process is carried out by linguistic students from earlier phases. This is important because their criteria for selection have origins in the communities themselves. In contrast to the linguists and administrators, only the students can really have a true community-oriented sense of what kinds of people will make the best participants.

Problems

Teaching linguistics to people who have had little formal education involves a number of problems which do not normally arise in the academic environment. PLFM students come from poor rural Guatemalan communities, and are usually farmers or day laborers. Therefore, they have had little opportunity to develop their capacities for verbally-oriented analytical thinking, or for the use of a highly abstract metalanguage for talking about their own languages or any other. This obviously poses a problem since linguistics by and large involves analytical thinking on a verbal level and the use of a well developed metalanguage.

In addition, the small amount of formal education these people have had has usually taught them that learning in a formal situation is equal to memorization. As a result, students in the beginning try to take copious notes in an attempt to write down everything the teacher says for later memorization, instead of concentrating on capturing general concepts.

Thus, the linguist, as a teacher in the PLFM, must begin to build a foundation for the use of a metalanguage for talking about language, encourage the development of verbally-oriented analytical thinking, and break down the idea that knowledge is memorization, fixed in rigid phraseology, rather than dynamic processes of conceptualization.

Conclusion

Given the above situation, we can report varying degrees of success in the training program. If we take Phase I as an example, then it can be stated that all of the students have acquired a technical knowledge of their languages that is only surpassed by a number of professional linguists specializing in Mayan languages, a few priests, and SIL workers. This knowledge gives them the

capacity to carry out the development of written materials and
education programs with a degree of expertise that would otherwise be nonexistent among native speakers of Mayan languages. In
addition, several of the Phase I students have developed a technical competence--from a purely linguistic point of view--to a
degree that they can carry on basic research and play an active
role in writing grammars of their own languages. In fact, their
ideas and observations have often been crucial in various aspects
of the grammatical analysis of the languages and without them the
grammars in preparation would certainly be less incisive.

Thus, in general, we can state that the training of people
with a small amount of formal education in skills normally con-
fined to an academic environment can be successful, and that it
can be done in such a way that professional people from outside
the communities provide this training without becoming a part of
the structures in which decisions are made about the practical
application of these skills.

Teacher-Student Relationships as a Factor in Bilingual Education

luz valentínez bernabé

This paper reports on the bilingual education activities of the Indigenous Coordinating Center of the Instituto Nacional Indigenista and the Center for Social Integration in Paracho, Michoacán, Mexico. In 1965, a year after its establishment, the Indigenous Coordinating Center in Tarasco recruited and trained local indigenous men and women to serve as the first bilingual teachers in the region. Preparatory classes were established to teach six-year-old children to read and write in Tarascan while beginning to learn Spanish. (The preparatory class program is outlined.) Students continued with bilingual teachers through the first and second years of elementary school, after which they went on to mestizo teachers. In 1972, bilingual teachers began to teach in the Centers for Social Integration which included grades

four through six. The paper describes the bilingual program which
was established to provide technical, academic, and social training to students fourteen years of age and over. There has been
much resistance to the bilingual program on the part of the
mestizo teachers in some communities. However, the bilingual
teachers have gained the confidence of the students and their
parents, and have become active in community affairs. The results
have indicated that Tarascan children learn better when taught
initially in their native tongue by teachers who share their language, culture, and values.

Also collaborating in the preparation of this paper were Professors
Sebastián Rangel Toral, Abelardo Torres Cortés, Dámaso Calderón
Molina, Hilda Morales G., and Rosaura Vidales E.

La Relación Entre Maestros y Alumnos como Factor de la Educación Bilingüe

luz valentínez bernabé

I. Introducción

Para poder hablar de la relación entre maestros y alumnos como factor de la educación bilingüe es necesario hacer las siguientes consideraciones para darnos una idea de cual es la manera de pensar del indígena:

PRIMERA. Durante la conquista y después de ella, los grupos indígenas de México fueron obligados a trabajar casi en una condición de esclavos en beneficio de los conquistadores. Muchos perecieron bajo estas condiciones, otros huyeron de la barbarie de los españoles y se refugiaron en las partes montañosas o de variada topografía.

SEGUNDA. Desde esa misma época los indígenas tenían que vivir en áreas muy reducidas. Carlos V, Rey de España, concedió títulos de propiedad a las comunidades indígenas, los cuales han sido reclamados por cada comunidad ante las dependencias gubernamentales. Si estos no son reconocidos por las comunidades circunvecinas, hay una lucha constante entre una y otra comunidad por lograr el reconocimiento de sus límites ante el gobierno. Aunque no sabemos si este problema se presenta con todos los grupos indígenas de México, sí sucede con las comunidades purépechas o tarascas del Estado de Michoacán. Esta lucha creó en los indígenas una especie de arraigo y nacionalismo local por defender su comunidad ante cualquier invasión.

TERCERA. La economía está basada en el autoconsumo. Para el cultivo del campo usan aún el arado de madera y el de hierro; pocas comunidades usan tractores. Las tierras son muy pobres, de ahí que el rendimiento sea bajo; además, hace falta un sistema de riego. El desempleo es alarmante, no hay fuentes de trabajo. El producto frutícula es acaparado a precios bajísimos. La explotación de ganado solo la hacen las personas ricas pues son las únicas que pueden costear los gastos de la alimentación y cuidado de los animales.

CUARTA. En el terreno político durante los 300 años de la dominación española, la época independiente y el porfirismo, la situación de los indígenas fue de total sojuzgamiento por parte de los caciques y poderosos (terratenientes, jefes políticos), lo que creó en los indígenas un complejo de inferioridad. Los indígenas carecían siempre de derechos. Fueron considerados como bestias de carga, desempeñaban los trabajos más simples. Esto contribuyó a crear un clima de desconfianza. Muchas veces por el escaso conocimiento del castellano fueron obligados a vender grandes extensiones de tierras a precios muy bajos o a firmar contratos para la explotación de sus bosques.

QUINTA. La religión fue impuesta a los indígenas. En las encomiendas eran obligados a evangelizarse. Los encomenderos los trataban como seres inferiores carentes de razón. Solo la abnegación de los frayles misioneros y la buena táctica de hablarles en su propio idioma hizo posible su evangelización y en muchos casos fue posible enseñarles otra forma de organización social. Pero los españoles, criollos o mestizos se burlaban del idioma y costumbres de los indígenas. Aún hoy se discrimina contra los indígenas en los autobuses, en las ciudades, en los hoteles. Se creó en ellos un espíritu un poco melancólico, muchas veces expresado en sus canciones, en su música y en su danza.

SEXTA. En muchas regiones indígenas predominan condiciones de insalubridad y analfabetismo y muchas comunidades resisten la aplicación de programas de desarrollo. Hasta personas que ya han vivido en una ciudad tienen muchas supersticiones. La ingestión de bebidas embriagantes constituye un verdadero problema.

Después de haber hecho estas consideraciones, comprenderemos que la forma de pensar de los indígenas interviene en la relación que debe existir entre maestros y alumnos bilingües y conviene dividir esta relación, en la relación entre maestros y alumnos dentro del aula y la relación fuera del aula (en la comunidad).

II. Relación Entre Maestros y Alumnos Bilingües Dentro del Aula

Desde que se fundó el Instituto Nacional Indigenista a fines del período del Presidente Cárdenas, se fueron fundando poco a poco Centros Coordinadores Indigenistas en las regiones más pobladas por indígenas, preparando también personal bilingüe al iniciarse el servicio Nacional de Promotores y Maestros Culturales Bilingües.

En Michoacán fue fundado el Centro Coordinador Indigenista de la Región Tarasca en 1964.

Esta región tiene 110 comunidades. Unas ya se consideran mestizas. La mitad puede considerárseles bilingües; en las comunidades más grandes predomina el español. La otra mitad puede considerárseles como monolingües en un 90%.

En 1965, se hizo una selección de jóvenes y señoritas de varias comunidades indígenas, los que estuvieron preparándose teóricamente durante dos meses (sólo contaban con la instrucción primaria y algunos con la secundaria), luego durante un mes pusieron en práctica lo aprendido.

La preparación teórica consistió en el estudio y manejo del Programa de Castellanización para los Grados Preparatorios, así como los métodos, técnicas y procedimientos más recomendables para el desarrollo de dicho programa.

Después de esta preparación, los jóvenes y señoritas que dominaban la lengua tarasca y el español, fueron comisionados a diferentes comunidades para desarrollar el programa, siendo en un principio 85 promotores y 25 maestros bilingües tarascos. Ahora en 1974, trabajan en esta región 153 promotores y 216 maestros bilingües.

Todos los promotores y maestros bilingües fueron bien recibidos en las comunidades en que fueron comisionados.

La labor de los promotores era fundar Grados Preparatorios con niños de 6 años cumplidos a los que durante un año se les enseñaba la lectura y escritura del tarasco a la par que se les iba castellanizando.

La labor de los maestros federales bilingües era continuar esta castellanización en los grados inferiores (primer y segundo grados) ya que los grados superiores estaban en manos de maestros mestizos.

El Programa para el Grado Preparatorio consistía en lo siguiente:

A. CASTELLANIZACION. Utilizando el idioma indígena como auxiliar en la enseñanza. Se hacía mediante:

1. Ejercicios activos (cantos, juegos, recitaciones, etc.)

2. Presentación de expresiones (saludos, preguntas, el tiempo, los animales, las plantas, etc.)

3. Cuentos (en lengua indígena y en español)

B. ALFABETIZACION PRIMERA ETAPA.

1. Ejercicios preparatorios (desarrollo de la coordinación visual, motriz y auditiva, ejercicios para la atención y razonamientos)

2. Lectura y escritura mediante el método ecléctico. Se hacía en lengua indígena usando cartillas y letra "script". Se enseñaban las vocales y consonantes usando palabras y frases modelo.

    Procedimiento:

    a) Análisis de la palabra o frase.

    b) Formación de nuevas palabras.

    c) Mecanización de la lectura.

    d) Ejercicios de copia y dictado.

3. Expresión oral. Comunicación en lengua indígena para que el niño tenga confianza en sí mismo.

C. ALFABETIZACION SEGUNDA ETAPA. (Complementación de la primera etapa se hacía en castellano con la segunda parte de la cartilla y usando letra manuscrita o palmer)

1. Enseñanza de consonantes (alfabeto castellano, empleando palabras y frases modelo)

2. Enseñanza de las combinaciones (sílabas simples y compuestas)

3. Lectura de comprensión, en silencio, de rapidez, etc.

4. Ejercicios de copia y dictado

5. Conversaciones

6. Formación de vocabulario

D. ARITMETICA (Auxiliándose de la lengua indígena, introduciendo poco a poco los términos en castellano)

1. Conceptos de mucho, poco, nada, arriba, abajo, etc.

2. Enseñanza de los números hasta el 25, siguiendo los pasos: Objetivo, gráfico y simbólico

3. Enseñanza de la suma y resta con los pasos anteriores

4. Enseñanza de mitad y cuarta parte

5. Enseñanza de monedas en uso

6. Mecanización de sumas y restas sencillas

7. Conocimiento del metro, litro y kilogramo

8. Medidas de tiempo (días, semana, mes, año)

E. GEOMETRIA (Pasos: objetivo y gráfico)

   1. Conocimiento de la esfera, cilindro, superficies curvas y
       planas, círculo, cuadrado, líneas y posición de la recta

F. CIENCIAS NATURALES (Usando la lengua indígena para explicar
    los puntos más difíciles)

   1. El cuerpo humano, los animales, las plantas, etc.

G. GEOGRAFIA (Usando la lengua nativa como auxiliar)

   1. El día y la noche, el sol, las estrellas, los ríos, las
       montañas, etc.

   2. Excursiones

H. HISTORIA (Auxiliándose de la lengua indígena)

   1. Los antepasados, la bandera, el himno nacional, etc.

   2. Conmemoraciones de fechas patrióticas

   3. Biografías de héroes nacionales y locales

I. CIVISMO (Empleando la lengua nativa como auxiliar)

   1. Conducta con sus padres, hermanos, maestros, ancianos,
       en la escuela, etc.

   2. Saludos

   3. Participación activa en actos cívicos y sociales

    Este programa se desarrollaba por Unidades de Estudio, cada
unidad se desglosaba en diez o quince temas. Su contenido cubría
la enseñanza para el período de un año escolar.

    En là práctica hubo muchos factores que impidieron que se
llevara a feliz término. Los alumnos faltaban por temporadas (en
la época de la siembra, muy pocos asistían a la escuela durante la
escarda, el despunte y la cosecha de maíz y durante las fiestas
religiosas.

Para remediar un poco esto los promotores y maestros bilingües hacían visitas a los hogares.

En los primeros y segundos grados, atendidos por maestros bilingües, se usaba la lengua nativa como un poderoso auxiliar para la enseñanza; había más confianza entre maestro y alumno y se lograba mejor aprovechamiento en la enseñanza.

Los maestros que eran comisionados por casualidad con un cuarto o quinto grado, perfeccionaban el castellano de sus alumnos, incrementando su uso y dominio poco a poco. La lengua nativa se seguía usando como auxiliar.

En dos grupos paralelos, uno atendido por un maestro bilingüe y otro atendido por un maestro mestizo se observó que:

El grupo del maestro bilingüe era más dinámico, había más actividad en el aula. El alumno participaba con más confianza, con alegría, más estimulado, más convencido y sin temor a que se burlaran de su expresión.

En el grupo del mestizo, que no conocía la lengua ni entendía, no había confianza, había temor de no contestar siempre correctamente en castellano; los niños no tenían estímulos. Antes de la llegada de los maestros bilingües, la mayoría de los maestros mestizos prohibía el uso del idioma indígena.

A los dos o tres años de iniciarse el programa los promotores y maestros bilingües se iban ganando la confianza de las personas de la comunidad; pero los maestros mestizos reaccionaron con recelo y comentaban que no era posible que los maestros bilingües hicieran una buena labor puesto que carecían de preparación y que además usando la lengua indígena nunca iban a castellanizarse los niños, que era preferible que los niños indígenas fueran atendidos por maestros mestizos para que se esforzaran en aprender el castellano en forma directa. Algunos padres de familia empezaron a pensar lo mismo y empezó a surgir cierta desconfianza por el personal bilingüe.

Con el tiempo surgió otro problema serio de tipo estadístico: Como los alumnos del grado preparatorio tenían que haber cumplido seis años para su ingreso, los padres de familia pensaban que era perder un año, puesto que antes de establecerse los grados

preparatorios eran seis años para cumplir la primaria y ahora
tenían que ser siete. Este problema fue hábilmente manejado por
inspectores escolares y maestros mestizos, aumentando la opinión
de que a los alumnos se les enseñaba en su lengua nativa, lo que
suponían ellos como retroceso en los niños. A todo esto se sumó
el hecho de que los promotores no eran estimulados por sus autoridades educativas y sobre todo, se dieron cuenta que era mucho el
trabajo que tenían que hacer y solo recibían $720.00 pesos mensua-
les (ni siquiera el salario mínimo).

Muchos fueron perdiendo interés en el servicio, otros deseaban hacer lo que hace el mestizo: trabajar su horario de clases,
sin hacer labor social en la comunidad. Otros desertaron.

Todos estos factores hicieron que desaparecieran los grados
preparatorios en 1971. Ahora el personal bilingüe atiende grados
escolares. Se sigue usando la lengua indígena como auxiliar en la
enseñanza en los grados en que es necesario. Si en el primer año
es muy alto el monolingüismo indígena, se desarrolla a grandes
pasos el programa de castellanización de los grados preparatorios
y después se sigue con el programa especial del grado. También en
los grados sucesivos se va aumentando paulatinamente el uso del
castellano.

En una encuesta realizada en agosto de este año a 45 maestros
y promotores bilingües de diferente preparación académica, el 93%
estuvo a favor del uso de la lengua tarasca en la enseñanza como
base fundamental para la castellanización. El 7% restante opinaba
que había que desechar el uso de la lengua indígena; cabe notar
que los maestros que dieron esta opinión eran los que no dominaban
la lengua nativa.

En otra pregunta, el 58% de dichos maestros opinaba que el
personal bilingüe tenía buen prestigio en las comunidades y el 33%
opinaba que el prestigio iba de acuerdo con el comportamiento de
cada maestro. El 66% decía que los alumnos respetaban al maestro
bilingüe y el 34% opinaba que el respeto iba de acuerdo con su
conducta.

El 76% opinó que los alumnos aceptaban favorablemente el uso
de la lengua nativa, el 11% opinó que los alumnos eran indiferen-
tes al uso del idioma indígena y el 13% opinaba que los alumnos no
aceptaban el uso de su idioma.

El 27% opinó que los padres de familia aceptaban favorablemente al personal bilingüe, el 38% decía que la aceptación iba de
acuerdo con la conducta del maestro y el 31% decía que los padres
de familia no aceptaban a los maestros bilingües.

El 26% opinó que los padres de familia aceptaban el uso del
idioma nativo en la enseñanza, mientras que el 74% se oponía a su
uso pues lo consideraban un retraso para sus hijos.

III. El Trabajo en el Centro de Integración Social Núm. 16
      "Vasco de Quiroga" de Paracho, Mich.

En los antiguos Internados Indígenas (actuales Centros de
Integración Social), el personal docente y manual estaba formado
por maestros mestizos en su mayoría. Hasta antes de 1972, el
objetivo principal era dar capacitación a nivel de Instrucción
Primaria ya que en las comunidades indígenas no existían escuelas
de organización completa; en los Internados existían los grados
superiores (cuarto, quinto y sexto). La disciplina era
rígida, casi militar, se daban castigos corporales a los alumnos
que cometían alguna falta, se les prohibía expresarse en lengua
nativa dentro del aula y hasta fuera de ella, se les infundía
temor y los trabajos y comisiones los cumplían más por temor que
por voluntad.

A principios de 1972, maestros bilingües fueron comisionados
a los Internados Indígenas del país y la reacción de los maestros
mestizos y de los alumnos del internado no fué favorable. Los
maestros mestizos comentaban que los bilingües no iban a poder
enseñar el castellano, los propios alumnos no aceptaban a los
maestros bilingües porque los consideraban con una preparación
insuficiente.

A partir del ciclo escolar 1972-1973, el personal bilingüe
asumió los puestos directivos de los Internados y se inició un
programa bilingüe nuevo, cuyo objetivo principal es dar capacitación integral a jóvenes indígenas de 14 años en adelante en tres
aspectos: técnico, académico y social.

1. En el aspecto técnico, la capacitación se hace mediante
proyectos artesanales (talleres) y agropecuarios con los recursos
de la región, con la participación activa de los alumnos en el
aspecto económico y administrativo de la producción.

2. La capacitación académica es diferente del sistema primario y se caracteriza por ser un sistema donde no hay grados escolares y además se distingue en lo siguiente:

a) Programas de estudios: En este sistema están organizados en forma secuencial con objetivos terminales y específicos para cada alumno. En las escuelas primarias los programas son cíclicos.

b) Medios de organización escolar y evaluación: El personal docente se organiza por materias académicas: Lenguaje, Matemáticas, Ciencias Sociales y Ciencias Naturales. En lenguaje y matemáticas los alumnos pueden clasificarse en tres niveles: básico, medio y avanzado. Los alumnos pueden ir acreditando cada nivel según su propio ritmo de aprendizaje. En ciencias naturales el contenido está organizado en unidades, reflejando el criterio bilingüe y bicultural. El ritmo de aprendizaje de cada alumno se registra en gráficas y la evaluación sirve para planear el trabajo diario del maestro.

c) Medios de enseñanza: La enseñanza es individualizada, en el sentido de que el maestro planea el trabajo según las necesidades o intereses de los alumnos, empleando diversos métodos, técnicas, procedimientos, y recursos para la enseñanza. También emplea diversas formas intergrupales en el aula (equipos de trabajo, parejas, individual, grupo temporal, grupo entero, etc.).

3. La capacitación social es el aspecto culminante del programa y consiste en "dar a los alumnos la responsabilidad de organizar y conducir la vida comunitaria del Internado, desarrollando la solidaridad entre ellos y estableciendo una relación entre alumnos y maestros con base en el respeto mutuo."

En todo el programa se refleja el criterio bilingüe y bicultural.

Objetivos Generales de los Programas

Lenguaje: Desarrollar confianza en la expresión oral, facilidad en la expresión escrita, valorización del idioma nativo y práctica en la comunicación oral y escrita.

Matemáticas: Capacidad para relacionar los conocimientos formales de la materia a los problemas concretos de la vida diaria.

Ciencias Sociales y Ciencias Naturales: Capacidad para obtener, organizar, utilizar y comunicar información.

Los maestros bilingües, pacientemente fueron ganándose la confianza de los alumnos. Dentro y fuera del aula se fué usando poco a poco el idioma nativo, se hacían pláticas informales, cantaban, narraban cuentos en tarasco o en español. En las asambleas se permitió el uso de la lengua indígena.

Los miembros del gobierno escolar fueron orientados sobre la forma de organizar asambleas, levantar actas, obteniendo los siguientes resultados:

1. Reglamento interno para los alumnos, conteniendo derechos, obligaciones y sanciones, fué elaborado con opiniones de los alumnos.

2. Permiso para que conversaran entre alumnos de ambos sexos (noviazgos). En 1972 solo había varones, ahora hay 150 alumnos de ambos sexos.

3. Promoción de funciones de cine, obras sencillas de teatro, concursos de declamación, horas sociales, etc.

4. Periódico mural con textos en lengua indígena y en español.

5. Orientación a los alumnos sobre reglas deportivas.

6. Excursiones y visitas a otras comunidades.

Con la orientación de maestros bilingües, pronto los alumnos fueron cambiando en la forma de pensar sobre su idioma y costumbres. Desapareció poco a poco el temor en ellos y fueron capaces de plantear problemas y resolver algunos y, sobre todo, tenerle confianza a su maestro. Si antes los alumnos soportaban castigo y humillaciones, ahora protestaban.

A los alumnos se les orienta a que pidan el asesoramiento

del maestro más indicado. El Servicio Médico orienta a hombres y
mujeres sobre aspectos de salud y otras cuestiones. Los alumnos
incluso han realizado huelgas para presionar a las autoridades
educativas sobre el aumento de su alimentación, logrando buenos
resultados.

Sin embargo los obstáculos no se hicieron esperar. El personal que ya tenía 15, 20 ó 25 años trabajando en los internados
no aceptó el programa. Argumentaban que había demasiada libertad
en los alumnos y que no aprendían nada o muy poco. No aceptaban
que los alumnos se autogobernaran, ni aceptaban la idea de que la
disciplina no debía ser tan rígida, de que no había que usar
castigos corporales o amenazas, ni menos aceptaban el uso de la
lengua indígena pues era considerado como un factor negativo en la
enseñanza. Sobre todo tenían la idea de que los maestros bilingües llegaron a usurpar sus puestos. Unicamente veían los errores
de los alumnos y de los maestros bilingües pero no ayudaban a
orientarlos y si lo hacían, lo hacían en forma humillante.
Muchos, casi la mayoría, solo deseaban atender su horario. Muchos
maestros de talleres no aceptaban que los alumnos manejaran la
contabilidad de cada taller.

Como es de suponerse, si en un Internado había 28 trabajado-
res y de ellos, solo cinco o seis eran bilingües, se hacía muy
difícil llevar adelante el desarrollo de este programa. En los
talleres, que son una parte muy importante para la educación y
producción, no existían suficientes herramientas o estaban en mal
estado.

El Trabajo en el Aula

En los primeros años de haberse iniciado este programa hubo
resistencia de los alumnos. Estaban acostumbrados a grados escolares. No aceptaban estar en grupos heterogéneos de 20 alumnos
con diferente escolaridad. El mobiliario era diferente, en lugar
de butacas, se usaban mesas y sillas. El problema principal era
cómo atender a cuatro grupos si los alumnos podían tener necesidades e intereses diferentes en la materia. Esto se ha venido
resolviendo con la ayuda de gráficas de avance programático donde
se muestra el adelanto que va logrando cada alumno en la materia.
También se registran las deficiencias del alumno, es decir los
puntos o temas que no conoce.

Dentro del aula, el maestro crea un ambiente de confianza y tranquilidad siguiendo estas normas: (1) aceptar el trabajo del alumno, no rechazarlo, (2) respetar la personalidad del alumno como persona responsable, (3) permitir que el alumno se exprese en su idioma nativo o en castellano, estimular el diálogo, (4) estimular la investigación, la autoenseñanza y la autoevaluación, (5) el maestro debe tener autoridad moral y no ser autoritario ni arbitrario.

Como en este programa el tiempo que dure un alumno para capacitarse, depende del ritmo de aprendizaje del mismo, no es forzozo que esté determinado tiempo.

Alumnos acostumbrados a grados escolares se desanimaron, perdieron el interés y aunque tenían cuarto grado, duraron tres años para terminar lo que es la Instrucción Primaria. Muchos desertaron, pero la causa principal de la deserción era y es la deficiente alimentación que se les proporciona.

Una experiencia muy buena fue la siguiente: En una clase de matemáticas al explicar el concepto del perímetro (todos lo confundían con la superficie), un alumno de los mayores hizo esta explicación en tarasco y en español poniendo ejemplos claros.

En todas las áreas, los maestros utilizan monitores, aunque no siempre. Muchos alumnos confían más en un compañero que en el maestro o le entienden mejor.

En lenguaje se orienta a los alumnos a valorar su propio idioma nativo. En esta área se da mucha importancia a la redacción de textos libres, expresándose en los dos idiomas. La corrección se hace oportunamente sin que se sienta acomplejado.

También se estimula la práctica oral de la lectura y cooperación entre alumnos. Un alumno más avanzado ayuda a uno menos avanzado. Se practica la escritura, la ortografía y la información gramatical.

En ciencias sociales y naturales, se enseña a valorar la cultura de los grupos indígenas, a conocer la producción de sus regiones, a conocer la situación política, económica, y social de sus comunidades, de la región y del país. Se promueve la cooperación y solidaridad entre los alumnos y se da libertad para autogobernarse.

IV. Relación Entre Maestros Bilingües y la Comunidad

Aparte de atender grupos de alumnos, los maestros bilingües realizaban una constante labor social. Organizaban eventos sociales y deportivos, organizaban reuniones de adultos y los orientaban en cuestiones agrarias, etc. También alfabetizaban adultos. Aunque el personal bilingüe tenía poca preparación académica, tenía interés en ayudar a sus hermanos indígenas.

Sin embargo muchos se dejaron absorber por el medio. Unos se presentaban en estado de embriaguez, otros influenciados por los maestros mestizos trabajaban solamente en el aula y se desentendían de la labor extraescolar. Algunos dejaban deudas en la comunidad donde trabajaban. Muchos comprendieron que era mucho trabajo y muy poco el sueldo, fueron perdiendo interés en el trabajo y muchos desertaron. Otros que ya habían terminado su carrera de maestros, continuaban especializándose en Escuelas Superiores y deseaban irse a Escuelas Secundarias a trabajar.

También en muchas ocasiones las autoridades educativas no daban amplio apoyo a algunos proyectos que pensaban realizar en la comunidad. No se permitió que los promotores y maestros bilingües se organizaran.

En muchas comunidades la rivalidad era muy fuerte entre maestros mestizos y bilingües. Se llegaron a formar dos grupos en la comunidad: uno a favor de los maestros mestizos, el otro a favor de los bilingües. En varias comunidades la mayoría de la población acordó no aceptar maestros mestizos, y estos fueron retirados. Esto era en comunidades donde el personal bilingüe era responsable y hacía una buena labor, siendo ejemplo de conducta y trabajo. Muchos maestros bilingües lograron introducir la energía eléctrica en comunidades donde no había. Organizaron cooperativas y alfabetizaban adultos.

Un inspector escolar que controlaba 10 comunidades, en 7 de ellas tenía personal bilingüe y mestizo. Los directores de las escuelas eran de confianza del inspector; estos controlaban las autoridades civiles de las comunidades. Así logró este inspector ser dos veces Presidente Municipal. Con la labor del personal bilingüe ahora, de esas 7 comunidades, en 4 de ellas sólo hay personal bilingüe. Esto mismo sucede en otras zonas escolares donde hay comunidades indígenas.

V. Conclusiones

1. El uso de la lengua indígena es un medio que sirve para hacer más accesible y real la educación de los grupos indígenas. Se logra mayor eficacia en la enseñanza y comunicación de la población indígena.

2. Se debe valorar la cultura indígena en todos sus aspectos y dejar al indígena que por su autodeterminación acepte la cultura nacional.

3. El personal que trabaje en las regiones indígenas debe estar bien capacitado y orientado, que conozca los objetivos de los programas y se identifique con la comunidad indígena, que los puestos directivos de las escuelas los ocupen maestros bilingües responsables.

4. Nuestras autoridades educativas deben dar amplio apoyo para los programas bilingües, ampliar el presupuesto en muchos aspectos, organizar conferencias, cursos de capacitación, imprimir libros, cartillas, revistas, periódicos, etc.

5. Se debe estimular a los maestros y promotores bilingües, sobre todo en el aspecto económico: que perciban un sueldo decoroso, de acuerdo al crecimiento del costo de la vida y se les otorguen diplomas, notas laudatorias, etc.

6. Hasta ahora hemos visto que la mayoría de los jóvenes y niños indígenas que terminan en las escuelas primarias o en los internados tienen un deseo muy grande de continuar sus estudios. Son pocos los que verdaderamente desean retornar a sus comunidades.

Research in bilingual education: recent findings and future directions

Diferencias en los Dialectos y Desarrollo en la Ortografía

gary parker

Este estudio está basado en la premisa, no reconocida por muchas personas que trabajan en el campo de la educación bilingüe, de que la teoría lingüística es en efecto relevante y aplicable a problemas tales como el desarrollo de ortografías prácticas para idiomas preliterarios. Una inspección de los puntos de vista de tres autores previos revela solamente dos nociones respecto a la labor de planificación lingüística: la adopción de un "dialecto standard," y la creación de una "ortografía compuesta." Reexaminando la cuestión desde la perspectiva de la teoría de la variación (variation theory) y de la fonología natural (una clase de fonología generativa que no se limita a tratar sólo los procesos sincrónicos), proponemos varios principios explícitos que tendrían el valor de ser psicológicamente justificables, y por lo tanto

aplicables a las situaciones prácticas en la creación de ortografías. Sugerimos la adopción de un alfabeto "polilectal," o sea
un alfabeto que represente todos los contrastes encontrados en un
área dialectal, pero que también admita un uso variable para la
publicación local de materiales instructivos.

Dialect Differences and Orthography Development

gary parker

Orthography development is a topic that has never been particularly interesting to most professional linguists because the
principal factors involved have seemed to be of a non-linguistic
nature, such as considerations of language attitudes and of printing costs. Divergent opinions with regard to linguistic factors
stem mainly from different theoretical orientations: Structuralists prefer to employ the phonemic principle, while generativists
claim that a more abstract orthography, similar in many ways to
the structuralists' morphophonemic notation, has the greater
psychological reality. Most linguists who have worked in orthography development have been structuralists, and many of these
have cited factors that militate against a strict adherence to the
principle of one phoneme--one symbol. Generativists can offer no
simple formula because questions of abstractness and psychological
reality are hotly disputed issues, moreso today than 10 years ago.
The general trend in generative phonology is definitely toward
less abstract representations.

This paper examines the types of problems that dialect differences pose for the planning of orthographies. I will claim
that the purely linguistic aspects of these problems are of
greater importance than previous authors have recognized, and I
will propose some specific solutions. As regards the scope of
present interests, I am concerned primarily with the creation of
practical orthographies for preliterate peoples, as opposed to

situations of orthography reform. Furthermore, I will not take
into account any special problems that might arise in the creation
of so-called "transitional orthographies"; I am thinking rather
in terms of writing systems that will serve not only in bilingual
education but also in mass communication media where the conserva-
tion of the previously unwritten language is a specific goal.

We can begin by taking a look at what some previous writers
have had to say on the topic of dialect differences. Berry (1)
poses three questions:

> Is there a convenient linguistic centre (i.e. an area
> characterized by having the greatest number of language
> features in common with the greatest number of speakers
> in the total area)? Is there a dialect with the acknow-
> ledged cultural, political or commercial preponderance
> to merit its choice as a standard? Or must some attempt
> be made at a composite orthography on sociolinguistic
> grounds?

He seems to envision a basic choice between deciding on a standard
dialect, i.e. writing exclusively the variety of the language
spoken in a particular area, or devising an orthography that would
be maximally efficient for the total area while not reflecting
exactly the speech of any particular area. Since he does not
decide on the feasibility of the latter, he offers us no guidelines as to how a composite orthography might be constructed.
Presumably if the answer to the first of the three questions is
yes, we will have found our standard dialect, and the following
questions need not be asked. But it is unlikely that the answer
will be yes, for reasons we will see shortly.

Sjoberg (2) says much the same thing as Berry, though she is
more positive on the possibility of a composite orthography:

> A further factor that influences orthographies are
> the linguist's decisions as to which dialect of the
> language is to be the basis of the writing system.
> Ideally, the dialect chosen is that most representa-
> tive of the group as a whole....Where dialectal dif-
> ferences in a language are minor, the linguist often
> seeks to devise an orthography that will be usable
> for all or most of the local variants. Moreover, in

> the realm of grammar and vocabulary, in general the
> fuller forms of words and morphemes, as displayed
> in certain of the dialects, will be employed in the
> reading materials created in the chosen orthography.

Here we find the hint, and nothing more, that a devised orthography may be morphophonemic to some extent.

Venezky (3) goes into more detail, though his main point is
that dialect differences pose no great problem. Some excerpts
follow, omitting the examples.

> In the design of new orthographies, dialect differences
> appear to pose a greater problem in theory than they do
> in practice....In theory, systematic phonological dif-
> ferences between dialects should have no effect upon
> orthographic design, assuming that the orthography is
> to be based upon a single dialect....Where we might
> predict reading problems is where a phone in the dia-
> lect which an orthography is based upon has two or
> more reflexes in another dialect, and where this
> distribution is not totally predictable....But no
> reading problem has ever been attributed to this
> misalignment....Although we can imagine dialects so
> divergent that no practical common orthography could
> be devised, such situations are rare in practice.
> Dialects, by nature, are characterized by systematic
> phonological differences. Where major differences
> do occur, the designer can resort to either a common
> core representation (which is probably undesireable
> in practice), or to different systems for each dialect.
> This decision, however, probably will depend more
> upon political and economic considerations than it
> will upon linguistic and psychological ones.

In this treatment I find some confusion between the notion of the
standard dialect and that of the composite orthography, and I
believe that the author has not seriously considered the extent
and nature of dialect differences.

None of these authors has gone deeply enough into the matter
even to address the problem of just what we mean by the term
dialect. This term, and very often the term a language, is applied

in different ways in different situations and by different linguists, admitting a quite ad hoc mixture of linguistic criteria
with political and geographic criteria. In fact, two linguists
examining the same complex linguistic area, especially one which
does not display neat bundles of isoglosses, might well come up
with two different classifications of dialects and subdialects.
In what follows I prefer to use the term lect, which may be understood simply as any form of speech defined uniquely by linguistic
criteria. More than one lect, narrowly defined, can always be
identified in the total speech habits of a single individual; for
present purposes we may think in terms of a broad definition
wherein the lect is identified with a geographical area. An
orthography intended to be maximally intelligible to the speakers
of a number of geographically identified lects can be termed a
polylectal orthography.

Now let us assume that in any area where there is a high
degree of mutual intelligibility among lects, we can devise a
single orthography which will be highly efficient for all lects.
The problem need not be viewed as a matter of choosing between
writing a standard lect or devising some sort of composite orthography. I suggest the following as a first principle: The
writing system should be designed to represent all the systematic
phonological contrasts found in the total area. Such a system
will approach complete phonetic accuracy for the most conservative
lects, while being relatively abstract for the most innovative
lects. Since linguistic changes usually originate in areas that
are politically and commercially predominant, and have the highest
population density, the orthography will be abstract in the morphophonemic sense for the majority of speakers in the total area.
The level of abstractness, however, will not normally be very
great, and in no case will it be an arbitrary abstractness. The
sort of polylectal orthography I have in mind corresponds rather
closely to an analysis of the type that is generally known as
natural phonology. Natural phonology, by seeking to identify
permissible synchronic phonological rules with the natural processes of language change, removes much of the abstractness of
classical generative phonological formulations, and at the same
time provides a basis for the psychological justification of
representations that are more abstract than those of structuralist
phonemics.

The principle just expounded certainly does not solve all the problems encountered by the designer of practical writing systems, but before we turn our attention to those special problems, it will be useful to describe an example of the kind of situation that the initial principle does handle. This example is from the Quechua of the central Peruvian department of Ancash. In the most innovative lects, which are the most prestigious and have the largest number of speakers, the historical diphthongs *ay and *uy, when tautosyllabic, appear as the long front vowels [ē] and [ī] respectively, with the exception that *uy is affected only when a morpheme boundary is adjacent to the *y. There is an additional process, which for present purposes does not directly concern us, by which these long vowels are shortened in informal speech styles when they are word-final. The most conservative lects do not show this monophthongization, while imtermediate lects in the process of acquiring the innovation show a variable rule whose details differ from lect to lect. In a polylectal orthography ay and uy would be written. The speakers of the lects that show obligatory monophthongization are very likely to object to such a spelling; this is predictable, at least for bilingual persons, from what we know of the Spanish orthography and of their attitudes toward the two languages. Although I am dealing primarily with linguistic considerations in this paper, I would like to suggest that such problems can be overcome by explaining the motivations behind the polylectal orthography, as well as the reasons for writing the language in the first place, to the poeple who use it. Experience has convinced me that this works. There are various ways in which an orthography devised for a previously unwritten language may differ in its use of symbols from the orthography of a national superstratum language such as Spanish; however, while the initial acquisition of the principles of reading and writing is difficult, the subsequent learning of a variant orthography is relatively easy.

There are several types of lectal differentiation that cannot be treated in the same way as the situation exemplified above. First, we have the case where some lects have lost a segment that remains contrastive in other lects. A simple example is seen in the Ancash Quechua lects that have lost word-initial *h. A more complicated example is observed in the Huanca Quechua of the Peruvian department of Junín. The post velar stop *q of Proto-Quechua was lost as such in Proto-Huanca; it simply disappeared word-initially, while in other positions it became a glottal stop.

This situation is preserved in the most conservative lect of Huanca. The most progressive lect, on the other hand, has lost the glottal stop except in one morpheme (a suffix with a unique phonological environment), and where it has been lost in syllable-final poisition it has left a contrastive lengthening of the preceding vowel. The Peruvian linguist Rodolfo Cerrón P. (4), a native speaker of Huanca, has studied the evolution of this process in great detail and has identified six intermediate lects representing successive stages of rule generalization.

A second type of situation is where certain lects in an area have lost a contrast as a result of phonemic merger.* And of course, both phoneme loss and merger can have as a side effect the situation traditionally known as splitting, whereby a new contrast is created. If a variable rule is involved, the situation may be very complex.

Somewhat different from the foregoing processes is the situation in which a segment retains its contrastive status while undergoing a shift in place or manner of articulation such that it might not be practical to represent the earlier and later stages of the change with the same symbol. Let us consider, for example, the case where some lect(s) show(s) a fronting of a voiceless palatal affricate to the alveolar position. In a practical orthography based on Spanish or English we might wish to write the palatal affricate as <u>ch</u> and the alveolar one as <u>ts</u>.

As Venezky and others before him have pointed out, interlectal differences of these types pose no great problems for reading. The same cannot be said, however, for writing. The speaker of a relatively leveled lect cannot be expected to write a contrast that is absent from his native variety of the language. He would make numerous errors, so to speak, of the kind that the native speaker of Spanish makes in trying to distinguish between <u>b</u> and <u>v</u>, or between <u>c</u>, <u>s</u>, and <u>z</u> before front vowels. As a way around this problem I suggest that the polylectal orthography should have a certain flexibility of usage according to the specific situations in which it is needed. Official publications of most types might appear in a single form, perhaps reflecting

---

* Examples of merger are abundant and well known, and are not needed here because the situation created by merger is usually the same as that created by phoneme loss.

the lect that has greatest prestige and/or the greatest number of speakers. On the other hand, for purposes of local publication, people would be allowed to write in their own lect. Teaching materials should be tailored to local situations to the extent that this is economically feasible. In this point of view, the orthography for a particular language or "dialect area" may include a few symbols that are never actually written, though they would be recognized, by many speakers of the language.

In conclusion, I have suggested a unifying principle for practical orthographies, and also a principle of variable usage. The two are not at odds since they deal with different types of language differentiation. This approach is not as simple as the alternatives suggested by other writers, but it may come closer to an adequate handling of the complexities of linguistic reality.

References

1. Berry, Jack. "The Making of Alphabets," in Siversten, E., ed. Proceedings of the VIII International Congress of Linguists. Oslo: University Press, 1958, 752-764.

2. Sjoberg, Andrée F. "The Development of Writing Systems for Preliterate Peoples," in Bright, William, ed. Sociolinguistics: Proceedings of the UCLA Sociolinguistics Conference. The Hague: Mouton, 1964, 260-274.

3. Venezky, Richard L. "Principles for the Design of Practical Writing Systems." Anthropological Linguistics 12:7, 1970, 256-270.

4. Cerrón Palomino, Rodolfo. La evolución del fonema */q/ en ya?a wanka. Lima: Universidad Nacional Mayor de San Marcos, Centro de Investigación de Lingüística Aplicada, Documento de Trabajo No. 15, 1973.

Contrastive Linguistics in Bilingual Education Projects

jorge a. suárez

The results and perspectives of contrastive linguistics have been viewed with skepticism by both linguists and specialists in language teaching. This paper argues that contrastive analysis is an integral component of second language teaching. The scope of contrastive linguistics includes practically every aspect of language teaching--from linguistic description to program evaluation. It is emphasized that contrastive linguistics is a part of linguistics, specifically a variety of topological study which should maintain a proper balance between theory and application. The paper discusses the problems and limitations of contrastive studies as well as their contributions, and outlines new areas where contrastive work is needed. The author concludes by stressing the need for classroom teachers to understand the basic principles and objectives of contrastive linguistics. The effectiveness of any

method is drastically reduced when the instructor does not under-

stand it. The author states, however, that a mechanical applica-

tion of known contrastive formulas is not sufficient now, or

possibly ever; original research is needed through all phases of

application.

La Lingüística Contrastiva en los Proyectos de Educación Bilingüe

jorge a. suárez

Es bastante frecuente encontrar entre lingüistas como entre especialistas en enseñanza de lenguas un marcado escepticismo, cuando
no franca crítica, respecto a los resultados y perspectivas de la
lingüística contrastiva. En buena parte esa actitud parece surgir
de equívocos que comienzan porque la ubicación de estos estudios
no está claramente delimitada, notándose la tendencia a conside-
rarlos tierra de nadie. Desde el campo de la lingüística se los
ve (aunque no se declare abiertamente) como una actividad
secundaria, dictada sólo por fines prácticos, con fundamentación
teórica discutible, en la que un lingüista en el sentido estricto
se ocupa ocasionalmente, declinando, en último término, la responsabilidad de lo que se pueda extraer de su estudio. Desde el
campo de la enseñanza, se le considera una disciplina abstrusa que
para su comprensión requiere una preparación que pocos creen estar
obligados a adquirir, y cuya utilidad es dudosa puesto que no proporciona un recetario aplicable automáticamente a la solución de
todos los problemas con que se enfrenta la enseñanza de lenguas.
Ante esta situación resulta imprescindible caracterizar claramente
el lugar de la lingüística contrastiva a modo de poder examinar su
ámbito y qué problemática y perspectivas ofrece.

A esa situación equívoca poco se ha contribuído desde el
sector de la lingüística, pues no parece reconocerse que la
lingüística contrastiva es parte de ella (1). Así, aún lingüistas

con una actitud decididamente positiva hacia esta disciplina esta-
blecen una diferencia tajante entre la comparación de lenguas
realizada con fines lingüísticos y la realizada con vistas a la
enseñanza (2), distinción que reaparece, indirectamente, cuando se
afirma que un análisis contrastivo sólo registra las diferencias
entre dos lenguas (como si para llegar a ese resultado no hubiera
sido necesario compararlas en su totalidad). Esa separación no es
justificable: puede, y seguramente debe haber una diferencia
dictada por los fines distintos, pero eso es sólo una diferencia
de presentación, no una diferencia de fondo (3). En consecuencia,
si no hay motivo para diferenciar entre comparación de lenguas y
lingüística contrastiva, se desprende que ésta no puede ser otra
cosa que una variedad de estudio tipológico, o sea que lejos de
representar un estudio marginal o de segunda categoría está conec-
tado con los problemas más centrales y difíciles de la lingüística. De esto se desprenden dos consideraciones importantes:
primero, no debe extrañar la relativa inseguridad de los fundamentos de los estudios contrastivos ni tampoco los cambios, incluso
radicales, en los enfoques, pues ello refleja la problemática de
la teoría lingüística y específicamente lo poco desarrollado de la
tipología; segundo, que los estudios contrastivos--y su empleo--no
pueden ser un proceso mecánico que sea factible realizar con conocimientos lingüísticos rudimentarios, por el contrario, el tipo de
preparación lingüística que requieren puede ser mucho más amplio
que lo exigido por otros estudios que se consideran puramente
lingüísticos. Creemos necesario insistir en que esta clasificación de la lingüística contrastiva no es arbitraria, y podemos
apoyarla en el ejemplo ilustre de Charles Bally: su libro (4) es
posiblemente el estudio contrastivo de mayor amplitud y profundi-
dad realizado hasta ahora, fundamentado en una teoría lingüística
que, hay que destacarlo, anticipa en muchos aspectos enfoques y
soluciones actuales. El mismo Bally explica cómo surgió tanto de
problemas prácticos--la explicación de textos franceses y alemanes
--como de sus estudios teóricos, pero en ningún momento sugiere el
autor que su actividad ni el resultado esté fuera del campo de la
lingüística. No es el suyo un ejemplo aislado, dentro del campo
de la enseñanza de la lengua materna; Ferdinand Brunot sustentó
sus métodos en un voluminoso estudio de teoría gramatical (5).
Por lo demás, tendría que ser evidente la conexión con lingüística
contrastiva de estudios de comparación de lenguas, incluyendo los
que se refieren a universales lingüísticas, aunque hayan sido
realizados con intención puramente teórica. Esto no debe inter-
pretarse como una subordinación indiscriminada de los estudios

contrastivos a la teoría lingüística, en el sentido de que se crea
que basta con tomar como marco de referencia la teoría que se crea
mejor—especialmente si ello significa simplemente "la que está
más de moda." La lingüística contrastiva, justamente por su
carácter de disciplina lingüística, está en una situación semejante a la de los estudios sobre adquisición y sobre trastornos
del lenguaje, es decir que tiene el derecho de plantear sus propios problemas y soluciones en una forma que pueden repercutir en
la teoría. Como en esos otros campos, tampoco aquí se puede adoptar la actitud de ciertas teorías que aunque prodiguen la palabra
"empírico" rehusan a ser compulsadas con cualquier hecho empírico realmente significativo; la lingüística contrastiva tiene que
justificarse, directa o indirectamente, por la eficacia de los
métodos basados en ella, ni tampoco puede desentenderse de procedimientos que estos contengan y que resultan efectivos, aunque no
tengan cabida en las teorías lingüísticas del momento: es difícil
aceptar que reglas eficaces de enseñanza sean meros expedientes
prácticos; tienen que poder justificarse teóricamente, de otro
modo la teoría es incorrecta o insuficiente (6).

Desde el campo de la enseñanza de lenguas la pregunta que se
ha formulado es, libre de eufemismos: ¿para qué sirve la lingüística contrastiva? No es preciso contestarla directamente; lo
absurdo de esa pregunta queda en claro formulando la siguiente:
¿se enseña o se puede enseñar sistemáticamente una lengua sin
hacer un estudio contrastivo? La respuesta es rotundamente negativa. No creemos que la primera pregunta derive necesariamente de
una experiencia de frustraciones, sino de la noción errónea de que
la lingüística contrastiva es algo nuevo que hacia 1950 se agregó
a técnicas tradicionales. En esa época probablemente comenzó a
llamársela así, se trató de sistematizarla y de ponerla a la par
de los conocimientos teóricos, pero como práctica, los estudios
contrastivos son con seguridad tan antiguos como la enseñanza sistemática de una segunda lengua. Aun suponiendo que el método
consistiera simplemente en poner a una persona en una situación de
tener que actuar en un grupo cuya lengua desconoce, esa persona
haría el análisis contrastivo aunque en gran parte inconciente y
parcialmente. En otras palabras, cualquier gramática o método
para extranjeros ha tenido siempre una base contrastiva, aunque
en la mayoría de los casos estuviera implícita. Se podría alegar
la eficacia de maestros o de métodos que carecen respectivamente
de la formación o fundamentación lingüística, y por ello declarar-
los prescindibles para la enseñanza, pero de hecho la diferencia,

en el mejor de los casos, consistirá en que se confía en el azar
de disponer de esos maestros y métodos (que siempre son los menos)
que logran buenos resultados intuitivamente--lo que por cierto no
puede ser la solución en un proyecto de educación bilingüe--en
lugar de recurrir al conocimiento sistemático, con objetivos y por
lo tanto perfectible y transmisible.

Delimitadas la relaciones con la lingüística y con la enseñanza podemos ahora plantear el papel de la lingüística contrastiva.

No cabe duda de que su tarea central es el registro de
diferencias entre dos o más lenguas, registro que es una guía de
fuentes potenciales de error en el aprendizaje. Pero esa es una
caracterización muy parcial: en primer término porque no se da el
caso de que se enseñe sólo lo que es diferente. Además eso
supone que lo único que hay que hacer es comparar las dos lenguas
en base a descripciones correctas ya realizadas y que son inmediatamente comparables. En muchos de los casos en que se planea una
educación bilingüe la tarea tiene que comenzar por la descripción
de cada una de las lenguas en cuestión, o si no en el ajuste de
las descripciones existentes a la realidad lingüística, o cuando
menos a reducirlas a términos comparables. Y conviene destacar,
en cuanto a los problemas de descripción como de comparación, un
aspecto como el de la variación lingüística. Si en la enseñanza
de una lengua extranjera el problema se puede obviar escogiendo
una variedad que tenga prestigio, el problema es ineludible en el
caso de la educación bilingüe (y se puede sostener que en toda
educación respecto a la lengua hay una dosis de bilingüismo, o sea
que es dudoso que haya hablantes nativos de ninguna lengua standard) porque justamente el dominio de esa variabilidad puede ser
uno de los objetivos fundamentales que se quiera lograr. Para la
lingüística contrastiva el problema radica en cómo comparar dos
lenguas que presenten grados de variabilidad diferentes, con distintas asociaciones con factores extralingüísticos, con distinto
grado de conciencia de esas variantes; algunos considerarán esos
fenómenos como sociolingüísticos, pero para la lingüística contrastiva son diferencias estructurales como cualesquiera otras y
representan factores potenciales de interferencia en el aprendizaje. El problema se repite cuando las lenguas presentan diferencias regionales y aun se puede multiplicar cuando lo que se debe
contrastar son varias lenguas de estructura distinta (7). La
posibilidad de realizar ese tipo de estudio contrastivo nos lleva

al problema básico, que no debe escamotearse así como no se debe
ocultar que se está lejos de una solución satisfactoria, a saber,
el marco de referencia en el que se efectúa la comparación. Distintos modelos ofrecen una jerarquización muy divergente sobre
dónde se reflejan las diferencias entre las lenguas y naturalmente, de ello se pueden derivar métodos muy distintos (como
señalamos antes, no es sólo cuestión de cuál modelo parece mejor
teóricamente, sino también en cuál se puede basar un método mejor).
El núcleo del problema es el de la jerarquía; no nos referimos a
una jerarquía de dificultades sino a la noción común aunque impre-
cisa de que hay estructuras más fundamentales que otras, rasgos
más generales que otros, fenómenos más frecuentes que otros.
Probablemente tanto los autores de métodos como los de estudios
contrastivos siempre se han guiado por una evaluación impresionís-
tica de esas jerarquías, pero la realidad es que sólo se tienen
datos suficientemente seguros en el caso de la frecuencia de
léxico, pero no de construcciones, en el caso de ciertas categorías obligatorias, pero no de jerarquía de construcciones.

Mencionamos antes la función predictiva de dificultades
potenciales que ofrecen estos análisis. Ello se ha cuestionado e
incluso hay quienes parecen querer reducir a un mínimo las posibilidades de interferencia por conflictos de estructuras. Que no
todos los errores tienen ese origen es evidente, pero pretender
negar la importancia y frecuencia de errores que sí lo tienen es
contradecir la experiencia más superficial que se puede tener de
la enseñanza de lenguas. Lo que en cambio ha sido una deficiencia
ha sido considerar que ahí termina la tarea del análisis contrastivo. Es sabido que en todos los casos surgen dificultades en el
aprendizaje que no han sido previstas, y es a la lingüística contrastiva a la que corresponde determinar si el error se debe a una
razón de estructura, y en ese caso si responde simplemente a que
el método no cubrió adecuadamente un hecho previsto en el análisis
o si éste no era correcto sea por omisión, por falta de profundi-
dad en el análisis o por deficiencia del modelo empleado. Es
decir que el análisis contrastivo prácticamente se confunde con el
llamado "análisis de errores," a pesar de que hay autores que
parece que quieren contraponerlos (8). Y no debe olvidarse que
tan importantes como los errores de producción son los de percepción, aspecto en que el análisis contrastivo tiene por delante
todo un campo para explorar: las lenguas ofrecen "claves" distintas para el desciframiento de los mensajes, algunas bien conocidas
como el orden de elementos o los fenómenos de concordancia. Sin

embargo, sólo se tiene por el momento una idea muy vaga (9) de
otras que probablemente existen, así como de procedimientos que
podrían ser comunes a todas las lenguas.

Lo que hemos sostenido respecto al análisis de errores vale
naturalmente también para la etapa de evaluación de un programa de
enseñanza de lenguas; no vemos cómo sería posible evaluar algo si
no se sabe con precisión qué se tiene que evaluar, a no ser que se
prefiera limitarse a una apreciación subjetiva y asistemática.

Quedan dos áreas por lo menos en que los estudios contrastivos son pertinentes. Elementos necesarios en una educación bilingüe son las gramáticas de consulta y los diccionarios bilingües.
Las primeras, tal como comúnmente se las redacta, no son sólo descripciones de la lengua sino que en buena parte son gramáticas
contrastivas. Por lo mismo presentan la misma problemática vista,
complicada aun más por problemas de presentación ya que quienes
potencialmente las van a usar no son sólo los maestros sino también los estudiantes. En cuanto a los diccionarios, es obvio que
son fundamentalmente el resultado de una comparación léxica, aunque igualmente obvio es la poca atención que les ha prestado la
lingüística contrastiva. No debe sorprender, pues, que los problemas lexicográficos no hayan sido de la predilección de los lingüistas, por lo menos dentro de ciertas tradiciones lingüísticas.
Por lo tanto los mejores resultados en este campo son obra de
lexicógrafos que podríamos calificar de "prácticos" que se han
preocupado poco en fundamentar su trabajo, o lo han hecho dentro
de esquemas muy restringidos. Naturalmente el problema que se
tiene que resolver no es sólo el de los diccionarios sino antes
que todo el de la comparación del léxico para la enseñanza fundamental, aspecto que los análisis contrastivos se han limitado,
cuando lo han hecho, a tratar en forma general y superficial.
Este es un campo en el que justamente se puede prever progreso
considerable en el futuro, dado que el péndulo de los estudios
lingüísticos se ha desplazado y el léxico ya no queda relegado a
un segundo plano (10). Respecto al léxico mencionaremos que en el
problema supuestamente más sencillo--el de la frecuencia--los
estudios se han limitado simplemente a computarla, sin tener en
cuenta que por lo menos en algunas lenguas el conocimiento cabal
de ella supone la capacidad de poder manejarse en cualquier situación, sea con un vocabulario muy diferenciado, sea con un vocabulario genérico muy limitado (probablemente lo mismo vale respecto
a las construcciones gramaticales) lo que tendría que ser cubierto

en los análisis contrastivos ya que tiene claras implicaciones
para la enseñanza (11).

Creemos que las mencionadas son las áreas más importantes en
que deben intervenir los estudios contrastivos. Queda todavía un
factor, que aunque no sea de su incumbencia exclusiva y directa,
es decisivo para el éxito de cualquier proyecto. Nos referimos
al equipo humano que lo ejecuta. Es aberrante--y no creemos que
en otras áreas en que se apliquen determinados conocimientos se dé
el caso--que se acepte que quien aplica un conocimiento no lo
entienda. Esto no es una exageración, de otro modo no se explica
cómo un especialista en enseñanza de lenguas haya creído necesario
puntualizar al comienzo de un libro reciente que: "Soy lo suficientemente purista para creer que la "lingüística aplicada" pre-
supone la "lingüística"; que uno no puede aplicar lo que no posee
(12)." Ahora bien, no se trata de convertir al maestro de lenguas
en un lingüista--hecho que sí se debe esperar de quien redacte un
método y de quien supervise un proyecto, y señalarlo no es super-
fluo--pero en cambio debe aspirarse a que entienda los fundamentos, el mecanismo y los objetivos del método que emplea, de otro
modo es muy difícil que pueda hacerlo con eficiencia. Aun más,
dadas las limitaciones de los métodos, tiene que ser capaz de
poder reconocer e identificar un problema cuando surja de impre-
visto. Téngase presente, y lo afirmamos por experiencia directa,
que la incomprensión de un método por parte del maestro puede
reducir drásticamente su eficacia. En consecuencia, no es sufi-
ciente--aunque es necesario--multiplicar las aclaraciones y las
guías que acompañen a un análisis contrastivo y a un método; es
imprescindible que el maestro tenga una formación lingüística
básica.

Hemos insistido en el carácter lingüístico de los estudios
contrastivos, en que son fundamentales para una enseñanza pla-
neada, y no hemos tratado de ocultar sus limitaciones en el
momento presente; de hecho, los problemas por resolver son más que
los resueltos. Esta situación no se remedia ni rechazando el
aporte de esta disciplina ni confiando en su efecto milagroso.
Debe entenderse que si realmente se desea que la ampliación de los
conocimientos lingüísticos contribuya con lo que puede potencial-
mente--no sólo como técnica sino también en cuanto a material
humano--esa contribución no puede ser actualmente, quizás no lo
pueda ser nunca, una aplicación mecánica de conocimientos ya

adquiridos, sino que ello requiere, para todas las fases de la aplicación, la investigación original.

Referencias

1. Véase por ejemplo, "Report of ad hoc committee on applied linguistics," LSA Bulletin 60:14(1974).

2. Por ejemplo, Haliday, M.A.K., P.D. Strevens, and A. McIntosh. The Linguistic Sciences and Language Teaching, London 1964, p. 138.

3. Véase por ejemplo, Corder, S. Pit. Introducing Applied Linguistics. Penguin Modern Linguistics Texts, 1973, p. 145.

4. Bally, Charles. Linguistic générale et linguistique française. Berne, 1965. (1ª ed. 1932)

5. Brunot, Ferdinand. La pensée et la langue. Paris, 1936 (1ª ed. 1922) La actitud positiva respecto a la conexión entre estudios teóricos y enseñanza de lengua no sólo se encuentra en quienes se ocupan de lenguas modernas, sino también en filólogos clásicos. Véase por ejemplo, Wilhelm Kroll. Die wissenschaftliche Syntax im lateinischen Unterricht. Berlin, 1925.

6. Un ejemplo, quizás extremo: suponiendo (cf. Robert A. Hall, Jr. "Contrastive Grammar and Textbook Structure," en Georgetown University Round Table on Languages and Linguistics, 1968. Washington, D.C.: Georgetown University Press, p. 179) que los paradigmas son útiles en la enseñanza--de todos modos nadie ha renunciado a ellos en la presentación sistemática de la gramática en los métodos--nos encontraríamos con el hecho de que muchas teorías no los incorporan. Sin embargo se trata de reintroducirlos y desde puntos de vista teóricos muy divergentes (cf. M. Halle, "Prolegomena to a Theory of Word Formation," Linguistic Inquiry 4:3-16 (1973), C.F. Hockett, "The Yawelmani Basic Verb," Language 43:208-22 (1967).

7. La situación quizás no es común, pero se da (cf. Metodo de español I-II. Instituto de Investigación e Integración Social del Estado de Oaxaca, México 1972, pp. XVI-XXIII).

8. Cf. Spolsky, B. and Reseña de H.V. George. <u>Common Errors in</u>
<u>Language Learning: Insights from English</u>. Rowley, Mass.
1972, <u>Language Sciences</u> 22:41-43 (1972).

9. Cf. Hockett, C.F. "Grammar for the Hearer," en R. Jakobson,
ed. <u>Structure of Language and its Mathematical Aspects</u> (Proceedings of Symposia in Applied Mathematics XII), Providence,
1961, pp. 220-36; T.G. Bever and D.T. Langendoen. "The
Interaction of Speech Perception and Grammatical Structure in
Language Evolution," en R.P. Stockwell and R.K.S. Macaulay,
eds. <u>Linguistic Change and Generative Theory</u>. Bloomington
and London, 1972, pp. 32-95. Recientemente, Householder
(<u>Language</u> 50:566 [1974] ha formulado el problema en términos
que son directamente pertinentes para el análisis contrastivo
y la enseñanza de lenguas: "a great deal of what attracted
men to the study of typology...was this puzzle: 'How on
earth can hearers of X cope with what comes in if it lacks
clues of type Y?'."

10. Algunos lingüistas están dispuestos a invertir el orden de
prioridad (cf. D. Bolinger. "Getting the <u>Words</u>," in <u>American</u>
<u>Speech</u> 45:78-84 (1973).

11. El intento de C.K. Ogden y de I.A. Richards, cualquiera sea
su valor, se basaba en una de esas posibilidades, y merecería
reexaminarse dentro de las teorías lingüísticas actuales.

12. Corder, S. Pit, <u>op. cit</u>. p. 11.

Uso de Modelos Nativos de Instrucción para el Entrenamiento de Profesores: Experimento Chiapas

nancy modiano

Existe una gran variedad de programas bilingües en una gran variedad de ambientes. En todos los casos los problemas relativos a la preparación de los maestros abundan. Tomando en cuenta la falta de fondos y de personal entrenado en el desarrollo de programas de educación masiva, dos enfoques son comunes: ó se desarrolla muy lentamente el sistema educativo, restringiendo el crecimiento de acuerdo con el número de maestros propiamente entrenados, ó se modifican los criterios para la certificación de maestros, expandiéndose más rápidamente el sistema.

México ha elegido esto último para las escuelas públicas bilingües, las cuales están localizadas en las zonas cuyos pobladores son indígenas. Cuando el Instituto Nacional Indigenista comenzó sus operaciones en Chiapas en 1952, se decidió que

comprendería el personal docente exclusivamente personas indias de
la localidad. De los primeros grupos de 52 maestros ninguno
tenía certificado de primaria. Ahora hay 900 maestros en Chiapas
y más de 9,000 en México.

C. E. Beebe ha sugerido que la función integral de los
maestros se divida en cuatro etapas correspondientes al nivel de
su preparación académica. Evaluando el desempeño docente de los
maestros de Chiapas, de acuerdo con las cuatro etapas de Beebe,
casi todos los maestros encuadraron dentro de la segunda etapa,
la cual se caracteriza por el elevado grado de formalismo. En
sociedades donde el método principal de aprendizaje es el de
observación e imitación, la instrucción formal, que depende de la
memorización de hechos, muchas veces incomprensibles, es confusa
tanto para los estudiantes como para los maestros nativos. Como
consecuencia, el programa de Chiapas ha desarrollado una nueva
forma de abordar el entrenamiento de maestros, la cual se basa en
el concepto de "maestro principal" (master teacher). Aunque
todavía es muy temprano para evaluar los resultados, se anticipa
que al usar un método que esté de acuerdo con la cultura de los
maestros, el programa de Chiapas habrá creado un sistema de entrenamiento más efectivo y económico de maestros indígenas.

Using Native Instructional Patterns for Teacher Training: A Chiapas Experiment

nancy modiano

There are a great variety of bilingual programs in a great variety
of settings--some in highly industrialized countries, some in
countries in the process of industrializing; some serve urban
populations and some tribal. In all cases, problems of teacher
preparation abound.

In the development of mass education programs, taking into
account the shortages of funds and trained personnel, two
approaches are common. One is to develop the education system
slowly, restricting growth to the number of well-trained teachers
available. The other is to modify the standards for teacher
certification in order to expand the system faster. Mexico has
chosen this latter course for its public bilingual schools, all
located in Indian areas.

Although the system is still growing, portions of it have
been in existence for 23 years, more than enough time to allow
for systematic evaluation. To date few such studies have been
carried out and most of these have been informal (1). Most of
the evaluators fail to take into account the constraints under
which the system operates, constraints such as very low financing,
lack of teacher training, and isolation of the schools. All
agree that among other problems still to be rectified, teachers'
classroom performance often leaves much to be desired.

This is not a problem unique to Mexico; it exists in virtually all bilingual programs and is particularly critical in developing education systems. In addressing himself to this situation, Beebe (2), taking most of his data from the South Pacific, has suggested a continuum of teacher performance which he has broken into four stages, relating each stage to the academic preparation of the teachers.

The first stage he describes as chaotic, ritualistic, magical, irrational. Teachers have virtually no formal preparation and are often barely literate themselves. They go through a series of steps in the hope that their students will learn what they wish to impart, but are unable to relate these routines to the students' actual learning. Often they find themselves unable to cope adequately with the many problems facing classroom teachers, such as problems of classroom management. Beebe bases this model on the Dame Schools of 18th century Britain and North America as well as on his observations in the South Pacific; he calls this the Dame School stage of development.

The second stage is characterized by a high degree of formalism. There is a prescribed procedure for imparting each aspect of the course of study, and some rationale underlying each procedure. Teachers are aware of these rationales. They have had some degree of formal schooling, often including Normal School, and approach their jobs in a more professional (or bureaucratic) fashion than Stage I teachers. Beebe calls this the Formal Stage.

The fourth stage is only being approached in the public schools of a few of the most highly industrialized countries, and then only occasionally; it has been available in selected private schools for over 50 years. This stage, called Education for Meaning, is highly rational. All attention is given to the student's learning process and to what he is actually learning. A great variety of teaching techniques is used and all teachers are highly professional masters of their craft. They, themselves, are highly educated, often with 17-20 years of formal schooling behind them. This is as true at the nursery and elementary levels as it is at the secondary.

The third stage lies somewhere between the second and fourth. Classroom procedures are still formalistic, but less so than in Stage II, and the teachers are more concerned with the rationales underlying their procedures. There is more of an attempt at understanding the student's learning process, but much less than in Stage IV. In their formal training, too, the teachers are transitional between Stages II and IV, with more formal schooling than the normal school certificate, but less than the advanced degrees which characterize Stage IV. Beebe calls this the Transitional Stage.

He cautions that in any given school system, or even in an individual school, teachers will be found who are representatives of two or even three of the stages. Neither is there a perfect correlation between teachers' formal schooling and their level of performance. A major shortcoming is Beebe's refusal to work available financial resources and levels of funding into his theory. Despite this, his descriptions of classroom performance and his relating of this to teacher preparation hold up, at least for Indian education in Mexico.

Formal schooling for Mexican Indians has a long history, dating back to pre-Columbian times. It continued, sporadically, after the Spanish conquest, but has been developed on a mass, or universal, scale only during the past quarter century. There had been a number of attempts at providing public education designed especially to meet the needs of Indian--as differentiated from rural mestizo--children during the 1930s, the major projects being in the Otomi and Tarascan regions (3).

When the newly-formed Instituto Nacional Indigenista (INI) began its operations in the state of Chiapas in 1952, it was decided to build the school system on the experiences of these earlier projects. Teaching would be in the local languages with Spanish taught as a second language, until such time as the children were both literate in their own language and understood enough Spanish to continue schooling in that language. It was also decided to staff the schools exclusively with local Indians. When a search was made for potential teachers and when others applied for the jobs, nobody could be found with as much as even a primary school (sixth grade) certificate. Some had only two years of schooling and were barely literate themselves. The most advanced had finished fifth grade. Some could speak only pidgen Spanish; others, raised in the low-land coffee plantations, could handle the oral language reasonably well but were prone to all the written errors of elementary school students. After some

specialized training in which, among other things, they learned
to read and write in their own language (Tzeltal or Tzotzil),
acquired some basic routines for teaching the three R's and oral
Spanish, and made some efforts at improving their mastery of oral
and written Spanish, the 52 teachers were sent off to establish
schools, recruit students, and build a system of universal public
education tied to community development projects. By now there
are about 900 Indian teachers in the state, over 9000 in all of
Mexico.

At first their performance inside the classroom tended to
match that of Beebe's first stage, with the most talented edging
into Stage II. Now, nobody is hired without a primary school
certificate and by next September a secondary certificate will be
required in parts of Chiapas. All teachers are required to study
during school vacations until earning a normal school certificate,
which is the licensing standard at the elementary level throughout Mexico. These courses last six-eight weeks, with occasional
seminars during the regular school year. Teachers are expected
to pass a year's work at the end of each summer, although, as of
1965, they averaged 1.5 years (4) to complete each year's work.

At this time some are still in Stage I in their classroom
performance, but these are a minority. An occasional teacher
works at Level III. This leaves most of the teachers somewhere
in Stage II, most of them near the beginning of that stage.

All children, throughout the world, learn primarily through
observation and imitation, especially during their early years.
After about the age of six or seven they are exposed to the
didactic practices of formal schooling in many parts of the world.
These consist primarily of verbal mediation, drill, often rote
memorizing, and occasionally of fascinating problems to explore
and play out. In those societies where children do not go to
school, observation and imitation usually continue to be the
principle methods of learning. This is very much the case among
the Indians of Chiapas, where verbal mediation tends to play a
secondary role as a teaching technique and where drill and rote
memorizing are virtually unknown among children. The Indian
teachers have grown up in this culture. The schooling they
received as children was very alien to this tradition, and often
so confusing to them as to make their behavior incomprehensible
to an outsider who does not realize that they understand almost

nothing of what the teacher expects of them. Their secondary and higher education has, again, depended almost entirely on the memorization of often incomprehensible facts. In light of this, and of the expectations that they bring to formal lectures, namely that they should write down lots of incomprehensible notes and later memorize them, it was decided to develop a new approach to teacher training.

Due to unforeseen circumstances, this project is still in the pilot stage; it appears to offer much promise. Our hope is that more improvements can be made in teacher performance than one would be led to expect, given Beebe's theory and the low level of formal schooling. The project also takes into account the severe financial constraints under which the school system operates and the isolation of the teachers. Most schools appear to now be two-teacher units. In addition to teaching the regular elementary school schedule of about five hours a day, the teachers are expected to live at their schools, give adult education classes in the late afternoons, and attend to community development projects in-between. Even when they do have time to visit another school, the nearest school is often rarely less than an hour's hike away.

This project relies on the concept of the master teacher, as applied to these isolated rural schools. For each grouping of roughly 100 teachers, one very carefully selected "model" teacher is chosen. At the least he (few of the teachers are women) should show much interest in his work, have earned the respect of his fellow teachers, and exhibit a high degree of talent as a classroom teacher. Moreover, he should be located in a relatively accessible school. This teacher is intensively trained in his classroom, through individual tutelage and demonstration lessons, by a teacher trainer who spends four-five days working with him. During at least the last portion of this period, the teacher is joined by his supervisor, a person who has risen from the ranks of the Indian teachers and who is himself no better schooled or trained than they but who has shown strong leadership abilities.

After the week of intensive training, the model teacher, in turn, trains about 10 other carefully selected teachers, each of whom visit him in his school for a week, during which time they observe and try out the new approaches. Thus there is created a corps of about 10 or 11 model teachers, each of whom, in turn, will train about 10 others.

In this way, at the expense of one week's time of a teacher trainer, about 100 teachers and their supervisors can observe and imitate new techniques and learn the rationales underlying them. Of course, what is learned by the third echelon, the unselected teachers, will not be what the trainer thought he imparted, but rather will be modified as the model teachers reinterpret his suggestions in terms of their culture and their comprehension of what teaching is all about.

How successful can such an approach be in improving teacher performance? We do not know yet, but what little data we have been able to gather in the field indicates that this system will at least equal the formal seminars and lectures used in the past. The study is still in the pilot stage. A few model teachers have been trained; all have shown considerable growth in their teaching techniques. In turn, they are now training the second echelon. The next step in the study will be to develop an instrument for evaluating teacher performance. To begin with, we intend to field test the Flanders (5;6) and French-Galloway (7) scales. After we have developed a reasonably valid and reliable scale we will begin before-and-after ratings of teachers attending lectures on teaching methods who do not participate in the model-teacher project and will then compare their patterns of change with those of teachers participating in the project.

We anticipate that by using an approach more in line with the culture of the teachers we will have created a more effective (and equally inexpensive) training system for the Indian teachers.

References

1. See for example:

Haviland, John B. "El Problema de la Educación Bilingüe en el Area Tzotzil." Paper presented at the Symposium, La Civilización Indígena de Chiapas en el Mundo Contemporaneo. Chiapas: San Cristobal de Las Casas, 1974.

Modiano, Nancy. Indian Education in the Chiapas Highlands. New York: Holt, Rinehart, and Winston, 1973.

Nash, June. *In the Eyes of the Ancestors*. New Haven, Conn.: Yale University Press, 1970.

2. Beebe, C.E. *The Quality of Education in Developing Countries*. Cambridge, Mass.: Massachusetts Institute of Technology Press, 1966.

3. Barrera-Vasquez, A. "The Tarascan Project in Mexico." *The Use of Vernacular Language in Education*. Paris: UNESCO, 1953.

4. Modiano, Nancy. *Reading Comprehension in the National Language*. Doctoral Dissertation, New York University, 1966.

5. Amidon, E. and N.A. Flanders. *The Role of the Teacher in the Classroom*. Minneapolis, Minn.: Association for Productive Teaching, Inc., 1967.

6. Seagren, Alan T. and others. *An Evaluation of Self-Assessment Techniques*. Kansas City, Mo.: Mid-Continent Regional Educational Laboratory, 1969.

7. French, R. and C. Galloway. *A Description of Teacher Behavior*. Minneapolis, Minn.: Association for Productive Teaching, Inc., 1968.

Bilingual Education and Research
on Child Language Acquisition

gustavo gonzález

Large-scale implementation of bilingual education in the U.S. was the result of the pressing need to solve the educational problems of children whose native language is other than English. Because of the pressure to establish bilingual programs overnight, there was little time to plan and investigate the nature of bilingual education. Child language acquisition, one of the most important areas for research, has received very little attention in spite of the fact that the majority of the bilingual education efforts are directed toward the preschool to third-grade-level child. Knowledge of children's language acquisition should form the basis of all bilingual education programs. Basic information about children's language is essential for the preparation of sound instructional materials, and also for the developing of instruments to measure the child's development in his native language. Studies on child language in the past 2 or 3 decades have been limited mainly to English. The author discusses two recent studies on the language of the Spanish-speaking child which have implications for bilingual education and suggests areas for further research.

La Educación Bilingüe y la Investigación de la Lengua Infantil

gustavo gonzález

Como ya sabemos, la educación bilingüe no es un fenómeno nuevo. En su historia, ha abarcado numerosos idiomas en varios países. En los Estados Unidos existen programas bilingües que tienen como segundo idioma el japonés, el español, el chino, el tagalog, el návajo, el francés, y el portugués, entre otros.

A través de los años, nos damos cuenta que la educación bilingüe es una de las avenidas más fructíferas en el proceso educativo de niños minoritarios cuyo idioma materno es diferente al de la sociedad dominante.

Profesionales en diferentes disciplinas como psicología, sociología, lingüística, y educación han empezado a investigar y analizar los efectos que los programas bilingües tienen sobre los niños que participan en ellos. Organizaciones profesionales estadounidenses, tales como T.E.S.O.L. (enseñanza del inglés a hablantes de otros idiomas), Linguistic Society of America, y American Anthropological Association, conscientes de la importancia de la comunicación entre disciplinas, han empezado a dedicar parte de sus conferencias anuales a asuntos relacionados con la educación bilingüe. El Centro de Lingüística Aplicada, en su publicación mensual Linguistic Reporter, desde el año pasado publica una página de noticias acerca de la educación bilingüe. El gobierno federal norteamericano ha autorizado para el año entrante 135 millones de dólares para el desarrollo de programas bilingües en los Estados Unidos.

La implementación en gran escala de programas bilingües fue resultado directo de las necesidades evidentes en los Estados Unidos como en otras partes del mundo. Se vió como la solución más práctica al problema de la enseñanza de niños cuya lengua materna era diferente de la lengua de la sociedad dominante. Estos niños llegaban a la escuela el primer año y se enfrentaban de inmediato con el dilema de no poder comunicarse con sus maestros ni con otros niños cuya lengua materna era distinta a la de ellos. Como el sistema escolar había sido diseñado para la educación de la mayoría, no estaba adecuado para incluir en el proceso niños que no supieran el idioma vernacular. En pocas palabras, los niños minoritarios hablaban un idioma y en la escuela se hablaba otro. Esta incongruencia tuvo como resultado la frustración y el desilusionamiento por parte de los niños minoritarios.

La educación bilingüe se vió como solución ideal para combatir este problema educativo. Esta solución permite que el niño use su lengua materna mientras aprende el idioma de la mayoría. En programas cuyas metas incluyen el desarrollo completo de ambos idiomas es posible enseñar conceptos en su primer idioma inmediatamente sin esperar que domine el segundo idioma.

Sin embargo, como ocurre en toda solución que se concibe en un ambiente de urgencia, no hubo tiempo ni previsión para examinar a fondo todos los aspectos que forman parte íntegra de la educación bilingüe. No se prestó atención, entre otros campos, al adiestramiento de maestros, al desarrollo de materiales pedagógicos, ni a la investigación científica de los efectos de este método de instrucción sobre el desarrollo intelectual de los niños. Se supuso que ya existía toda la información necesaria para desarrollar un programa que lograra éxito.

Fue por esta razón que la primera legislación en los Estados Unidos autorizó fondos solamente para la iniciación de programas bilingües. No se permitió ningún período para planear, reflexionar, o investigar la naturaleza de lo que llamamos la educación bilingüe. Esta falta de planeamiento redujo el impacto que pudieran haber tenido los programas bilingües.

Una de las áreas más importantes que ha recibido muy poca

atención es la del habla infantil. A pesar de que la gran mayoría
de los esfuerzos en el campo de la educación bilingüe se dirigen
al niño del nivel pre-escolar hasta tercer grado, los trabajos de
investigación lingüística que se han hecho en este campo son muy
escasos. La información acerca de las características del habla
de los niños de estas edades es muy escueta.

Los conocimientos lingüísticos de la lengua infantil deben
ser los puntos básicos de referencia para el desarrollo de todo
programa bilingüe. Si nuestro propósito es el de empezar al
nivel lingüístico del niño, si proponemos empezar con las estructuras que él domina en su primer idioma, es lógico que necesitamos
tener una descripción bastante completa de su idioma antes de
empezar con la instrucción. Desafortunadamente, hasta la fecha no
se han llevado a cabo investigaciones que suplan esa información.
Por consecuencia, no sabemos las características del habla infantil de los niños que participan en nuestros programas bilingües.

¿Por qué estamos tan atrasados en este campo tan útil?
Podemos presentar tres razones. En primer lugar, el estudio de
la lengua infantil apenas ha empezado a recibir el interés y la
atención merecidos entre lingüistas. Ya existen trabajos en este
campo como el estudio clásico de Leopold que se llevó a cabo entre
1939 y 1949. Pero no existen obras más recientes.

En segundo lugar, no se le ha dado casi nada de importancia
al papel que debe desempeñar la investigación lingüística en los
programas bilingües. Desde los comienzos de este tipo de instrucción, se ha supuesto que los maestros saben cuáles son las estructuras lingüísticas que el niño domina. Se ha supuesto que, ya que
el maestro y el niño hablan el mismo idioma, el nivel de desarrollo es el mismo; que el niño, sea cual fuera su edad, tiene en su
habla estructuras tan complejas como las del maestro.

Este modo de pensar es perjudicial no sólo para la conducta
de la clase misma, sino también para el desarrollo de materiales
pedagógicos. Los programas actuales diseñan y producen lecciones
de lenguaje, ciencia, matemáticas y arte. Estos esfuerzos resultan en materiales que se basan en la realidad lingüística del
maestro y no en la del niño.

La tercera razón es una que ya hemos mencionado: la urgencia
en implementar los programas bilingües. La gran necesidad de

mejorar la educación de los desventajados causó que se utilizara
lo que había a la mano. La premura del problema nos hizo olvidar
el gran hueco que existía y aún existe en el campo de la lengua
infantil. El empuje hacia alguna solución causó que se ignorara
la contribución potencial que resultaría de la investigación
lingüística del habla del niño, a base de la cual se podrían
estructurar programas acertados.

Nos hacen falta conocimientos de información básica para el
desarrollo de materiales de enseñanza. Sin saber cuáles son las
estructuras que el niño puede dominar y con cuáles tiene dificultad, ¿cómo podemos pretender crear lecciones que sean adecuadas
para su nivel de desarrollo lingüístico? No basta que se presenten las lecciones en el primer idioma. Hay que tener en cuenta
la complejidad de las estructuras lingüísticas también. Sin controlar este aspecto importante, los programas bilingües nunca
tendrán el éxito debido. Y sin trabajos de investigación sobre
la adquisición del idioma materno, sea cual fuera, seguiremos
desarrollando programas sin base científica.

Desarrollar un programa bilingüe para niños a nivel
pre-escolar sin haber hecho investigaciones del habla infantil es
como diseñar un programa para adultos y basarlo en el habla de los
niños. Los resultados serán lecciones y materiales inadecuados
para ese nivel de desarrollo lingüístico. Los dos comparten el
mismo idioma, pero los niveles de dificultad son diferentes.

Los resultados de las investigaciones del habla infantil
podrían ayudar aún en otro campo: el de la evaluación. En la
situación actual, por lo menos en los Estados Unidos, dominio del
inglés es el aspecto de más importancia. Progreso en el crecimiento del idioma materno recibe muy poca importancia, a pesar de
que la filosofía oficial exige el mantenimiento de los dos idiomas. La razón principal que se da por esta falta de atención es
que no hay exámenes que puedan medir el desarrollo en otros idiomas. En inglés, hay varios examenes que se utilizan; en los otros
idiomas existen muy pocos, y los que existen no se han basado en
la investigación lingüística del habla infantil.

Los resultados de tales investigaciones podrían usarse en el
establecimiento de ciertas normas para el habla infantil de cada
idioma, tanto de sonidos como de sintaxis y gramática. Esto nos
permitiría determinar, por ejemplo, si un niño de cuatro años va

progresando al paso que se espera en su idioma materno o si
necesita algún tipo de ayuda especial. Permitiría el desarrollo
de los dos idiomas, siguiendo el sentido verdadero de la palabra
"bilingüe."

Investigaciones sobre la adquisición del idioma materno
serían de gran utilidad aún en los programas cuyo único enfoque es
la enseñanza de la lengua de la sociedad mayoritaria. Por diversas razones, existen programas bilingües que tienen como objetivo
sólo el dominio de la lengua de la sociedad mayoritaria. La
lengua materna se tolera, pero su desarrollo no forma parte del
programa de instrucción. Para estos programas, el análisis del
habla infantil del idioma materno podría servir de guía para
determinar cuáles conceptos serían fáciles y cuáles serían difíciles para el niño. El ejemplo que sigue ayudará a aclarar este
punto.

Si comparamos el español y el inglés, encontraremos que
tienen ciertas estructuras gramaticales en común. Hay ciertos
conceptos gramaticales que ocupan lugares paralelos en ambos idiomas. El tiempo presente del perfecto es un buen ejemplo de una
estructura gramatical que se encuentra en ambos idiomas. Esta
estructura sería fácil de comprender al enseñarle inglés al niño
de habla hispana, ya que el concepto y el sentido que expresa
existen en español. La investigación del habla infantil nos
podría indicar cuáles de estas estructuras paralelas se encuentran
a cada nivel cronológico. Esta información podría servir de guía
en relación con el orden en que se deberán enseñar estructuras
gramaticales en el segundo idioma.

Como he mencionado, una de las razones por la falta de las
investigaciones que aquí nos interesan es la condición actual del
estudio de la lengua infantil en general. Los estudios que se han
llevado a cabo en las últimas dos o tres décadas han sido principalmente sobre el inglés. Entre los nombres más ilustres se
encuentran los de Roger Brown, Courtney Cazden, Charles Ferguson,
Susan Ervin-Tripp, David McNeill, y Eve Clark. Pocos trabajos se
han llevado a cabo sobre el español y aún menos que pudieran
usarse para formar la base de programas bilingües. En esta última
categoría, se encuentran dos, el de González (1970) y el de Brisk
(1972).

El estudio de González se hizo con niños méxico-americanos

entre las edades de dos y cinco años en el valle del Río Grande de Texas. Cuatro niños de nueve predeterminados niveles entre dos y cinco años fueron entrevistados por un total de dos horas cada uno. Se notaron tanto las estructuras que caracterizaban cada nivel cronológico como los errores de gramática que cometían los niños. El trabajo muestra los cambios de estructuras gramaticales que van ocurriendo al pasar de un nivel a otro. También demuestra la emergencia de ciertas transformaciones, como la interrogativa, la imperativa, y la de cláusulas relativas.

El estudio de Brisk se limitó a los niños de cinco años de edad y se hizo en Nuevo México. Ella encontró que el nivel de desarrollo sintáctico de los participantes no era tan alto como el nivel de los que estudió González. Al comparar un grupo rural con un grupo urbano de la misma edad, descubrió que el grupo rural dominaba un número mayor de estructuras sintácticas.

Estos trabajos se mencionan como ejemplo de lo que se puede hacer en el campo de la investigación lingüística en cuanto al habla infantil. Por supuesto, esto apenas es un comienzo. Con cada investigación, se resolverán algunos asuntos y surgirán otros. Las teorías se van revisando a base de lo que se va aprendiendo. Algunas dudas están a punto de aclararse; con un poco de empuje, se podrían resolver en poco tiempo. Quisiera presentarles dos ejemplos del español infantil.

En mis investigaciones del habla infantil entre méxico-americanos, me di cuenta de que todos los niños siempre expresaban el futuro por medio de la estructura perifrástica. En vez de expresar el futuro del verbo comer con la forma comeré, por ejemplo, decían voy a comer; por compraré, voy a comprar. La pregunta es ésta: ¿Se debe este uso al nivel de desarrollo lingüístico del niño o al dialecto que hablan estos niños? ¿O es simplemente que la forma perifrástica es mas apropiada semánticamente en los contextos en que ocurre?

Una diferencia semejante se encuentra en cuanto a la expresión del tiempo progresivo. Como ya saben, el tiempo progresivo en español se forma normalmente con una forma del verbo estar más la forma progresiva -ndo. Pero también sabemos que se utiliza el progresivo formado con andar más la forma -ndo. Las preguntas que se plantean son las siguientes: ¿Son iguales de complicadas las

dos formas progresivas, la que se forma con estar y la que se
forma con andar? ¿Cuál es el orden cronológico de adquisición en
el habla de niños cuyo idioma materno es el español? ¿O es solamente una característica del dialecto?

Sería imposible exponer sobre todos los idiomas que se están
usando en los programas bilingües del mundo y describir en detalle
la clase de estudios científicos que se necesita llevar a cabo con
respecto a cada uno. El nivel de investigación lingüística de los
idiomas mismos varía de unos a otros; hay algunos idiomas que
carecen de descripción detallada. Lo que quisiera hacer es
sugerir categorías generales sobre las cuales sería útil iniciar
estudios lingüísticos del habla infantil.

Las estructuras sintácticas deben ocupar un lugar central en
cualquier estudio lingüístico. Una lista de las estructuras que
domina el niño a cada nivel, o por lo menos a los niveles incluí-
dos en el programa bilingüe, sería de suma importancia. También
de mayor importancia sería un estudio de las transformaciones
gramaticales que el niño de cierta edad es capaz de ejecutar.
Deberían examinarse tanto la expresión de las categorías de tiempo
como también los adverbios que les corresponden, si los hay. La
complejidad de las frases que usa el niño en sus actividades
cotidianas, medida por medio del número de transformaciones que
contienen, nos ayudaría a determinar el nivel de expresión del
niño. En programas bilingües que tienen enfoque en extender el
idioma materno, sería importante saber las equivocaciones que el
niño de cierto nivel suele hacer. De esta manera, podríamos ayu-
darle a eliminar esos errores.

Es muy difícil exagerar la importancia de este campo de
investigación y su aplicación a los programas de educación bilingüe. Basta decir que sin la información que resultaría de tales
estudios, no sería posible la existencia de programas bilingües
acertados. Seguiríamos a ciegas en cuanto al nivel de las estructuras lingüísticas que se debe usar en la clase con niños de
diferentes edades. Los materiales pedagógicos seguirían reflejando nuestra falta de información.

Es importante que se establezca un cuerpo oficial mundial
para el intercambio de resultados de estudios en esta área y la
aplicación de resultados a la sala de instrucción. Es importante
que haya cooperación, especialmente entre programas que utilizan

los mismos idiomas. Donde no existan lingüistas que puedan analizar ciertos idiomas, hay que entrenarlos. Donde sea posible,
utilicemos los recursos de la comunidad donde se encuentran los
programas.

Para el bien de nuestros hijos, para asegurar que al concepto
de la educación bilingüe se le dé toda oportunidad de lograr
éxito, tenemos que empezar con nuestra tarea lo más pronto posible. Ya no podemos ignorarla.

Referencias

1. Brisk, María E. The Spanish Syntax of the Preschool Spanish
    American: The Case of New Mexican Five-Year-Old Children.
    Unpublished Ph.D. dissertation, University of New Mexico,
    1972.

2. Dissemination Center for Bilingual Bicultural Education.
    Guide to Title VII ESEA Bilingual Bicultural Projects in the
    United States. Austin, Texas, 1973.

3. González, Gustavo. The Acquisition of Spanish Grammar by
    Native Spanish Speakers. Unpublished Ph.D. dissertation,
    University of Texas at Austin, 1970.

4. Leopold, W.F. Speech Development of a Bilingual Child,
    Vol. I, Vocabulary Growth in the First Two Years (1939);
    Vol. II, Sound-Learning in the First Two Years (Evanston:
    Northwestern University Studies in the Humanities, 1947),
    Nos. 6 and 11. Volumes III and IV, 1949.

Las Relaciones Etnicas y la Educacion Bilingüe: Demonstrando Datos Contradictorios

christina bratt paulston

El objetivo de este escrito es de indicar la dirección que se debe adoptar al interpretar las investigaciones sobre la educación bilingüe. Ofrece datos sobre los aspectos de la educación bilingüe sobre los cuales existe consenso y desacuerdo, y resume algunos esquemas teóricos para interpretar estos datos y así poder juzgar la aparente contradicción de las conclusiones. Este escrito se basa en el punto de vista de que los resultados ocurren debido a ciertos factores sociales y no a determinados modos de comportamiento de los niños. Los resultados de los programas de "imersión" (en el cual el idioma de la escuela es otro que el del hogar) son inconclusos: algunos programas han demostrado que los niños que aprenden a leer en su idioma vernáculo se desenvuelven mejor que aquellos que aprenden a leer en el segundo idioma

(Modiano en México); otros estudios (Lambert et al en St. Lambert, Canadá) demuestran lo contrario. Estos resultados contradictorios pueden ser atribuídos a diferencias en el diseño de la investigación, diferencias de clases sociales en el alumnado, el grado de "encerramiento" del grupo idiomático subordinado, el grado de control del grupo dominante, etc.

Se discuten también las diferentes políticas de educación en los países multilingües y se concluye que el éxito o fracaso de los programas bilingües depende de factores sociales tales como el deseo del grupo idiomático dominante de asimilar a otros grupos, el deseo del grupo subordinado por mantener su identidad cultural, y la resultante fricción entre ambos grupos.

Ethnic Relations and Bilingual Education:
Accounting for Contradictory Data

christina bratt paulston

I was invited to participate in this conference to review some of
the "hard data" on bilingual education and discuss some of the
questions raised thereby regarding the efficacy of bilingual education (particularized to different models if possible).

I should make clear from the outset my particular bias when
it comes to "hard data." I consider as hard data any systematic
and sustained observation within a coherent theoretical framework.
I am impressed with the technical degree of sophistication of
much psychometric research but find many of the findings inadequate in scope to deal with the questions and problems of
bilingual education. It is simply not so that we can only understand what we can measure, and I doubt that we will ever be able
to reduce the most important issues in bilingual education to
quantifiable terms. My bias, then, is primarily that of a social
anthropologist like Pelto: "I put strong emphasis on quantifica-
tion and statistics, but I feel strongly that many of the more
qualitative aspects of anthropological working styles are essential to effective research (1)." It is within such a framework

Reprinted by permission from The Ontario Institute for Studies in
Education, Toronto, Ontario, Canada: Working Papers on Bilingual-
ism, "Ethnic Relations and Bilingual Education: Accounting for
Contradictory Data," Issue No. 6, May 1975, p. 1.

that I will attempt to interpret the research findings on bilingual education.

I have restricted the following discussion to bilingualism only as it occurs within an educational setting and have thus excluded the large body of literature on language acquisition as it occurs in a natural setting. In limiting this paper, I have chosen (1) to bring together some data on bilingual education on which there is both consensus and disagreement, (2) to summarize some theoretical frameworks for interpreting the data, and (3) to try to account for the apparent contradictory findings.

The major view point from which this paper is written is that we can begin to understand the problems and questions of bilingual education <u>only when we see bilingual education as the result of certain societal factors rather than as the cause of certain behaviors in children.</u> Virtually all the research on bilingual education treats the bilingual education programs as the independent or causal variable, as the factor which accounts for certain subsequent results. A case in point is the vast number of studies which have attempted to assess students' reading achievements by standardized test scores where the independent variable, or the "treatment" as it is occasionally referred to, is the language (mother tongue or L_2) used as medium of instruction. I know of no experimental study on reading achievement which looks at language medium of instruction as an intervening or dependent variable, i.e. as a variable which is either a factor modifying the effects of the independent variable or which is the result of certain conditions. Verdoodt's (2) article "The Differential Impact of Immigrant French Speakers: A Case Study in Light of Two Theories" is an example of the kind of research I have in mind--an attempt to explain variation of phenomena in language maintenance and shift within a consistent theoretical framework which he barely mentions.

One of the difficulties with research that looks at the bilingual program or school as the independent variable (like the Canadian immersion programs and Mackey's J. F. Kennedy school in Berlin), is that such studies carry in and by themselves virtually no generalizability to other programs as Mackey (3) is careful to point out.

Such case studies, however, are necessary, if we are to

begin to develop a theory of bilingual education which will
enable us to generalize the evidence from the individual studies
and to account for their often contradictory findings. It is my
contention that we can best do so within a framework of comparative ethnic relations and revitalization theory. Without question, there are other theoretical approaches (4) possible, but it
is very clear to me that unless we try in some way to account for
the socio-historical, cultural, and economical-political factors
which lead to certain forms of bilingual education, we will never
understand the consequences of that education. In other words,
we need research which looks at bilingual education as the intervening or dependent variable, and we don't have it.

Before looking at the actual research, I would like to cite
some crucial distinctions which Gaarder (5) makes about bilinual-
ism. He distinguishes between elitist bilingualism and folk
bilingualism. Elitist bilingualism, he points out, is the hall-
mark of intellectuals and the learned in most societies, and, one
might add, of upper class membership in many societies such as in
continental Europe. It is a matter of choice. Not so with folk
bilingualism which is the result of ethnic groups in contact and
competition within a single state, where "one of the peoples
becomes bilingual involuntarily in order to survive."

As I have pointed out in an earlier paper (6), the research
findings are quite clear on one point. Upper and middle class
children do perfectly well whether they are schooled in the
mother tongue or in the L_2 although we don't really know why.
Elitist bilingual education has never been an educational problem and therefore this paper will treat folk bilingual education
--a result of ethnic groups in contact and competition.

There are only three basic types of bilingual education:
(1) Immersion programs where all schooling is in the L_2 with the
possible exception of a component in mother tongue skills. The
L_2 is typically an official language although exceptions exist
with immersion programs in a language of wider communication
other than the official language (all elitist bilingual education
programs are also of this latter type). (2) Programs taught in
the mother tongue with an SL component, i.e. the target language
is usually an official language or a language of wider communication (or both). (3) Programs in which two languages are used as
the medium of instruction. A number of various models exist.

The majority of this type of bilingual education that I am familiar with involve the use of an official language and a minority
language.

This paper primarily examines the issues raised in situations where children study in a language other than their mother
tongue, the situation in which the issues I want to discuss are
most clearly delineated.

Bilingual Programs

"Immersion" or "home-school language switch" programs are
the terms by which the Canadian programs have become known. All
beginning instruction is given in French to Anglophone students
and the school language is different from the home language.
Actually this is a very common form of schooling in many parts of
the world, and one which has given rise to worldwide debate of
the issues involved. Since Patricia Engle and I have (7;6) outlined and discussed some of these issues before, I will barely
touch upon them here. Reduced to the basic issues, the argument
concerns: (1) the choice of medium of instruction, whether in
the mother tongue or the L_2, and consequent achievement of language skills, especially in initial reading; (2) the achievement
of subject matter knowledge in fields like math, science, etc.
in the mother tongue compared to in the L_2; and (3) the concern
about possible deleterious cognitive effects of following a curriculum in a second language. Engle, after reviewing 25 studies,
could only report that "none has as yet conclusively answered the
questions posed in the initial paragraph [i.e. the first two
issues above]." In an attempt to account for the discrepancy of
various findings, I will cite three North American studies of
immersion programs. They are the Chiapas (8), the St. Lambert
(9), and the Culver City (10) studies.

In the Chiapas, Mexico study, Modiano found that Indian
children who had received initial reading in the vernacular and
then in Spanish scored higher on tests of reading comprehension
after three years than those who had only been taught in Spanish.
There are other studies which support her findings.

The St. Lambert findings, however, clearly contradict them.
The St. Lambert program is the prototype of the recent Canadian
immersion programs where Anglophone children enter programs where

they are initially only taught in French with components taught
in the later grades in the mother tongue. In the St. Lambert
study, kindergarten and first grade children were taught exclusively in French with the addition of an English period in second
grade. By the end of that grade, the students were reading
equally well as the English Controls, were also able to read in
French, and they maintained this achievement through the other
grades. Further, the success of the Canadian immersion programs
can be measured not only by the battery of standardized tests
with which they are being carefully assessed but also by their
proliferation and popularity. Swain and Barik (11) report that
"currently some 40 percent of English-speaking children in the
Montreal area enter French immersion kindergarten classes."

The Culver City, California program is a carefully evaluated
replication of the St. Lambert experiment. English-speaking
children are taught only in Spanish from kindergarten on with a
later component of English language skills; according to Cohen
and Lebach (12), it is the only Spanish immersion program in
public education in the United States. The assessment findings
are similar to those of St. Lambert. At the end of grade two,
there are no signs of retardation in English language skills,
oral or reading. In Spanish reading, they did not do as well as
a comparison group in Quito, Ecuador but as well as their native
Spanish-speaking classmates, and when compared to native Spanish-
speaking students in California taking the Prueba de Lectura
Nivel 1, they were at the 90th percentile in the total reading
score. In mathematics they scored higher than the English comparison group.

There is, however, one aspect of the program which differs
from the Canadian immersion programs. Although all immediately
involved in the program--students, parents and teachers--expressed
satisfaction with it, "a major controversy broke out whether the
Spanish-only kindergarten program could continue (13)." Cohen
reports:

At a Culver City board meeting, a parent in the Culver
City community publicly read a section of the Education
Code of the State of California (Section 71), which
requires that the basic language of instruction in all
schools in the State be English, and that only after a
child becomes fluent in a foreign language can he be

instructed in that language....Willing to test the matter
in court, if necessary, the Culver City school board
voted to initiate a second Immersion kindergarten class.
At its January 1972 meeting the California State Board
of Education unanimously approved the Culver City decision to establish a new Spanish-only kindergarten class.

There has been no similar controversy involved with the Canadian
programs; on the contrary, the Canadian programs have been initiated by parents' concern and continued support.

At this point I would like to pose two questions. Why is it
that we have no conclusive answer to such a seemingly simple question as, "Will a child learn to read more rapidly in his second
language if he is first taught to read in his primary language
(7)?" The answer, I think, is clear. It is true that differences
in research designs of the various studies will have influenced
the findings, but even so there ought to be some discernable
trends, as there are not. It is simply that medium of instruction
in school programs is an intervening variable rather than the
causal variable as it is always treated in all these studies on
reading achievement by children from ethnic groups and languages
in contact. By merely examining intervening variables, with no
(or little) attempt to identify independent variables, one cannot
hope to achieve any similarity and consensus in the research
findings, as indeed we don't have.

The next question is obvious. How can we account for the
contradictory consequences of similar programs in Mexico, Canada,
and California? In my earlier paper (6), I pointed out that
"social class of the students was the one overruling factor. In
every single study where monolingual children did as well as or
better in L_2 instruction than did native speakers, those children
came from upper or middle class homes." Although I have not
really seen any evidence to convince me otherwise, the trouble
with that statement is that it does not explain very much. True,
it indicates another causal variable for school achievement of
children but it has limited explanatory power. It does at least
provide an alternative interpretation of the different research
findings of the Chiapas lower class children and the St. Lambert
and Culver City middle class children. But it does not account
for the "raging" (Cohen's term) controversy of the Culver City
program. It is likely that social class membership is itself an

intervening variable, and that we must, as Lambert said at the
discussion at the AAAS/CONASYT symposium (14), "tease apart" that
concept.

For that purpose I turn to Schermerhorn's "inductive typology" as he has outlined it in Comparative Ethnic Relations: A
Framework for Theory and Research (15). The problems we are
concerned with here--the consequences of bilingual education--are
the direct result of ethnic groups in contact. Says Schermerhorn,
"The probability is overwhelming that when two groups with different cultural histories establish contacts that are regular
rather than occasional or intermittent, one of the two groups
will typically assume dominance over the other," and he says
elsewhere it is the nature of this dominance which is the major
factor in ethnic relations. The central question then in comparative research in ethnic relations (exactly what we are
attempting to do at a low level) is "What are the conditions that
foster or prevent the integration of ethnic groups into their
environing societies (15)?" (Language maintenance and language
shift are concomitant conditions of the degree of integration.)
Schermerhorn goes on to say that "the task of intergroup research
is to account for the modes of integration (and conflict) as
dependent variables in the relations between dominant groups and
subordinate ethnic groups in different societies." He then
offers a skeleton outline of the central issues in such research:

> We begin with the proposition that when the territory
> of a contemporary nation-state is occupied by peoples
> of diverse cultures and origins, the integration of
> such plural groups into each environing society will
> be a composite function of three independent and three
> intervening variables. The independent variables
> posited here are: 1) repeatable sequences of inter-
> action between subordinate ethnics and dominant groups,
> such as annexation, migration, and colonization; 2) the
> degree of enclosure (institutional separation or seg-
> mentation) of the subordinate group or groups from the
> society-wide network of institutions and associations;
> and 3) the degree of control exercised by dominant
> groups over access to scarce resources by subordinate
> groups in a given society.

The intervening or contextual variables that modify

the effects of independent variables are: 1) agreement or disagreement between dominant and subordinate
groups on collective goals for the latter, such as
assimilation, pluralism; 2) membership of a society
under scrutiny in a class or category of societies
sharing overall common cultural and structural features,
such as Near-East societies, Sub-Saharan African
societies; 3) membership of a society under scrutiny
in a more limited category of societies distinguished
by forms of institutional dominance, i.e. polity
dominating economy or vice versa.

Let us now look at our three studies in light of this
theoretical framework. In French-speaking Canada, the ethnic
groups came into contact through voluntary migration, the subtype
of intergroup sequences which involve the least coercive control.
In Canada, the English later took over by force, and this presumably is reflected in the degree of enclosure. By degree of
enclosure, Schermerhorn refers to a "social or structural pluralism which varies from maximum to minimal forms which can be con-
ceptualized as degrees of enclosure with indicators like endogamy,
...institutional duplication,..." In other words, the more the
two groups share social institutions like the same churches, the
same schools, the same jobs, the less the degree of enclosure
within that society. The persistent maintenance of two languages
within one province is indicative of the existence of a structural
pluralism in Quebec, of institutional differences which separate
the ethnic groups in terms of social participation. This structural pluralism is also one of the causes of the immersion programs because it is the lack of contact between English- and
French-speaking peer groups which have necessitated them. One
need only look at a multilingual city like Tangier to see how
effortlessly children become bi/trilingual in contact situations.

Schermerhorn's third independent variable, the degree of
control by the dominant group, raises some of the most interesting
issues of the Canadian immersion programs. Widespread individual
bilingualism of two official languages leads typically to the
disappearance of one of the languages or to a diglossic situation,
and as Gaarder points out, balanced folk bilingualism simply is
not a feasible situation (5). It is typically the subordinate
group which becomes bilingual with resultant language shift over
two or three generations. This has been the situation in French-

speaking Canada until now, where there has been a steady shift to
English, which is the dominant language of business and industry.
Until recently the size of the French-speaking population has
remained steady in spite of the number of French-speakers who
shifted to English--a function of structural pluralism, i.e.
different religious institutions with different ideologies such
as the Canadian Roman Catholic opposition to birth control, yet
overall birth rates are declining (16).

In societies when ethnic groups--who have sufficient power
to enforce it--want to maintain their language in a situation of
rapid language shift toward another language, they typically take
legal measures to protect their language. This is what happened
in Belgium where bilingual education was outlawed (17), and it is
happening in Canada. In 1967 French and English were declared to
be official languages of Canada (11). At present there are
pressure groups which are urging the Quebec provincial government
not only to preserve but to strengthen the position of the French
language. As Swain summarizes (16):

(1) The French-Canadians are making serious attempts to
maintain their native language and culture. For the
present, this appears to imply a concomitant move towards
French unilingualism.

(2) The English-Canadians, threatened neither by native
language loss nor by cultural assimilation, and gradually
accepting possible economic and educational advantages
to the learning of French, are manifesting an increased
interest in acquiring bilingual skills.

In other words, we have the unusual situation where the economically dominant group is becoming bilingual, thereto motivated by
economic concerns for the future brought about by legal measures
and pressures by the other group in political power.

Now let us look at the intervening variables. In order to
deal with the agreement or disagreement between dominant and subordinate groups on collective goals for the latter, such as
assimilation or pluralism, Schermerhorn sets up a paradigm of
which one purpose is to "specify the social contexts that can
serve as intervening variables in answer to the scientific query,
'under what conditions (15)?'" He bases his discussion on Wirth's

typology of the different policies adopted by minority groups in
response to their clearly unprivileged position:

> These policies he called assimilationist, pluralist,
> secessionist, and militant. Briefly, assimilationist
> policy seeks to merge the minority members into the
> wider society by abandoning their own cultural dis-
> tinctiveness and adopting their superordinates' values
> and style of life. The pluralist strategy solicits
> tolerance from the dominant group that will allow the
> subordinates to retain much of their cultural distinc-
> tiveness. The secessionist minority aims to separate
> or detach itself from the superordinates so as to
> pursue an independent existence. Finally, the mili-
> tants...intend to gain control over the dominants who
> currently have the ascendency (15).

Schermerhorn points out that assimilation and pluralism really
refer to cultural aspects while secession and militancy refer to
structural.

> To clarify this problem it is well to insist on the
> analytic distinction between culture and social struc-
> ture. Culture signifies the ways of action learned
> through socialization, based on norms and values that
> serve as guides or standards for that behaviour.
> Social structure, on the other hand, refers to the
> set of crystallized social relationships which its
> (the society's) members have with each other which
> places them in groups, large or small, permanent or
> temporary, formally organized or unorganized, and
> which relates them to the major institutional activ-
> ities of the society, such as economic and occupational
> life, religion, marriage and the family, education,
> government, and recreation (15).

In order to deal with the difficulty of applying cultural
features to conditions which involve social features, he suggests
the paired concepts of centripetal and centrifugal trends in
social life. "Centripetal tendencies refer both to cultural
trends such as acceptance of common values, styles of life, etc.,
as well as structural features like increased participation in a
common set of groups, associations, and institutions (15)." To

keep the two aspects distinct, he calls the first assimilation, the latter incorporation. Much has been written about bilingual education and assimilation, and I think it would very much clarify our own thinking if we were careful to distinguish between assimilation and incorporation. Many subordinate groups in the United States do not want to abandon their cultural distinctiveness; rather what they want is access to goods and services, to the institutional privileges held by the English-speaking middle class, i.e., economic incorporation rather than assimilation. (The legislative measures taken in regards to French can also be seen as a way of regulating language use as a means of access to institutional privileges and promptly recognized as such by the English-speaking parents.)

> Centrifugal tendencies among subordinate groups are
> those that foster separation from the dominant group or
> from societal bonds in one respect or another. Cultur-
> ally this most frequently means retention and preserva-
> tion of the group's distinctive traditions in spheres
> like language, religion, recreation, etc., together with
> the particularistic values associated with them: Wirth's
> cultural pluralism. But in order to protect these values,
> structural requirements are needed, so there are demands
> for endogamy, separate associations, and even at times a
> restricted range of occupations (15).

Schermerhorn's major point is that integration, which involves the satisfaction of the ethnic groups modal tendency, whether it be centripetal or centrifugal, depends on the agreement or congruence of views by the dominant and subordinate groups on the goals of the latter.

If we restrict our discussion about the Canadian immersion programs to the province of Quebec, it seems that the relationship between the two ethnic groups is best symbolized by Cell B of the following chart. As I mentioned before, there is no clear sub/superordinate status between the two groups; the English-speaking Canadians are dominant in the economic sphere, while the government "is solidly in the hands of the French (18)." The French-speaking population want sufficient autonomy and separateness to preserve their own language and customs, like their couterpart in Switzerland who Schermerhorn cites as an example. The English-speaking Canadians, who have actually little

Congruent and Incongruent Orientations Toward Centripetal
and Centrifugal Trends of Subordinates as Viewed by
Themselves and Superordinates (15).

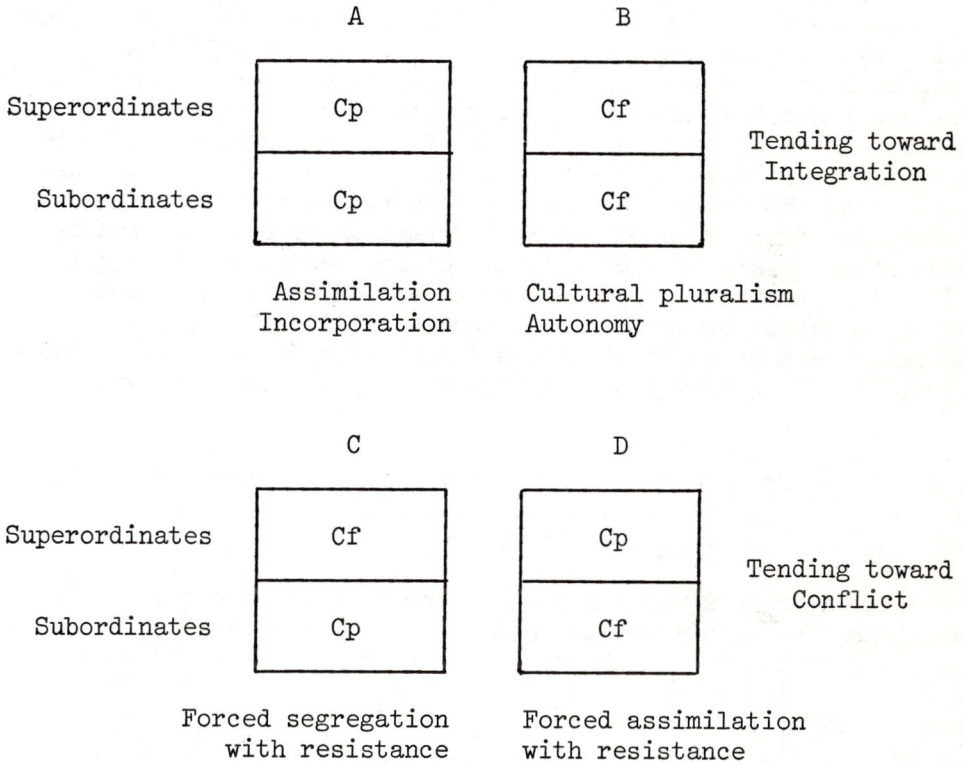

	A	B	
Superordinates	Cp	Cf	Tending toward
Subordinates	Cp	Cf	Integration
	Assimilation Incorporation	Cultural pluralism Autonomy	

	C	D	
Superordinates	Cf	Cp	Tending toward
Subordinates	Cp	Cf	Conflict
	Forced segregation with resistance	Forced assimilation with resistance	

Cp = Centripetal trends
Cf = Centrifugal trends

choice in the matter, are content to tolerate the cultural and
structural pluralism of the French. "Since both sides agree on
a limited separation (live and let live--a centrifugal tendency)
this represents another form of integration--looser and at least
partly disengaged (15)."

And finally, the two ethnic groups belong to the same multi-
national sector, that of Western Europe. Schermerhorn postulates
that policies and practices toward ethnic groups will "have more
comparable outcomes in any given sector than other sectors (15)."
One might add that sharing similarities of structural institutions, the major basis of the classification, there might be less
potential conflict between the two groups. One might conclude,
then, that the basic trend between the two ethnic groups in
Canada is toward integration in Schermerhorn's sense of the term,
and on such basis we could postulate the success of bilingual
education programs for either group, as long as such programs
remain a matter of choice (19). And social class, it seems to
me, might not be an issue, since I can see no factor within the
situation which serves to identify it (per se) as a variable.

I have digressed at such length in order to introduce a
theoretical framework within which we might interpret our contradictory findings. Let us now briefly look at the relationship
of ethnic groups in Culver City.

In California the two ethnic groups, English-speaking
Americans and Spanish-speaking Americans of Mexican origin,
came into contact by annexation, an intergroup sequence which
modally results in the condition symbolized by Cell D in the
chart. It is characterized by a situation in which the dominant
group sees the goal of the subordinate group as one of assimilation while the subordinate group shows strong centrifugal trends,
in other words a situation which tends toward conflict.

Schermerhorn points out that we do not have a very clear
idea of the degree of enclosure of plural societies which are the
result of annexation. In plural societies, "institutions of
kinship, religion, the economy, education, recreation and the
like are parallel but different in structure and norms. Ordinar-
ily this is compounded by differences in language and sometimes
by race as well (15)." We may not know the exact degree of
enclosure but certainly the condition exists in the United States'

Southwest. Schermerhorn adds: "Since language has been the
most salient distinguishing mark of the plural constituents, this
has given cultural features the most prominent place instead of
structural characteristics (15)." If I interpret him correctly,
we have tended to understand the relationship between ethnic
groups (such as in California) in terms of cultural features,
but a more accurate understanding would follow if we included an
examination of the structural characteristics of the relationship,
especially as they express the power relation between the two
groups.

"The higher the degree of enclosure of the ethnic group
coupled with a high degree of control over its scarce rewards by
a dominant group, the greater the conflict (15)." I don't know
how to estimate the degree of control Anglos hold over Mexican
Americans, but the Chicanos' perception of the power relationship
between the two groups may be used as an indicator (20).

In interpreting the significance of the Culver City study,
one should keep in mind that it is a program for the dominant
group, that its native Spanish-speaking students are not members
of the subordinate group but are Latin American middle class
students, and that it was initiated, not by the parents as in the
Canadian case, but from above as it were. That it is a unique
program is significant; we have seen the proliferation of immersion programs in Canada, but in California there are no socio-
structural incentives for parents to want their children to
become bilingual. Were Spanish to become an official language by
law in California, the situation no doubt would change. The
Culver City program demonstrates what can be done with idealism
and dedication in a bilingual education program. I also think
the difference between the identical St. Lambert and Culver City
programs, the presence of conflict, and the lack of request for
similar programs by interested parent groups demonstrates that
bilingual education programs are the result of social factors.
There is no question that children can become bilingual through
educational programs, but will they?

This is one of the major problems in Latin America in
teaching Spanish to the indigenous ethnic groups, where the
debate on how to produce bilingual schoolchildren has primarily
centered around whether children should learn to read in the
vernacular or in Spanish—the official language. The Chiapas
study exemplifies this situation.

In order to understand the issues of bilingual education in
Latin America, the relationship of ethnic groups in Mexico
deserves brief consideration. The ethnic groups came into contact
through colonization:

> The colonial section in Mexico almost completely
> destroyed the cultural and social autonomy of the
> Indians, not only by liquidating the leaders but
> by transporting Indians to encomiendas and towns,
> where they were incorporated as laborers in a new
> economy, by miscegenation, and by converting them
> to a different religion which integrated them more
> fully into a unitary whole with their conquerors (15).

For various reasons, racism took a very mild form in Mexico, and
race came to be defined largely by language, dress, and world-
view rather than by genetic characteristics. The degree of
enclosure that American blacks were subjugated to rarely, if
ever, occurred in Mexico, and the assimilation of Indians into
the Blanco group (i.e. arribismo) was and is a continuing process
and possibility. This cholofication process is not easy and is
often stretched out over several generations, invariably accom-
panied by language shift (21). It is the third independent
variable which is the important one, the control of access to
scarce rewards which is in all of Latin America (except Cuba)
almost complete. As Heath's study of language policy in Mexico
since the colonial days makes quite clear, whenever jobs which
required a knowledge of Spanish were available to the Indians,
they would learn Spanish (22). Without access to rewards,
Spanish was and is not salient.

As far as agreement on the collective goals for the indigenous ethnic groups, there is generally complete agreement on
assimilation or castellanización, and the only conflict that is
likely to occur from the school program comes not from teaching
reading in Spanish but in the vernacular which the parents object
to as they say the children already know their mother tongue.
The purpose of school from the indigenous parents' viewpoint is
to teach rudiments of Spanish and arithmetic.

Why, then, should the children in the Chiapas study have
learned to read better in their mother tongue? The first reason,
I think, is a linguistic one. No one has really claimed that it

is not easier and faster to teach children to read in their
mother tongue; the immersion studies data are quite clear on that
point, and it takes the immersion children three years of schooling to catch up with the mother tongue readers. The point here
is that children <u>can</u> learn to read in an L_2 and that they eventually will catch up.

The second reason, I think, concerns the quality of the
school program. The lack of control by the ethnic groups over
access to goods and services inevitably results in less of a
quality education program than those reserved for the children of
the dominant group. It makes little sense to compare the results
of two prestige programs in two of the richest nations of the
world with a hinter-land program whose teachers had a sixth grade
education. Unless L_2 programs are of excellent quality and give
recognition to the fact that they are teaching in a second language, children will learn better in their mother tongue. The
experiment with Hiligaynon-speaking children who were taught in
experimental classes with Hiligaynon, Tagalog, and English as the
medium of instruction supports this view (23). The literacy rate
of the children were higher in Tagalog and in English than in
their mother tongue, and Aguilar interprets this as due to
"modern teaching and well written materials (23)." The success
of the New Primary Approach in Kenya, which involved changing
from the vernaculars to English, was also due primarily to the
quality of the program. In commenting on the reasons for its
success, Prator (24) mentions among others: "It provided much
more adequate texts and teaching materials than had ever before
been available and it was carried out under almost ideal conditions of close supervision and continuous in-service training of
teachers." The Mid-Way Report on the Sixth-year Primary Project,
University of Ife, Western Nigeria, comments on the perennial
difficulties of teaching English (an official language in
Nigeria); the remark is equally valid for the teaching of a
second, official language in many parts of the world:

> It is well known that the two major problems in
> teaching English are teachers and books, which
> qualitatively and quantitatively, are usually in
> inadequate supply. The problem of teachers is by
> far greater and more serious. Whereas inadequate
> books in the hands of adequate teachers could still
> produce effective and efficient learning on the

part of pupils, even the most adequate books in
the hands of inadequate teachers are practically
useless (25).

It is not difficult to believe that mother tongue teaching would
be more efficient under such circumstances, and this is what the
Six-Year Primary Project has undertaken to find out. We will
have to wait for final findings, but in Evaluation Report No. 1,
Yoloye (26) comments on an unexpected and "unplanned for outcome
(which may be) more significant than the main purpose of the
Project," namely the process of curriculum renewal, or in other
terms, the improvement of the general quality of the program.

It would be tempting at this point to write off all differences in children's school achievement to the quality of the education program. But we cannot do so. I have reported before on
Ramirez' observation on the rate of achievement of mother tongue
literacy by the children in his La Mar Center bilingual program
(27). These students, children of migrant Chicano farm workers
in Texas, learned to read at a rate 75 percent slower than the
middle-upper class students in a Mexico City kindergarten for
whom the material in the reading program was originally designed.
The degree of excellence of a program (28) is not sufficient to
account for the scholastic achievement of children from subordinate groups who are denied access to national rewards.

Children learn much more than language skills in school.
The Mid-Way Report recognizes this: "Indeed, he [the child] is
completely alienated from his agricultural background and can
only see himself generally as a failure, a person doomed to
be the cutter of the grass on the lawn, the hewer of wood and
the drawer of water for those few friends of his who will
have the fortune of continuing their formal education (25).

Rolland G. Paulston (29) in a study of social and educational
stratification has commented on a number of latent educational
functions in Peru:

Thus, schooling both facilitates limited upward mobility,
reinforces existing class divisions, and provides a means
by which the masses of cholo children learn an idealized
version of the rewards of national Hispanic culture. Even
the vast majority of cholo children who drop out learn the

rudiments of literacy and arithmetic, the inferiority of their cholo status and Indian origin and the superiority of the superordinate groups who enjoy rewards "appropriate" to their high status. Public school children are in short taught "their place."

In interpreting the results of the Chiapas study, one must keep in mind the teacher variable, as indeed Modiano does. The children in the Spanish medium schools learned more from the two Indian teachers than from the mestizos, although less than the children who studied in the vernacular. The influence of teachers who come from the same culture and ethnic group as the children on children's school achievement and perception of self certainly merits careful investigation, and Engle (7) is very right when she points out how infrequently the variable of the teacher is studied.

To sum up the Chiapas study, there is little doubt that in school programs of dubious quality where one function of education is "to convince the stigmatized that the stigma is deserved (30)," education in the vernacular seems to be more efficient than in the L_2. This is probably due to psychological as well as linguistic factors, and the degree of influence native teachers have on language achievement is not clear. One would wish for a study which compared a Spanish program and a vernacular program along Modiano's design, to a program with a component of systematic presentation of oral Spanish and reading in Spanish but in which the teacher and the students freely used the vernacular. My guess is that after three years, the students in the latter group would do as well in reading as the vernacular group. And if Swain (31) is right: "The introduction of reading in the second language in early French immersion programs prior to the introduction of reading in the native language appears to foster rapid transfer of reading skills. The teaching of English reading followed by the introduction of French reading appears to have negative effects on reading in both French and English." The students ought to have no difficulty of reading in the vernacular when it is eventually introduced. But this is an alternative program which merits study, not speculation. A predictable difficulty lies with the teachers; in a culture which defines race by language, it is difficult to keep bilingual teachers from identifying with the indigenous ethnic group rather than with the mestizo, as indeed Heath's study (22) documents. And such an alternative

program would have to be considered very carefully in light of the
Swedish data I will introduce later.

At this point, it strikes me as useful to follow Schermerhorn's comparative ethnic relations approach (15), and to look at
ethnic groups in contact, and their schooling in situations
similar to those we have discussed earlier. I have chosen the
case of ethnic minorities in Sweden, for several reasons: (1) the
situations of the Lapps and the Finnish-speaking Swedes parallel
the situation of the Mexican Indians and the Mexican Americans;
(2) there exist a multitude of studies with hard data, which
since they are written in Swedish are not very accessible and I
thought it might be helpful to make them so; and (3) Sweden is a
quasi-socialist country where problems of health care, diet, and
unemployment are not intervening variables. Such conditions are
occasionally cited as contributory factors in the lack of school
achievement by children of subordinate groups.

Although I cannot, in any detail, go into the case of the
reindeer-herding Lapps, one point should be made in passing.
Schermerhorn's theoretical framework works very well for a
society in equilibrium, but typically many ethnic groups go
through a revolutionary phase, a militant strategy as in Wirth's
typology. In order to best understand the change of priorities
in education and the various forms bilingual education takes, I
find Anthony Wallace's (32) schema of revitalization movements
the most elucidating.

The situation of the Lapps is similar to those of the Mexican Indians in all but one aspect. They share the sequence of
colonization, the same enclosure by geographical distance if not
by social institutions, virtually the same degree of control first
by the church and later by the government. But the reindeer-
herding Lapps share the Navajo's strong disagreement with the
government on their collective goal of assimilation into Swedish,
respectively United States culture and society (33). And this
disagreement becomes reflected in their education programs.

Wallace has suggested the term revitalization movement for
"deliberate, organized conscious efforts by members of a society
to construct a more satisfying culture (32)." A group of society
involved in a revitalization movement undergoes a revolutionary
phase. Says Wallace: "But for our purposes three contrasting

value orientations (for determining what is to be learnt) are
most significant: the revolutionary, or utopian, orientation;
the conservative...orientation; and the reactionary orientation.
What a man is expected to do in his life will, in part, depend on
whether he lives in a revolutionary, conservative, or reactionary
society." He outlines the priorities of learning in the following model:

Learning Priorities in Revolutionary, Conservative, and
Reactionary Societies (34)

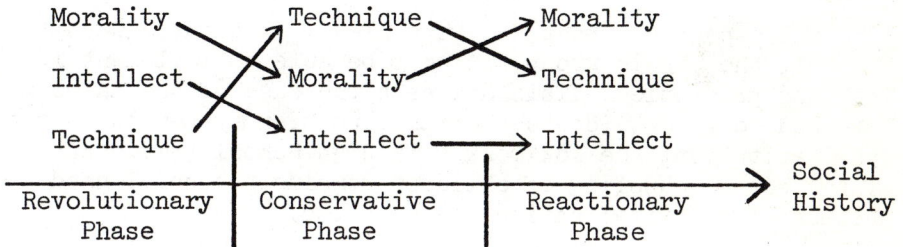

Groups undergoing a revolutionary phase will always stress moral
learning, and conflicts are certain to arise when a revitalization movement takes place within a conservative society where
technique has the highest learning priority, i.e. "in conservative
societies, schools prepare people not for sacrifice but for
jobs (35)." Language skills in the official language must be
seen as an aspect of technique, an aspect of preparation for jobs.
The mother tongue, on the other hand, is an aspect of moral learning, reaffirming the solidarity and cultural uniqueness of the
ethnic group, underscoring the need to teach the moral values of
good and evil, right and wrong, the values of the old gods, in
the language in which those values were originally transmitted.
Reaffirmation of cultural values are frequently a part of the
moral teaching, especially among ethnic groups who, prior to the
revitalization movement, have been taught by the dominant group
to have nothing but contempt for their own culture. The conflict
over learning priorities explains the extreme importance of
control over local educational institutions. I have frequently
heard my colleagues comment that the best bilingual schools are
those that are under community control--be it Navajo or Chicano.

I am not certain what "best" means in this connection. In my
discussion of the Erickson report (36) in the earlier paper (6),
I pointed out that "rhetoric about cultural pluralism accounts
for little if the objectives are not implemented;" the community
run Navajo school, as measured by the achievement test batteries
from the California Test Bureau, was markedly inferior academically
to the government run school. I was at the time only interested
in investigating the learning of English language skills, but even
so that statement--and the evaluation itself--shows our typical
tendency to assess and evaluate the schooling of groups undergoing
a revitalization movement with moral learning as the priority in
terms of the standards of the conservative society--the standards
of technique.

One aspect of "best" is very clear. Without community
control, the ethnic group will not be able to implement its
learning priorities. This has been the case of the Lapps who
have had to go outside the formal education system to form their
own institution, the Jokkmokk Folk High School (37). But control
of the early schooling of children remains a crucial need for the
success of a revitalization movement (38).

I realize the total inadequacy of the preceding discussion;
the topic of revitalization movements must be pursued at length
if we are to understand (1) those exceptional (but characterized
by a uniform process) cases where the acquisition of jobs no
longer holds first priority within the social group and (2) the
consequences for bilingual education and its results.

The last situation of ethnic groups in contact I want to
examine is that of the Finnish-speaking Swedes in Tornedalen in
Northern Sweden. Their situation is in many aspects similar to
the Chicanos'. They came into contact with the Swedes by annexation, and, typically in such situations, their access to economic
rewards was limited compared to the Swedes--the majority of them
are members of Social Group 3, the Swedish euphemism for lower
class (39). But there are two important differences: The Finns
totally agreed with the Swedes on the collective goals for the
former--rapid and total assimilation. This is an unusual situation, symbolized by Cell A in the chart on page 379, to accompany
annexation, as Schermerhorn points out. I would speculate that
the situation was brought about by the lack of enclosure of social
institutions and the access to and availability of jobs, most of

which necessitated some knowledge of Swedish. The situation
exemplifies Brudner's thesis, jobs select language learning
strategies (40).

   On the basis of these facts, we could predict integration
and concomitant language learning. It is exactly what we find:
integration (with indicators like name changes to Swedish, inter-
marriage, migration to southern Sweden, etc.) and massive language shift by a willing Finnish-speaking population. The
integration was apparently not hindered by the ruthless assimilation policy carried out by the Swedes. The existence of a language problem in the schools was denied by the administration,
the use of Finnish was forbidden by law in the classroom, even
to monolingual Finnish-speaking children. The children were
punished by the withdrawal of food for speaking Finnish in the
classroom and even on the sports grounds, where one could see the
strange sight of a soccer team communicating by sign language (41).
Substitute Indian or Chicano for Tornedaling, and you have read
it all before.

   With peaceful and massive integration, one would expect that
the school achievement of these children had been a successful
and contributing factor. Instead we find massive school failure
and early drop outs, a dismal situation which has led to a heated
debate about dubbel halvspråkighet.

   The concept of double semilingualism was apparently introduced earlier (42) but was brought to general recognition by
Nils E. Hansegård (43) in his work (and I translate the title)
Bilingualism or Semilingualism? in 1968. By semilingualism is
meant, and I translate from Loman's summary (44):

   Semilingualism has been used as a term for the type of
   "faulty linguistic competence" which has especially been
   observed in individuals who have since childhood had
   contact with two languages without sufficient or adequate
   training and stimulation in either of the two languages.

   The intellectual as well as the emotional consequences
   of semilingualism have been pointed out. Semilingualism
   makes the individual's communication with others more
   difficult and even leads to a repression of the emotional
   life; speech becomes inhibited and without spontaneity.

In other words, by knowing two languages poorly, the children
know no language well and this condition has negative emotional,
psychological, cognitive, linguistic, and scholastic consequences.
I must admit that the first time I was exposed to the notion of
semilingualism, I dismissed it out of hand as utter nonsense.
Anyone trained in the tradition of structural linguistics knows
very well that any language is perfectly adequate for the needs
of its speakers. Or so I thought. I subsequently came across
an article by Bloomfield (45) himself which contains in passing
this touching description of White-Thunder:

> White-Thunder, a man round forty, speaks less English
> than Menomini, and that is a strong indictment, for his
> Menomini is atrocious. His vocabulary is small, his
> inflections are often barbarous, he constructs sentences
> of a few threadbare models. He may be said to speak no
> language tolerably. His case is not uncommon among
> younger men, even when they speak but little English.
> Perhaps it is due, in some indirect way, to the impact
> of the conquering language.

And that set me reconsidering the matter of semilingualism. I
still do not know what to think, except that we need to consider
the problem with open minds.

The major point that Hansegård and Tenerz, the two major
proponents for recognition of the widespread existence of double
semilingualism, make is that children must become literate in
the mother tongue in order to counteract the negative effects of
double semilingualism. Although both take the approach of
cultural pluralism, one of the major goals of the school curriculum which they outline is increased language skills in Swedish.
One factor in evaluating their claims cannot be ignored; both
men have had extensive classroom experience with the children
they describe and the present school system they criticize. It
is difficult to dismiss as inaccurate and irrelevant years of
first hand contact and observation of their own students.

Let us now look at some data which addresses itself to the
possibility of existence of semilingualism.

A study by Henrysson and Ljung (46), which controlled for
social class and intelligence, found that in the sixth grade,

the bilingual students did considerably worse than the monolingual Swedish-speaking children in Swedish and English, the subjects tested.

Jaakkola (47) concludes in a study, which forms part of her other investigations (48), and I paraphrase: The bilingual subjects did worse in both a Swedish and a Finnish synonym test than did those who had either language as dominant. Bilinguals do not seem to compete with Swedish speakers in areas which demand knowledge of Swedish. Outside their own community, they also seem to have worse social possibilities than those who have Finnish as a dominant language. She finds a strong correlation between years of school and knowledge of Swedish, a fairly common finding in bilingual education research, although as she cautions, it may not be a causal relationship.

> The analysis leads us to the, according to our tests,
> most deprived, semilingual group among those inter-
> viewed. This group knows according to its own
> opinion Finnish better than Swedish, and Swedish
> poorly. They, however, did even worse in the Finnish
> test than the group which had studied Swedish as its
> major language...

> I would not like to argue that this group is aware of
> language problems in daily life. On the basis of
> short word tests it is difficult to draw any definite
> conclusions about the language competence of those
> interviewed. In addition, the languages within this
> group may be functionally differentiated. Probably
> this group is to be found mostly in occupations which
> are less demanding linguistically (39).

Gunnel Wrede's (49) study intends to complement Jaakkola's socio-linguistic survey work of Tornedalen. The purpose of her study is to present empirical data which test Hansegård's hypothesis concerning competence in Swedish. After comparing the knowledge of Swedish by monolinguals and bilinguals, she did not confirm the hypothesis, but she concludes (50):

> Hansegård's hypothesis about the semilingualism of
> the Finnish speaking Tornedalings seems convincing
> in historical and sociological perspective. The

Finnish linguistic competence has decreased as the
language is only used orally. Competence in Swedish
is for the majority of the Finns only mediocre.
Apparently the Finnish children had had difficulties
in school because of insufficient linguistic skills.
These effects have directly or indirectly continued
through the years so that the school work has seemed
heavy to the children. They have liked to discontinue
their schooling early. With less education and with
less knowledge of Swedish, they are placed low in
social rank in occupations which give comparatively
little practice in language skills.

Perrti Toukomaa's (51) study on immigrant Finnish children
supports the notion of semilingualism. Twelve-year-olds have the
same vocabulary as eight-year-olds in Finland. "Saddest is that
their ability in Swedish usually is just as bad (51)." Those who
were good in Swedish are usually those who have not forgotten
their Finnish but developed the mother tongue. Of interest is
his finding that the older the pupil when he immigrated the
better he can learn Swedish within a few years. "According to
results, one may expect that for a pupil who has come to Sweden
as a four year old, it normally takes four to five years to
achieve a passing understanding of the deeper meaning of words,
while a pupil who has immigrated at the age of ten can manage
the task in a couple of years (51)." Although I am not sure of
what he means with the deeper meaning of words, his results are
certainly supported by those of Ervin-Tripp's (52).

    Predictively, the notion of semilingualism became polemic.
Professor Loman and his colleagues report on a number of studies
in the latest Språk och Samhälle (53), the major tenet of which
is to do away with "the myth of semilingualism." The difficulty
with the concept of semilingualism is that it is very vague in
its linguistic definition and measurement, as Loman points out.
He emphasizes the necessity for empirical studies, "especially
in the form of analyses of authentic language material." He
continues with an in depth study of the informant from Tornedalen
with the lowest social class index, and, after a careful analysis
of her ability to form correct sentences of a certain length,
her fluency, her ability to coordinate syntactic and prosodic
units, and her lexicon, he concludes: "If she is representative
in her language ability--well, then the talk about semilingualism
is based on fiction."

Mirja Pinomaa (54) examines "Finnish Interference in Tornedals Swedish" and Irina Koskinen (55) "Swedish Interference in
Tornedals Finnish" and both conclude by rejecting any evidence
of semilingualism. Pinomaa also investigates the meningsbyggnad,
'the building of meaning,' of 38 bilingual informants from Tornedalen, using the same criteria as Loman above, and concludes that
her results do not support the notion of semilingualism. Kerstin
Nordin, following the same Manual for Analysis (56), compares the
Swedish of 88 bilingual eighth graders with Finnish as the home
language in Tornedalen with that of 26 bilingual native speakers
of Swedish in Finland (Swedish and Finnish are both official languages in Finland). She concludes that one can find no linguistic
handicap among the Swedish students (57).

We find again the familiar contradictory results of linguistic research on bilingual speakers, and I can only speculate on
its meaning. All of the "anti-semilingualism" studies have dealt
with post-puberty informants (Swedish children begin school at
seven years of age), and it seems likely that given sufficient
exposure to Swedish, Finnish mother tongue speakers eventually
learn to function well in that language. Everyone agrees that
their Finnish is undeveloped in Haugen's (58) sense of the term:
they can neither read nor write Finnish, and they have difficulty
understanding standard Finnish although there is no evidence that
the language is not sufficient to meet the functional needs of
the community in the diglossic situation which now exists. But
no data exist on the language competence of young school children.
The region is characterized by very rapid language shift with
numerous reports on families shifting to Swedish after the first
child or two. Anecdotal reports comment on the garbled Swedish--
to the degree of incomprehensibility--of the parents, and it is
reasonable to assume from the published data that a situation of
interlanguage arose. I think it is a legitimate question to ask
what kind of language competence children bring to school when
they have never been exposed to a fully developed language. It
is easy to fault the conceptualization of the last sentence, and
I frankly admit that I cannot phrase it elegantly, but for the
sake of the children we should at least consider the possible
effect of semilingualism on early schooling.

Conclusions

I have attempted in this paper to examine the contradictory

results of research studies on bilingual education from the viewpoint that we can only make sense of such research if we consider
bilingual education as the _result_ of societal factors rather
than the _cause_ of certain behaviors in children. To that end, I
have used Schermerhorn's theoretical framework for research on
ethnic groups in contact and all too briefly touched upon
Wallace's schema of revitalization movements. The conceptual
framework of this paper shall necessarily need to become modified
in light of further case studies, and I have not meant to imply
that the notions I have introduced here will account for all
facts of bilingual education--rather I have meant to indicate the
direction we should take in interpreting research on bilingual
education.

References

1. Pelto, Perrti. _Anthropological Research: The Structure of
    Inquiry_. New York: Harper and Row, 1970, xii.

2. Verdoodt, Albert. "The Differential Impact of Immigrant
    French Speakers on Indigenous German Speakers: A Case Study
    in the Light of Two Theories," in Fishman, J.A., ed.
    Advances in the Sociology of Language, Part II. The Hague:
    Mouton, 1972, 377-385.

3. Mackey, William F. _Bilingual Education in a Binational
    School_. Rowley, Mass.: Newbury House, 1972.

4. See for example:
    Fishman, Joshua and J. Lovas. "Bilingual Education in Socio-
    linguistic Perspectives"; Mackey, William. "A Typology of
    Bilingual Education"; in Allen, H. and R. Campbell, eds.
    Teaching English as a Second Language. New York: McGraw-
    Hill, 1972.

    Spolsky, Bernard et al. _A Model for the Description, Analy-
    sis and Perhaps Evaluation of Bilingual Education_. Univer-
    sity of New Mexico: Navajo Reading Study Progress Report,
    No. 23, February 1974.

5. Gaarder, Bruce. "Political Perspective on Bilingual Educa-
    tion," forthcoming, 4; 2ff.

6. Paulston, C.B. Implications of Language Learning Theory for Language Planning. Arlington, Va.: Center for Applied Linguistics, 1975, 35; 38-39.

7. Engle, Patricia Lee. "The Use of the Vernacular Languages in Education: Revisited." (A literature review prepared for the Ford Foundation.) May 1973, 29; 1; 63.

8. Modiano, Nancy. "Reading Comprehension in the National Language: A Comparative Study of Bilingual and All Spanish Approaches to Reading Instruction in Selected Indian Schools in the Highlands of Chiapas, Mexico." New York University: Unpublished doctoral dissertation, 1966.

    _____. Indian Education in the Chiapas Highlands. New York: Holt, Rinehart and Winston, 1973.

    _____. "Teaching Personnel in the Indian Schools of Chiapas." Council on Anthropology and Education Newsletter 2:2, 9-11.

9. Lambert, Wallace E. and G. Richard Tucker. Bilingual Education of Children: The St. Lambert Experiment. Rowley, Mass.: Newbury House, 1972.

    Bruck, Margaret et al. "Bilingual Schooling through the Elementary Grades: The St. Lambert Project at Grade Seven." Language Learning 24:2, December 1974.

10. See:
    Campbell, Russell. "English Curricula for Non-English Speakers," in Alatis, James E., ed. Georgetown University Round Table on Languages and Linguistics 1970. Washington, D.C.: Georgetown University Press.

    _____. "Bilingual Education in Culver City." Workpapers: Teaching English as a Second Language, 6. Los Angeles: University of California, 1972, 87-92.

    _____. "Bilingual Education for Mexican-American Children in California," in Turner, P.T., ed. Bilingualism in the Southwest. Tucson, Arizona: University of Arizona Press, 1972.

11. Swain, M. and H.C. Barik. "Bilingual Education in Canada: French and English," in Spolsky, Bernard and R. Cooper, eds. Current Trends in Bilingual Education, forthcoming, 1.

12. Cohen, A.D. and S.M. LeBach. "A Language Experiment in California: Student, Parent, and Community Reactions after Three Years." Workpapers in Teaching English as a Second Language, 8. Los Angeles: University of California, forthcoming, 5.

13. Cohen, Andrew. "The Culver City Spanish Immersion Program: The First Two Years." The Modern Language Journal 58, 1974, 95-103; 96.

14. American Association for the Advancement of Science and Consejo Nacional de Ciencia y Tecnología. Symposium on "Sociolinguistics and Language Planning." Mexico City, June 27-28, 1973.

15. Schermerhorn, R.A. Comparative Ethnic Relations: A Framework for Theory and Research. New York: Random House, 1970, 68;53;14;15;127;85;78;80;81;81-82;83;84;186;124;135;149.

16. Swain, M. "Some Issues in Bilingual Education in Canada." Paper presented at Indiana University, March 1974, mimeo, 2.

17. Lorwin, Val R. "Linguistic Pluralism and Political Tension in Modern Belgium," in Fishman.

18. Lieberson, Stanley. Language and Ethnic Relations in Canada. New York: John Wiley and Sons, 1970, 2;22;75.

19. Merrill Swain questions that bilingual education programs for the French population would avoid conflict and be successful. I think the importance here lies in the voluntary aspect of participation. Swain speculates that with recent legislation which makes it possible for French-speaking children to enter English-medium public schools, Francophone upper class members will put their children in English-speaking private schools. [Personal Communication.]
    A Note also needs to be made about the endemic presence of teacher conflict which seems to accompany most bilingual education programs. Bilingual education programs bring about

a change in teacher qualification competency requirements
and consequent institutionalized denial of access of jobs,
a situation which typically results in conflict by the
teachers, usually members of the dominant group, who no
longer qualify to teach in the new programs. See for
example:

Campbell, R.N., D.M. Taylor, and G.R. Tucker. "Teachers'
Views of Immersion Type Bilingual Programs: A Quebec
Example." Foreign Language Annals 7:1, October 1973, 106-
110.

20. See:
Nordheimer, Jon. "Chicanos of East Los Angeles Seek a Voice
to End Despair." The New York Times, November 24, 1974.

21. Patch, Richard W. "La Parada, Lim's Market: Serrano and
Criollo, the Confusion of Race with Class." AVFSR, West
Coast South America Series, XIV:2, February 1967. For a
discussion of arribismo, see: Delgado, Carlos. "An
Analysis of 'arribismo' in Peru." Human Organization 28:2,
Summer 1969, 133-139.

22. Heath, S.B. Telling Tongues: Language Policy in Mexico--
Colony to Nation. New York: Teachers College Press, 1972.
See also: Paulston, C.B. Review of Heath in American
Anthropologist
Anthropologist 75:6, December 1973, 1921-24; 141ff.

23. Ramos, M., T. Aguilar, and B. Sibayan. The Determination
and Implementation of Language Policy. Quezon City:
Phoenix Press, 1967, 119.

24. Prator, Clifford. "Language Policy in the Primary Schools
of Kenya," in Robinett, B.W., ed. On Teaching English to
Speakers of Other Languages, Series III. 27.

25. The Institute of Education, University of Ife, Ife, Western
Nigeria. "A Midway Report of the Sixth Year Primary
Project," n.d. 12;6.

26. Yoloye, E.A. "Evaluation Report No. 1," Six Year Primary
Project, Institute of Education, University of Ife, n.d. 15.

27. Ramirez, Alfonso. "Bilingual Reading for Speakers of
    Spanish: Action Research and Experimentation," n.d., mimeo,
    4. See also: Ellson, D.G. "Evaluation of the Region I."
    Creative Writing Instruction, Edinburg, Texas, 1973-74, n.d.,
    unpublished.

28. A discussion of what constitutes excellence in bilingual
    education is beyond the scope of this paper. Briefly, I
    take excellence to include such factors as well-trained and
    competent teachers, good teaching materials and a structured
    and supervised curriculum which is congruent with the
    objectives of a bilingual education program. See: Modiano,
    N., W. Leap, and R. Troike. Recommendations for Language
    Policy in Indian Education. Arlington, Va.: Center for
    Applied Linguistics, 1973.

29. Paulston, Rolland G. "Sociocultural Constraints on Educa-
    tional Development in Peru." The Journal of Developing
    Areas 5:3, April 1971, 413.

30. Hymes, Dell, ed. Pidginization and Creolization of Languages.
    Cambridge, Ma.: University Press, 1971, 3.

31. Swain, M. "French Immersion Programs Across Canada:
    Research Findings." Canadian Modern Language Review, in
    press at this writing.

32. Wallace, Anthony F.C. "Revitalization Movements." American
    Anthropologist 59, 1966, 264-65; 264.

33. Hill, Rowland G.P. and Karl Nickul, eds. The Lapps Today
    in Finland, Norway and Sweden II. Oslo: Universitets
    förlaget, 1969.

34. Wallace, Anthony F.C. "Schools in Revolutionary and Con-
    servative Societies," in Gruber, F.C., ed. Anthropology and
    Education. Philadelphia: University of Pennsylvania Press,
    1961, 38-39; 49.

35. Paulston, Rolland G. "Cultural Revitalization and Educa-
    tional Change in Cuba." Comparative Education Review 16:3,
    October 1972, 478.

36. Erickson, Donald et al. Community School at Rough Rock--
An Evaluation for the Office of Economic Opportunity, U.S.
Department of Commerce. Springfield, Va.: Clearinghouse
for Federal Scientific and Technical Information, 1969.

37. Paulston, Rolland G. "Ethnic Revival and Educational Change
in Swedish Lappland." Paper presented at the Conference of
the American Anthropological Association, Mexico City, 1974.

38. The American Indians are perfectly aware of this: "Indians
must be given direct control of their educational systems,
a resolution passed by the National Indian Educational
Association says." The New York Times, November 17, 1974,
33.

39. Jaakkola, Magdalena. Språkgränsen. Stockholm: Bokförlaget
Aldus, 1973, 40.

40. Brudner, Lilyan. "The Maintenance of Bilingualism in
Southern Austria." Ethnology 11:1, 39-54.

41. Tenerz, Hugo. Språkundervisnings problemen i de finsktalande
delarna av Norrbottenslän.

42. Ringbom, H. "Tvåspråkigheten som forskningsobject." Finsk
Tidskrift. 6, 1962.

43. Hansegård, Nils E. Tvåspråkighet eller halvspråkighet.
Stockholm: Aldus/Bonniers, 1968.

44. Loman, Bengt, ed. Språk och Samhälle. Lund: Gleerup
Bokförlag, 1974, 35ff; 43; 78.

45. Hymes, Dell, ed. Language in Culture and Society. New York:
Harper and Row, 1964, 395.

   Also: Bernard Spolsky points out that although any one language (langue) may be perfectly adequate for the needs of
   its speakers, this does not entail that each speaker (aprole)
   has adequate command of the language [personal communication].

46. Henrysson, Sten and Bengt-Olav Ljung. "Tvåspråkigheten i
Tornedalen." Report from Pedagogisk-psykologiska Institu-

tionen. Lärarhögskolan i Stockholm, No. 26, August 1967, unpublished.

47. Jaakkola, Magdalena. "Den språkliga variationen i svenska Tornedalen," in Loman, Språk och Samhälle.

48. _____. "Om tvåspråkighetens sociology." Research Reports. Institute of Sociology, University of Helsinki, No. 176, 1972.

49. Wrede, Gunnel. "Färdigheten i svenska hos två- och enspråkiga ungdomar i Tornedalen." Research Report. Institutionen for nordiska språk, Lund University, 1972, unpublished.

50. _____. See page 29. These conclusions are, however, not repeated in the later rewritten version of her paper "Skolspråket i Tornedalen--några synpunkter baserade på en undersökning av färdigheten i svenska," in Loman, where she, on the basis of the same data, now states "on Swedish tests the Finnish Tornedaling managed as well as the Swedish."

51. Toukomaa, Perrti. "Om finska invandrarelevernas utvecklingsförhållanden i den svenska skolan." Beteende-vetenskapliga Institutionene, Uleåborgs Universitet, 1972, 2;3.

52. Ervin-Tripp, Susan. "Is Second Language Learning Like the first?" TESOL Quarterly 8:2, June 1974, 111-27.

53. Loman, Bengt, ed. Språk och Samhälle 2. Lund: Gleerups Bokförlag, 1974, 43;78.

54. Pinomaa, Mirja. "Finsk Interferens i Tornedalsfinskan," in Loman, 109-21.

55. Koskinen, Irina. "Svensk Interferens i Tornedalsfinskan," in Loman, 109-21.

56. Loman, Bengt and Nils Jorgenson. Manual for Analys och beskrivning av makrosyntagmer. Lund: Lundastudier i nordisk språkvetenskop, Serie C, No. 1, 1971.

57. Nordin, Kerstin. "Meningsbyggnaden hos attondeklassister i Overtornea," in Loman, 140-68.

58. Haugen, Einar. "Dialect Language, Nation." The Ecology of
     Language. Stanford: Stanford University Press, 1972, 244.

ACKNOWLEDGEMENTS

A number of people helped me to identify materials and
sources, and I would like to express my gratitude to: James
Alatis, John C. Bordie, Lilyan Brudner, Marina Burt, John B.
Carroll, Andrew Cohen, D.G. Ellson, Laura C. Fernandez, Joshua
Fishman, Melvin J. Fox, A. Bruce Gaarder, Fred Genesee, Judith
T. Guskin, Magdalena Jaakkola, Bo Janson, Richard Light, William
F. Mackey, John MacNamara, Gerhard Nickel, Henry Pascual, R.G.
Paulston, Alfonso Ramirez, Margie Saenz, John Schumann, Bernard
Spolsky, Rudolph C. Troike, G. Richard Tucker, and Albert Verdoodt.
Special thanks for their patience and generosity go to Mats
Thelander for his help with the Swedish and Finnish sources and
to Merrill Swain for her help with the Canadian sources; without
their cooperation the paper could not have been written and I
gratefully acknowledge their contributions.

Merrill Swain also read the MS and made some valuable
comments. Whatever infelicities remain are my own responsibility.